ZHIYE JINENG PEIXUN JIANDING JIAOCAI

■ 职业技能培训鉴定教材 ■

主　编　刘素萍
编　者　林　宇　池德英　郑　颖
审　稿　郭丽安

电工（中级）

中国劳动社会保障出版社

图书在版编目(CIP)数据

电工：中级/人力资源和社会保障部教材办公室组织编写. —北京：中国劳动社会保障出版社，2009
职业技能培训鉴定教材
ISBN 978-7-5045-8031-3

Ⅰ.电… Ⅱ.人… Ⅲ.电工-职业技能鉴定-教材 Ⅳ.TM

中国版本图书馆 CIP 数据核字(2009)第 185250 号

中国劳动社会保障出版社出版发行
(北京市惠新东街 1 号 邮政编码：100029)
出 版 人：张梦欣

*

三河市华骏印务包装有限公司印刷装订 新华书店经销
787 毫米×1092 毫米 16 开本 15.75 印张 340 千字
2009 年 10 月第 1 版 2023 年 3 月第 22 次印刷
定价：28.00 元
营销中心电话：400-606-6496
出版社网址：http://www.class.com.cn

版权专有 侵权必究

如有印装差错，请与本社联系调换：(010)81211666
我社将与版权执法机关配合，大力打击盗印、销售和使用盗版
图书活动，敬请广大读者协助举报，经查实将给予举报者奖励。
举报电话：(010)64954652

内容简介

本教材由人力资源和社会保障部教材办公室组织编写。教材以《国家职业标准·维修电工》和《国家职业标准·农网配电营业工》为依据，紧紧围绕"以企业需求为导向，以职业能力为核心"的编写理念，力求突出职业技能培训特色，满足职业技能培训与鉴定考核的需要。

本教材详细介绍了中级电工要求掌握的最新实用知识和技术。全书分为6个模块单元，主要内容包括：电工与电子基础、变压器的安装与维修、三相异步电动机的拆装与控制、电能计量装置的安装与接线检查、高压开关电器的操作与维护、配电线路的施工及操作。每一单元后安排了单元测试题及答案，书末提供了理论知识和操作技能考核试卷，供读者巩固、检验学习效果时参考使用。

本教材是中级电工职业技能培训与鉴定考核用书，也可供相关人员参加在职培训、岗位培训使用。

前　言

　　1994年以来，劳动和社会保障部职业技能鉴定中心、教材办公室和中国劳动社会保障出版社组织有关方面专家，依据《中华人民共和国职业技能鉴定规范》，编写出版了职业技能鉴定教材及其配套的职业技能鉴定指导200余种，作为考前培训的权威性教材，受到全国各级培训、鉴定机构的欢迎，有力地推动了职业技能鉴定工作的开展。

　　劳动保障部从2000年开始陆续制定并颁布了国家职业标准。同时，社会经济、技术不断发展，企业对劳动力素质提出了更高的要求。为了适应新形势，为各级培训、鉴定部门和广大受培训者提供优质服务，教材办公室组织有关专家、技术人员和职业培训教学管理人员、教师，依据国家职业标准和企业对各类技能人才的需求，研发了职业技能培训鉴定教材。

　　新编写的教材具有以下主要特点：

　　在编写原则上，突出以职业能力为核心。教材编写贯穿"以职业标准为依据，以企业需求为导向，以职业能力为核心"的理念，依据国家职业标准，结合企业实际，反映岗位需求，突出新知识、新技术、新工艺、新方法，注重职业能力培养。凡是职业岗位工作中要求掌握的知识和技能，均作详细介绍。

　　在使用功能上，注重服务于培训和鉴定。根据职业发展的实际情况和培训需求，教材力求体现职业培训的规律，反映职业技能鉴定考核的基本要求，满足培训对象参加各级各类鉴定考试的需要。

　　在编写模式上，采用分级模块化编写。纵向上，教材按照国家职业资格等级单独成册，各等级合理衔接、步步提升，为技能人才培养搭建科学的阶梯型培训架构。横向上，教材按照职业功能分模块展开，安排足量、适用的内容，贴近生产实际，贴近培训对象需要，贴近市场需求。

　　在内容安排上，增强教材的可读性。为便于培训、鉴定部门在有限的时间内把最重要的知识和技能传授给培训对象，同时也便于培训对象迅速抓住重点，提高学习效率，在教材中精心设置了"培训目标"等栏目，以提示应该达到的目标，需要掌握的重点、难点和有关的扩展知识。另外，每个学习单元后安排了单元测试题，每个级别的教材都提供了理论知识和操作技能考核试卷，方便培训对象及时巩固、检验学习效果。

本书由刘素萍主编，郭丽安审稿，名单元编写分工为：第1单元由林宇编写，第2单元、第3单元由池德英编写，第4单元、第5单元、第6单元由郑颖编写。

本书在编写过程中得到福建省技工教育研究室的大力支持和热情帮助，在此一并致以诚挚的谢意。

编写教材有相当的难度，是一项探索性工作。由于时间仓促，不足之处在所难免，恳切希望各使用单位和个人对教材提出宝贵意见，以便修订时加以完善。

人力资源和社会保障部教材办公室

目 录

第1单元 电工与电子基础/1—26

第一节 电磁和电磁感应 /2
一、磁场
二、电磁力
三、电磁感应
四、自感和互感

第二节 三相交流电路 /8
一、三相交流电的表示
二、三相电源的联结
三、三相负载的联结
四、对称三相电路的功率

第三节 电子技术基础 /12
一、整流电路
二、滤波电路
三、稳压电路
四、低频电压放大电路
五、整流和滤波电路线路的安装

单元测试题 /22

单元测试题答案 /25

第2单元 变压器的安装与维修/27—58

第一节 变压器的基本知识 /28
一、变压器的用途和分类
二、变压器的工作原理
三、油浸式变压器的基本结构

四、变压器的铭牌及主要技术参数

第二节 配电变压器的安装 /36

一、配电变压器的安装型式

二、配电变压器安装的一般要求

三、配电变压器的安装

第三节 小型变压器的绕制与维修 /42

一、小型变压器的绕制

二、小型变压器故障与维修

单元测试题 /52

单元测试题答案 /57

第3单元 三相异步电动机的拆装与控制/59—96

第一节 异步电动机的基本知识 /60

一、异步电动机的分类和基本结构

二、异步电动机的工作原理

三、异步电动机的铭牌及技术参数

第二节 三相异步电动机的选择与安装 /66

一、三相异步电动机的选择

二、三相异步电动机的安装

第三节 三相异步电动机的拆卸与组装 /69

一、三相异步电动机的拆卸

二、三相异步电动机的组装

第四节 三相异步电动机的控制电路 /76

一、三相异步电动机的启动控制电路

二、三相异步电动机正反转控制电路

三、三相异步电动机的制动控制电路

四、三相异步电动机的调速控制电路

第五节 三相异步电动机控制电路的安装及故障处理 /83

一、异步电动机控制电路面盘布置

二、异步电动机控制电路布置

三、异步电动机控制电路电气元件安装

四、电动机控制电路布线安装工艺

五、控制电路通电测试

六、电动机控制回路的故障排除方法

单元测试题 /91

单元测试题答案 /96

第4单元 电能计量装置的安装与接线检查/97—138

第一节 三相四线制电路电能计量装置 /98
一、三相四线感应式有功电能表
二、机电一体式电能表
三、全电子式电能表
四、电流互感器与电压互感器
五、三相四线无功电能表
六、电能表专用接线端子盒

第二节 电能计量装置的选择 /108
一、电能表的选择
二、电流互感器的选择
三、计量二次回路导线截面的选择
四、低压电能计量箱（柜）的选择

第三节 电能计量装置的安装与接线检查 /116
一、电能计量装置的安装
二、三相四线制电能表的接线
三、三相四线制电能计量的接线检查

单元测试题 /132

单元测试题答案 /138

第5单元 高压开关电器的操作与维护/139—176

第一节 高压隔离开关 /140
一、高压隔离开关的结构及作用
二、常用的高压隔离开关
三、高压隔离开关的操作
四、高压隔离开关的运行监视及维护

第二节 高压负荷开关 /147
一、高压负荷开关的结构和作用
二、FN16-10RT型真空负荷开关

三、高压负荷开关的操作注意事项
　　　四、高压负荷开关的检查及维护
　第三节　高压断路器 /150
　　　一、高压断路器的功能和类型
　　　二、高压断路器的工作原理
　　　三、高压断路器的操作
　　　四、高压断路器的检查与维护
　第四节　高压熔断器 /159
　　　一、户内高压管式熔断器
　　　二、户外高压跌开式熔断器
　　　三、高压熔断器的操作与维护
　第五节　高压开关柜的运行维护 /163
　　　一、GFC-3BQ（F）型手车式高压开关柜
　　　二、KYN28-12型高压开关柜
　　　三、GG-1A（F）型固定式开关柜
　　　四、高压开关柜投运检查和运行巡视
单元测试题 /170
单元测试题答案 /176

第6单元　配电线路的施工及操作/177—214

　第一节　配电线路安装 /178
　　　一、线路勘测与设计
　　　二、电杆的组立与装配
　　　三、导线的绑扎固定
　第二节　接户线 /194
　　　一、接户线接线方式和进户点选择
　　　二、接户线安装
　第三节　配电线路的停送电操作 /197
　　　一、倒闸操作的基本要求和原则
　　　二、操作票填写
　　　三、停送电操作
单元测试题 /207
单元测试题答案 /214

目 录

理论知识考核试卷（一）/215
理论知识考核试卷（一）答案 /219
理论知识考核试卷（二）/221
理论知识考核试卷（二）答案 /226
操作技能考核试卷（一）/228
操作技能考核试卷（二）/234

参考文献 /238

第 1 单元

电工与电子基础

- 第一节　电磁和电磁感应/2
- 第二节　三相交流电路/8
- 第三节　电子技术基础/12

第一节 电磁和电磁感应

→ 了解电流产生磁场的基本原理，能够用右手螺旋定则确定载流直导体和载流螺线管的磁场方向
→ 掌握左手定则，能够写出电磁力的公式
→ 了解电磁感应定律，能够写出感应电动势的公式
→ 了解自感和互感的概念

一、磁场

1. 磁铁

凡是能够吸引铁、钴、镍等金属的物体叫做磁铁，被吸引的物体叫做磁性材料。磁铁能够吸引磁性材料的特性叫做磁性。

能够长久保持磁性的磁铁叫做永久磁铁。永久磁铁有天然和人造的两种，常见的永久磁铁几乎都是人造的。人造永久磁铁有条形、马蹄形和针形等几种，是由钢和铁经过磁化制成，如图 1—1 所示。磁铁具有极性，任一磁铁均有两个磁极，N 极（北极）和 S 极（南极）。磁铁两端部磁性最强，越靠近中央磁性越弱。磁极具有相互作用力，即同性磁极相斥，异性磁极相吸。

2. 磁场与磁力线

在磁铁的周围存在一种特殊的物质，这一特殊物质叫做磁场。在磁场中某一点放一个能自由转动的小磁针，静止时 N 极所指的方向，规定为该点的磁场方向。

为了形象化，常用磁力线来描绘磁场的分布。磁力线是互不相交的连续不断的闭合曲线，磁力线在磁铁外部是由 N 极指向 S 极，在磁铁内部由 S 极指向 N 极。磁力线的密疏程度表示磁场的强弱，磁场强的地方磁力线较密，磁场弱的地方磁力线较疏。磁力线上任意一点的切线方向就是该点的磁场方向，如图 1—2 所示。

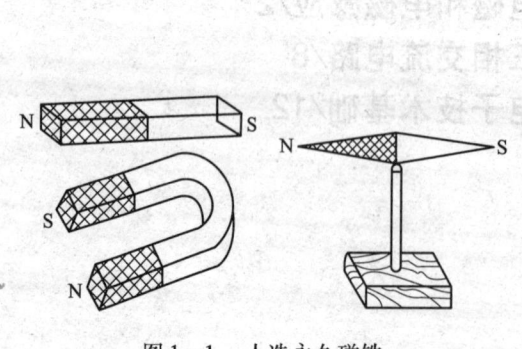

图 1—1 人造永久磁铁

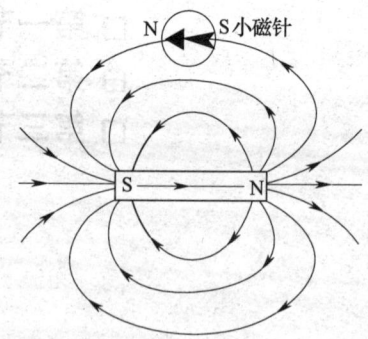

图 1—2 磁力线

3. 磁通和磁感应强度

（1）磁通。穿过与磁场方向垂直的某一截面的磁力线的总数叫做磁通，用字母 Φ 表示，其单位是韦伯，简称韦，用符号 Wb 表示。当面积一定时，通过该面积的磁通越多，

磁场就越强。磁通这一物理量的引入是为了定量地描述磁场在一定面积上的分布情况。

（2）磁感应强度。为了研究磁场中各点的强弱与方向，引入磁感应强度这一物理量，用字母 B 表示。垂直穿过单位面积的磁力线数叫做磁通密度，又称磁感应强度。在均匀磁场中，用字母 B 表示为：

$$B = \frac{\Phi}{S}$$

式中　Φ——磁通，Wb；

　　　S——垂直磁场的截面积，m^2；

　　　B——磁感应强度，T。

磁感应强度的单位是 T，称为特斯拉，简称特。磁力线上某点的切线方向就是该点磁感应强度的方向。磁感应强度不仅表示了某点磁场的强弱，而且能够表示出该点磁场的方向。因此，磁感应强度是个矢量。

为了在平面上表示出磁感应强度的方向，常用符号"×"表示垂直进入纸面的磁感应强度，用符号"·"表示垂直从纸面出来的磁感应强度。

若磁场中各点的磁感应强度的大小和方向相同，这种磁场就称为均匀磁场。在均匀磁场中，磁力线是均匀分布的等距离平行直线，如图1—3所示。

4．电流的磁效应

通电导线的周围能产生磁场，这就是电流的磁效应。通电导线（或线圈）周围磁场（磁力线）的方向，可用右手螺旋定则来判断。

（1）载流直导线磁场方向的判断方法。用右手握住载流直导线，让大拇指指向电流的方向，则四指环绕的方向就是磁场的方向，如图1—4所示。

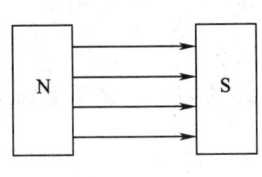
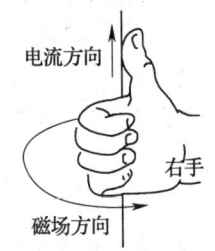

图1—3　均匀磁场　　　　　图1—4　载流直导线周围产生的磁场

当载流导线垂直于纸面时，通常用符号"·"表示导线中的电流方向是"流出纸面"，用符号"×"表示导线中的电流方向是"流进纸面"。经常用这种方法表示直导线的电流方向与磁力线的环绕方向间的关系，如图1—5所示。

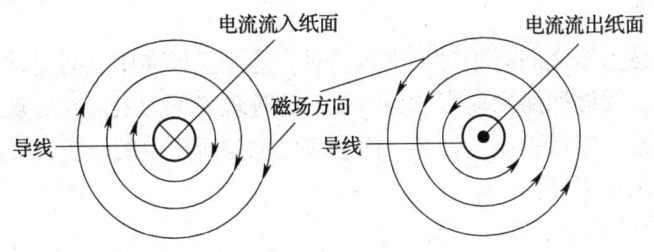

图1—5　电流方向与磁力线的环绕方向

(2) 载流螺线管磁场方向的判断方法。用右手握住螺线管，弯曲的四指沿着电流方向环绕，则大拇指所指的方向就是螺线管内部的磁场方向，如图1—6所示。

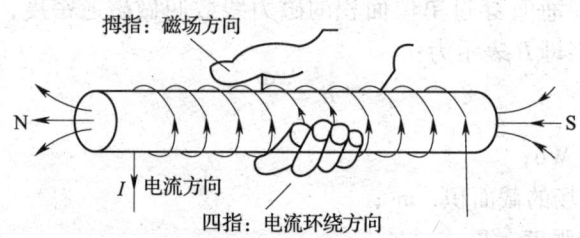

图1—6 载流螺线管周围产生的磁场

二、电磁力

1. 磁场对载流导线的作用

载流导线在磁场中会受到力的作用而移动，这个力叫做电磁力。电动机就是利用这个原理进行工作的。电磁力的大小与磁场的强弱、电流的大小和方向、载流导线的有效长度有关。载流的导线越长，电流越大，磁场越强，则导线受到的电动力就越大。电流与磁场的方向垂直时作用力最大，平行时作用力为零。

2. 作用力的方向

载流导线在磁场中受力的方向，可以用左手定则来判别，如图1—7所示。伸出左手使掌心迎着磁力线，让磁力线垂直穿过掌心，伸直的四指与导线中的电流方向一致，则与四指成直角的大拇指所指的方向就是导线受力的方向。电动机就是根据这一原理制成的，又称为"电动机左手定则"。

3. 作用力的大小

在磁通密度为 B 的均匀磁场中，与磁场方向垂直、长度为 L，通有电流 I 的直导线，所受的力 F 的大小为：

$$F = BIL$$

式中　F——导体在磁场中所受到的电磁力，N；

　　　I——通过导体的电流，A；

　　　B——磁感应强度，T；

　　　L——导线的有效长度，m。

三、电磁感应

当直导体与磁力线之间有相对切割运动时，这个直导体中就有电动势产生；穿过线圈的磁通变化时，线圈回路中就有电势产生。这种现象称为电磁感应现象。由电磁感应现象所产生的电动势叫做感应电动势，由感应电动势所产生的电流叫做感应电流。电磁感应是发电机的工作原理。

1. 直导体中的感应电动势

当导体与磁力线之间有相对切割运动时，这个导体中就有电动势产生。感应电动势的方向可以用发电机右手定则判断，如图1—8所示。伸平右手，拇指与其余四指垂直，让磁力线垂直穿过手心，拇指的指向代表导线运动的方向，则四指的指向就是感应电动势或感应电流的方向。

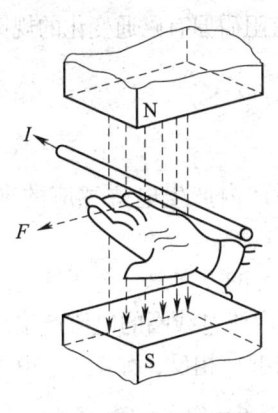
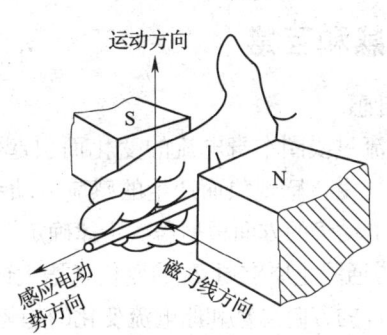

图1—7　左手定则　　　　　　　图1—8　右手定则

感应电动势的大小与磁场强弱、导体运动的速度、导体在磁场中的长度有关，当直导体、直导体的运动方向和磁力线垂直时，所产生的感应电动势的大小为：

$$e = BLv$$

式中　e——导体切割磁力线产生的感应电动势，V；

　　　B——磁感应强度，T；

　　　L——导体在磁场中的有效长度，m；

　　　v——导体和磁场相对运动速度，m/s。

2. 线圈中的感应电动势

当线圈回路的磁通变化时，线圈回路中就有感应电动势和感应电流产生。线圈中的感应电动势或感应电流的方向由楞次定律确定，感应电动势的方向总是企图使它的感应电流产生的磁通阻止原磁通的变化。也就是说，当线圈原磁通增加时，感应电流所产生的磁通方向和原磁通的方向相反以阻碍它的增加；当磁通减少时，感应电流所产生的磁通和原磁通的方向相同以阻碍它的减少，如图1—9所示。

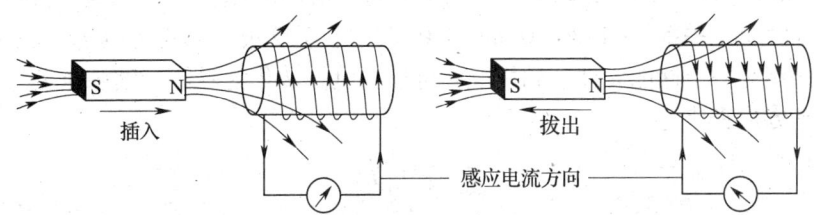

图1—9　线圈中的感应电流

感应电动势的大小与线圈中磁通的变化率成正比，即：

$$e = -N\frac{\Delta\Phi}{\Delta t}$$

式中　e——在Δt时间内感应电动势的平均值，V；

N——线圈匝数；

$\Delta\Phi$——磁通变化量，Wb；

Δt——磁通变化 $\Delta\Phi$ 所需时间，s。

公式中的负号是由感应电动势所产生的感应电流具有阻碍原有磁通变化的规律决定的。

四、自感和互感

1. 自感

由于流过线圈本身电流的变化而引起线圈（回路）内产生电磁感应的现象，叫做自感现象。由自感现象而产生的感应电动势叫做自感电动势。

自感电动势的方向根据楞次定律确定：自感电动势 e_L 的方向总是企图使它的感应电流 i_L 产生的磁通阻止原磁通 Φ_L 的变化（增大或减小），Φ_L 由流过线圈的电流产生，因此，自感电动势 e_L 的方向总是和原电流变化的趋势（增大或减小）相反，如图1—10所示。

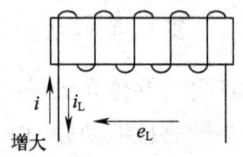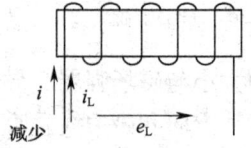

图1—10　自感电动势

自感电动势的大小为：

$$e_L = -L\frac{\Delta i}{\Delta t}$$

式中　e_L——自感电动势，V；

Δi——线圈中电流的变化量，A；

Δt——时间变化量，s；

L——线圈的自感系数，H。

公式中的负号是由自感电动势的方向具有反抗线圈中电流变化的规律决定的。

线圈的自感系数 L（简称自感量或电感量）决定于线圈本身的结构（如匝数、几何形状、尺寸）和周围介质的导磁系数。自感系数的常用单位有亨（H）、毫亨（mH）、微亨（μH），它们之间的关系是：$1\text{H}=10^3\text{mH}=10^6\mu\text{H}$。自感反映了线圈产生自感电动势的能力。

电感线圈是一个储能元件，利用线圈可以将电能转化为磁能。磁场能量与通过线圈的电流的平方成正比。即：

$$W_L = \frac{1}{2}LI^2$$

式中　W_L——磁场能量，J；

L——线圈的自感系数，H；

I——线圈的电流，A。

2. 互感

两个线圈靠得很近，一个线圈通过的电流发生变化，而在另一个线圈中产生感应电动势的现象叫做互感现象，简称互感。互感是变压器、互感器等重要电气设备工作的基本原理。

如图 1—11 所示，当线圈 1 通过变化的电流，在线圈 2 中产生了变化的互感磁通，在两个线圈之间有了磁的联系，这种联系称为磁耦合或互感耦合。为了定量表示这种互感耦合，引用互感系数这一物理量，用字母 M 表示，单位和自感一样，也是 H。互感系数 M 与两个线圈的匝数、几何形状、尺寸、相对位置以及周围介质等因素有关。其大小反映了一个线圈电流变化时，对另一个线圈产生互感电动势的能力。

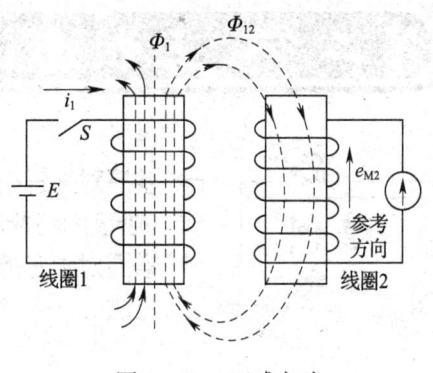

图 1—11　互感实验

由互感现象产生的感应电动势叫做互感电动势，用 e_M 表示。假定当线圈 1 中的电流 i_1 变化时，在线圈 2 中产生互感电动势 e_{M2}，即：

$$e_{M2} = -M\frac{\Delta i_1}{\Delta t}$$

同样，当线圈 2 中的电流变化时，在线圈 1 中产生互感电动势 e_{M1}：

$$e_{M1} = -M\frac{\Delta i_2}{\Delta t}$$

上式说明，线圈中的互感电动势与互感系数和另一个线圈中电流的变化率的乘积成正比。互感电动势的方向可以用楞次定律判断。式中负号即为楞次定律的反映。

3. 同名端

互感电动势的方向也可以用楞次定律判断，但比较复杂，尤其是绕制好的成品，一般在外部无法判断绕制方向，要判断互感电动势的极性就更加困难。故在变压器和互感器出厂时，厂家用同名端的标记符号在外壳上标示出线圈的相对绕向，即反映磁耦合线圈的绕向。

两线圈的同名端是这样规定的：当两线圈的电流由同名端流入线圈时，所产生的互感磁通与自感磁通是相互增强的。以图 1—12a 为例，当线圈 1 的电流从端子 1 流入时，它所产生的磁通方向如 Φ_{11} 所示。当线圈 2 的电流从端子 3 流入时，它所产生的磁通方向如 Φ_{22} 所示，两个磁通的方向一致，则端子 1 和 3 称为同名端。同名端的符号用"·"或"*"表示，如图 1—12b 所示。

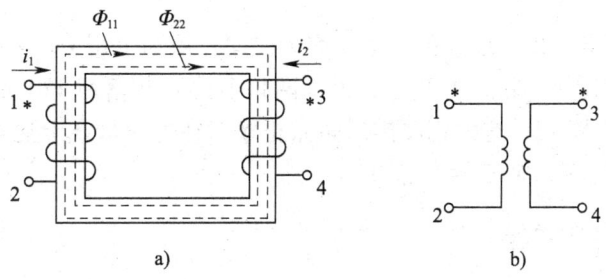

图 1—12　线圈的同名端

第二节 三相交流电路

→ 掌握对称三相正弦交流电的特点和表示方法
→ 掌握对称三相电路中线电压与相电压、线电流与相电流的关系
→ 掌握对称三相电路中有功功率、无功功率、视在功率的计算方法

一、三相交流电的表示

三相交流电的瞬时值表达式为：

$$e_U = E_m \sin\omega t$$

$$e_V = E_m \sin(\omega t - 120°)$$

$$e_W = E_m \sin(\omega t - 240°) = E_m \sin(\omega t + 120°)$$

由于发电机的三相绕组结构相同，所以在三相绕组中感应电动势的最大值相等；三相绕组以同一角速度在磁场中等速旋转，所以产生的三个感应电动势角频率相同；三个绕组在空间上互差120°。这样，三个最大值相等、角频率相同，相位互差120°的三个正弦交流电动势，称为三相对称电动势。其波形图和相量图如图1—13所示。

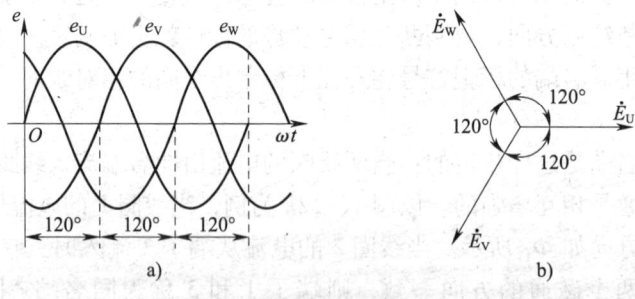

图1—13 对称三相电动势的相量图和波形图
a) 波形图 b) 相量图

三相电动势或电流出现最大值的次序称为相序；习惯上用 U—V—W 表示。在确定相序时，可以先把任何一相定为 U 相，另外两相中比 U 相落后120°的就是 V 相，比 U 相超前120°的就是 W 相，这种相序排列叫做正序。在电源母线上通常用黄、绿、红三种颜色分别表示 U、V、W 三相。

二、三相电源的联结

三相电源的三个绕组并不是分别单独向外送电的，而是按一定的方式联结后再向负载供电。三相电源绕组通常有两种联结方法。

1. 星（Y）形联结

把三相电源绕组的末端 U2、V2、W2 连接到一起，成为一个公共点，记做 N，从首端 U、V、W 引出连接负载的导线，这样的连接称为星形联结，如图 1—14 所示。N 点称为中性点，简称中点。从每相绕组的首端引出的导线称为端线，叫做相线，俗称"火线"。从中点也可以引出导线，称为中性线或中线，又称零线。

在星形联结的电源中，每相绕组首末两端之间的电压，称为相电压，如 u_U、u_V、u_W。三个相电压也是对称的，且三个相电压的有效值大小相等。两相线之间的电压或两绕组首端与首端之间的电压，叫做线电压，如 u_{UV}、u_{VW}、u_{WU}。

由图可知，各线电压与相电压之间的关系为：

$$u_{UV} = u_U - u_V \quad u_{VW} = u_V - u_W \quad u_{WU} = u_W - u_U$$

图 1—15 画出了相电压和线电压的相量图。由于三相电压是对称的，相电压和线电压构成了一个底角为 30° 的等腰三角形。分析可知：线电压的大小是相电压的 $\sqrt{3}$ 倍。即 $u_{UV} = \sqrt{3} u_U$，$u_{VW} = \sqrt{3} u_V$，$u_{WU} = \sqrt{3} u_W$；线电压超前于所对应的相电压 30°，即 $\dot{U}_{UV}$ 超前 $\dot{U}_U$ 30°，$\dot{U}_{VW}$ 超前 $\dot{U}_W$ 30°，$\dot{U}_{WU}$ 超前 $\dot{U}_W$ 30°，三个线电压之间的相位差也都是 120°，因此三个线电压也是对称的。

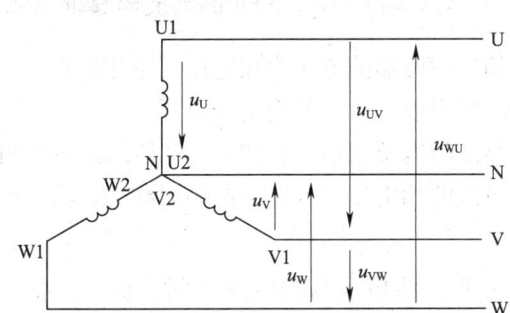

图 1—14 三相电源绕组的星形联结

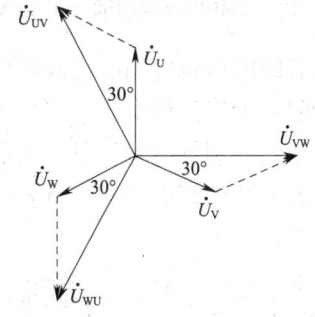

图 1—15 相电压与线电压的相量图

由三根相线和一根零线构成的供电方式，称为三相四线制。低压配电线路通常采用这种形式。相电压 U_P 是 220 V，线电压 U_L 是 380 V。住宅用电的两根导线，就是其中的一根相线和一根零线，电压是 220 V。没有中线的三相供电方式，称为三相三线制。动力用电都是三相三线制。

【例 1—1】 对于星形联结的对称三相电源，已知 U 相电压的瞬时值表达式是 $u_U = 220\sqrt{2}\sin(\omega t - 30°)$ V，写出各线电压的瞬时值表示式。

解：$U_L = \sqrt{3} U_P = \sqrt{3} \times 220 = 380$ V

由于线电压超前于所对应的相电压 30°，因此：

$$u_{UV} = 380\sqrt{2}\sin(\omega t - 30° + 30°) = 380\sqrt{2}\sin(\omega t) \text{ V}$$

$$u_{VW} = 380\sqrt{2}\sin(\omega t - 120°) \text{ V}$$

$$u_{WU} = 380\sqrt{2}\sin(\omega t + 120°) \text{ V}$$

2. 三角形（△）联结

将一相绕组的末端与另一相绕组的首端依次相连（即 U2 接 V1、V2 接 W1、W2 接

U1),组成一个封闭的三角形,再从三个连接点引出三根导线,称为三角形联结,如图1—16所示。三角形联结时,线电压等于相电压。电源只提供一种电压。

三、三相负载的联结

三相负载的联结也有星形和三角形两种。

1. 星(Y)形联结

三相负载的星形联结如图1—17所示,将三组负载的一端分别接到三相电源的相线上,另一端都接到中线上,形成负载中点 N'。

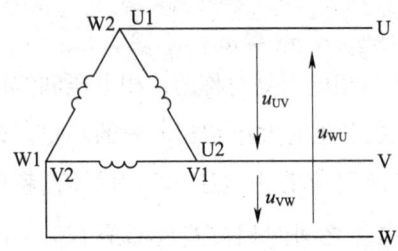
图1—16 三相电源绕组的三角形联结

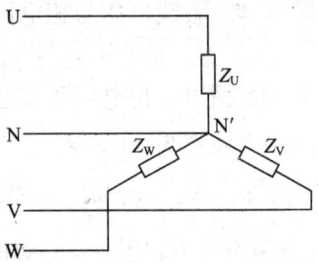
图1—17 三相四线制星形负载的联结

负载的电压也有相电压和线电压。每相负载两端的电压为相电压;各相始端之间或端线之间的电压为线电压;三相电气设备的额定电压,一般均指线电压。

三相四线制供电时,星形负载有四根导线与电源相连,如图1—17所示。各相负载直接接到电源的相电压上,负载电压等于电源的相电压。只要电源是对称的,负载的相电压总是对称的。

三相负载对称时,三相相电压必然也对称。线电压与相电压之间也存在$\sqrt{3}$倍的关系,即 $U_{线}=\sqrt{3}U_{相}$。

在三相负载中,通过每相负载的电流称为相电流,通过相线中的电流称为线电流,线电流等于相电流。通过中线的电流称为中线电流。中线电流等于各相负载电流之和。三相负载对称平衡,则中线电流为零。

照明电路的负载,一般总是不平衡的,必须采用三相四线制供电,并在安装时力求三相负载平衡。对三相四线制供电,中线在正常工作时,不允许断开,否则会使负荷大的一相端电压较正常相电压低,负载小的那相端电压较正常相电压高,严重时会烧坏电器,因此,规定在中线上不允许安装熔断器和开关设备,并选用机械强度高的导线。

2. 三角形(△)联结

将三相负载的始末端相连,构成一个封闭的三角形,再将三个连接点与三相电源相连,称为负载的三角形联结,如图1—18所示。

三角形联结的负载,其相电压等于三相电源的线电压。不论负载是否对称,三相负载电压对称。

负载作三角形联结时,相电流和线电流是不同的,线电流的瞬时值等于相应的两个相电流的瞬时值之向量差。它们的关系是:

$$i_U = i_{UV} - i_{WU} \quad i_V = i_{VW} - i_{UV} \quad i_W = i_{WU} - i_{VW}$$

如果三相负载对称，则三个相电流对称。作相量图如图1—19所示，从相量图可以看出三个线电流也是对称的。而且线电流等于相电流的$\sqrt{3}$倍，在相位上线电流较相应的相电流滞后30°，即$\dot{I}_U$滞后$\dot{I}_{UV}$30°，$\dot{I}_V$滞后$\dot{I}_{VW}$30°，$\dot{I}_W$滞后$\dot{I}_{WU}$30°。

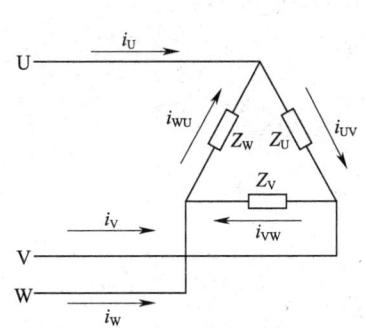

图1—18 三相负载的三角形联结　　图1—19 相电流与线电流的相量图

【例1—2】已知三角形联结的对称三相负载、相电流i_{UV}的瞬时值表达式是$i_{UV} = 10\sqrt{2}\sin(\omega t + 90°)$ A，写出各相电流、线电流的瞬时值表示式。

解：根据对称关系，其余两相电流为：

$$i_{VW} = 10\sqrt{2}\sin(\omega t - 30°) \text{ A}$$
$$i_{WU} = 10\sqrt{2}\sin(\omega t - 150°) \text{ A}$$

各线电流：

$$i_U = 10\sqrt{2} \times \sqrt{3}\sin(\omega t + 60°) = 10\sqrt{6}\sin(\omega t + 60°) \text{ A}$$
$$i_V = 10\sqrt{6}\sin(\omega t - 60°) \text{ A}$$
$$i_W = 10\sqrt{6}\sin(\omega t - 180°) \text{ A}$$

四、对称三相电路的功率

在三相电路中，三相负载所吸收的有功功率等于各相有功功率之和，即：

$$P = P_U + P_V + P_W = U_U I_U \cos\varphi_U + U_V I_V \cos\varphi_V + U_W I_W \cos\varphi_W$$

式中　U_U、U_V、U_W——各相电压，V；

　　　I_U、I_V、I_W——各相电流，A；

　　　φ_U、φ_V、φ_W——各相电压与相电流之间的相位差。

无功功率、视在功率的计算方法和有功功率一样。

1. 三相有功功率

三相负载对称时，各相电流、电压和负载都相等，不论负载作星形联结还是三角形联结，对称三相电路的有功功率是：

$$P = 3U_P I_P \cos\varphi = \sqrt{3} U_L I_L \cos\varphi$$

式中　P——三相对称电路的有功功率，W 或 kW；

U_P、U_L——相电压、线电压，V；

I_L、I_P——线电流、相电流，A；

φ——各相负载的阻抗角（即各相负载的相电压、相电流之间的相位差）。

2．三相无功功率

与有功功率相类似，在三相对称电路中，三相无功功率为：

$$Q = \sqrt{3}U_L I_L \sin\varphi$$

无功功率的单位为 var 或 kvar。

3．三相视在功率

在三相对称电路中，三相视在功率为：

$$S = \sqrt{3}U_L I_L$$

视在功率的单位是 V·A 或 kV·A。

4．视在功率和有功功率、无功功率三者的关系

$$S = \sqrt{P^2 + Q^2}$$

【例1—3】 一台三相电动机，铭牌值为 $P = 7.5$ kW，$U = 380$ V，功率因数为 0.8，效率 $\eta = 0.95$，试求：额定情况下的线电流。

解：$I_L = \dfrac{P}{\sqrt{3}U\cos\varphi \times \eta} = \dfrac{7.5 \times 10^3}{\sqrt{3} \times 380 \times 0.8 \times 0.95} = 15$ A

第三节 电子技术基础

培训目标
→ 掌握整流、滤波、稳压电路的基本工作原理
→ 掌握低频电压放大电路的基本工作原理
→ 能够装配简单电子线路

一、整流电路

整流是将交流电转变为直流电的过程。晶体二极管整流电路是利用二极管单向导电特性组成的。整流电路根据交流电源不同分为单相整流和三相整流。单相整流电路适用于负载功率为几瓦到几千瓦的小功率场合。本节仅介绍单相整流电路。在单相整流电路中，单相半波整流及单相桥式整流电路分别是最基本和最广泛的整流形式。

1．单相半波整流电路

单相半波整流电路如图1—20所示。单相交流电源经整流变压器变换为交流电压 u_2，假设它的瞬时值表达式为 $u_2 = \sqrt{2}U_2 \sin\omega t$。

(1) 工作原理。在 $0 \leq \omega t \leq \pi$ 的正半周中，a 端为正、b 端为负，二极管 V 导通，如果忽略二极管正向压降，则流过负载 R_L 的电流为：

$$i_L = \frac{u_2}{R_L} = \frac{\sqrt{2}U_2\sin\omega t}{R_L}$$

在 π≤ωt≤2π 的负半周中，a 端为负、b 端为正，二极管 V 承受反向电压截止，负载没有电流，二极管承受反向电压为变压器二次侧电压。在整个周期中，负载 R_L 上只有正半周时有电流通过，所以称为半波整流电路。负载得到的电压 u_L 是方向不变、大小变化的脉动直流电，其电压、电流波形如图 1—21 所示。

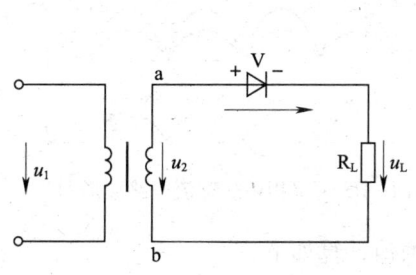
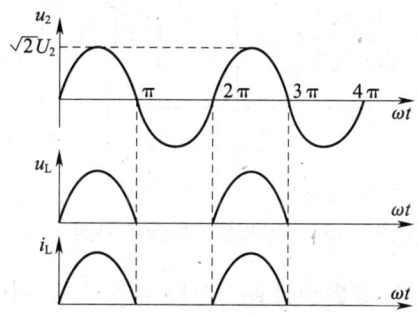

图 1—20　单相半波整流电路图　　　图 1—21　单相半波整流电路波形图

（2）参数值计算

1）负载直流电压平均值

$$U_L = 0.45U_2$$

式中　U_2——整流变压器二次侧的交流电压有效值。

2）负载直流电流平均值

$$I_L = \frac{U_L}{R_L} = 0.45\frac{U_2}{R_L}$$

3）整流二极管平均电流

$$I_F = I_L = 0.45\frac{U_2}{R_L}$$

4）二极管承受最大反向电压。由于二极管在负半周时截止，承受全部 u_2 反向电压，所以二极管所承受的最大反向电压就是 u_2 的峰值。

$$U_{RM} = \sqrt{2}U_2 \approx 1.41U_2$$

单相半波整流电路简单，所用整流元件少，但直流输出电压低，脉动大，整流效率低，一般适用于对直流电压平滑程度要求不高的小功率整流。

2. 单相桥式整流电路

由四只二极管接成电桥形式的整流电路，称为单相桥式整流电路，单相桥式整流电路是应用最广泛的整流形式，如图 1—22 所示。

（1）工作原理。在 0≤ωt≤π 的正半周中，a 端为正、b 端为负，二极管 V1、V3 正偏导通，V2、V4 反偏截止，电流通路是：a→V1→R_L→V3→b，负载 R_L 上得到一个半波电压。

在 π≤ωt≤2π 的负半周中，a 端为负、b 端为正，二极管 V2、V4 正向导通，V1、

V3 反向截止，电流通路是：b→V4→R_L→V2→a，同样，负载 R_L 上得到一个半波电压。

在一个周期内，都有同一方向的电流通过 R_L，四只二极管分为两组，轮流导通、截止，从而使负载得到单向全波电流和电压。波形如图 1—23 所示。

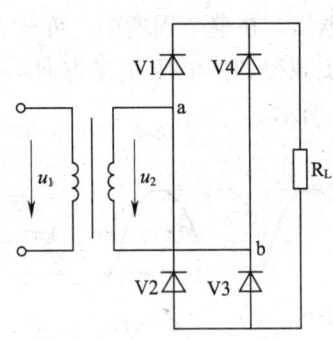 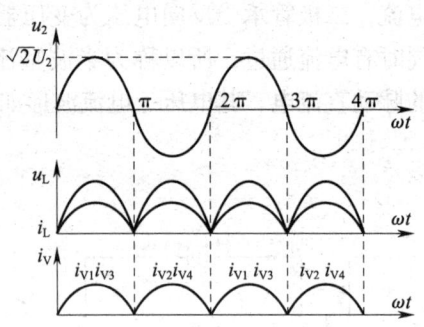

图 1—22　单相桥式整流电路图　　　图 1—23　单相桥式整流电路波形图

（2）参数值计算。电路中各电流、电压参数值计算如下：

1）负载直流电压平均值

$$U_L = 0.9 U_2$$

式中　U_2——整流变压器二次侧的交流电压有效值。

2）负载直流电流平均值

$$I_L = \frac{U_L}{R_L} = 0.9 \frac{U_2}{R_L}$$

3）整流二极管平均电流。由于每只管子只导通半周，因此

$$I_{V1} = I_{V2} = I_{V3} = I_{V4} = \frac{1}{2} I_L$$

4）二极管承受最大反向电压。二极管所承受的最大反向电压就是 u_2 的峰值。即：

$$U_{VM} = \sqrt{2} U_2$$

单相桥式整流电路输出电压高、电流大，输出波形脉动较小，变压器无须中心抽头，利用率高，二极管受到的反向电压低，只是所用整流元件较多。

二、滤波电路

利用整流电路可将交流电转化为直流电，但输出的直流电含有较大的脉动成分。滤波电路的作用是把脉动的直流电变为平滑的直流电，滤去其中的交流成分，保留其中的直流成分。滤波电路通常直接接在整流电路的后面。

如图 1—24 所示为单相桥式整流电容滤波电路图。图中电容器 C 并联在负载两端。电容器在电路中有储存和释放能量的作用，电源供给的电压升高时，它把部分能量储存起来；电源电压降低时，就把能量释放出来，减少脉动成分，使负载电压比较平滑。

1. 工作原理

没有接电容器前，直流输出是脉动的，如图 1—23 所示桥式整流波形。接上电容器 C 后，在输入电压 u_2 正半周的 $0 \sim t_1$ 时间内，二极管 V1、V3 在正向电压作用下导通，

V2、V4 反向截止。如图 1—24 所示,整流电流分为两路,一路经二极管 V1、V3 向负载 R_L 提供电流,另一路向电容器 C 充电,u_C 的图形如图 1—25 中的 Oa 段。到 t_1 时刻,电容器上电压 u_C 接近交流电压 u_2 的最大值 $\sqrt{2}U_2$,极性上正下负。经过 t_1 时刻后,u_2 按正弦规律迅速下降,此时 $u_2 < u_C$,二极管 V1、V3 受反向电压作用而截止。电容器 C 经 R_L 放电,放电速度缓慢,则 u_C 不能迅速下降,如图 1—25 中的 ab 段所示。与此同时,交流电压继续按正弦规律变化,在 u_2 的负半周,没有电容器 C 作用时,二极管 V2、V4 应该在 t_3 时刻导通,但由于此时 $u_C > u_2$,迫使二极管 V2、V4 处于反向截止状态,直到 u_2 上升到大于 u_C 时,二极管 V2、V4 才导通,整流电流向电容器 C 再度充电到最大值 $\sqrt{2}U_2$,u_C 的图形如图 1—25 中的 bc 段。然后交流电压继续按正弦规律下降,电容器 C 周而复始地充放电,负载上得到如图 1—25 所示的锯齿波电压。

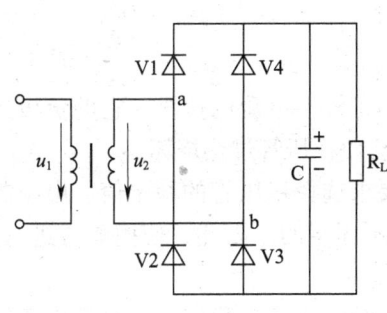 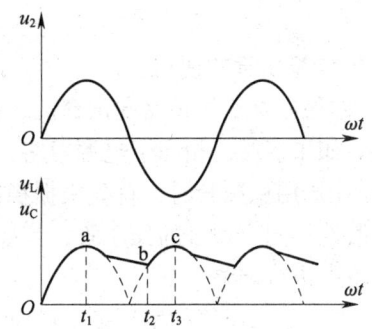

图 1—24 单相桥式整流电容滤波电路图　　图 1—25 单相桥式整流电容滤波波形图

由此可见,电容滤波的特点是电源电压在一个周期内,电容器 C 充放电各两次。经电容滤波后,输出电压就比较平滑了,交流成分大大减少,而且输出电压平均值得到提高,这就是滤波的作用。

2. 电容滤波对整流电路的影响

(1) 接入电容器后二极管的导通时间变短,电容器开始充电时,充电电流很大,必须选用电流裕量大的二极管。

(2) 负载平均电压升高,交流成分减小。电容器放电速度越慢,负载电压中交流成分越小,负载平均电压越高。

(3) 一般滤波电容器采用极性电容器,使用时电容器的极性不能接反。

三、稳压电路

由于电网交流电压的波动和直流负载的变化,会引起通过整流和滤波所得的直流电压发生变化。因而,在整流滤波电路后通常要加稳压电路,以适应精密电子仪器和自动控制装置等的需要。

1. 硅稳压管

硅稳压管是稳压电路的基本元件。

(1) 硅稳压管的特性。硅稳压管的符号和伏安特性如图 1—26 所示。从图 1—26

硅稳压管的反向工作曲线中可以看出,在反向击穿区,反向电流可以在很大范围内变化,而两端所加反向电压几乎不变,利用这一特性,起到稳压作用。稳压管允许在不超过最大耗散功率的击穿区工作,稳压管在击穿区工作时,只要通过管子的反向电流小于最大允许电流,即可长期正常工作。

(2)硅稳压管的参数

1)稳定电压 U_Z。指稳压管的反向击穿电压(如图中 U_{Zmin} 到 U_{ZM} 范围)。有的稳压管此值约为 3 V,高的可达 300 V。

2)稳定电流 I_Z。指保持稳定电压时的工作电流(图1—21中B点处电流)。

3)最大稳定电流 I_{ZM}。指稳压管最大工作电流(图1—21中C点处电流)。超过这个电流,稳压管将因功率过大而发热烧坏。

4)最大耗散功率 P_{ZM}。指工作电流通过稳压管的PN结时产生的最大耗散功率允许值。

(3)硅稳压管的使用

1)硅稳压管工作在反向击穿区,使用时它的正极接电源的负极,它的负极接电源的正极。如果接反,相当于电源短路,电流过大会使稳压管过热烧坏。

2)在选用稳压管时,首先根据稳定电压的要求选择稳压管的稳定值。由于制造工艺的分散性,同一型号的稳压管,其稳定值也是不固定的。因此,使用前应进行测量,并在电路中进行调整。

3)当一个稳压管的稳压值不够时,可以用多个稳压管串联使用。但是稳压管不能并联使用,这是由于每个稳压管的稳压值有差异,并联后会造成各管的电流分配不均匀,使电流分配大的稳压管因过载而损坏。

2.稳压管稳压电路

最简单的稳压电路是采用稳压管来稳定电压的,电路如图1—27所示。交流电压经过桥式整流电路和电容滤波得到直流电压 U_0。再经过电阻R和稳压管组成的稳压电路,然后接到负载 R_L 上,这样 R_L 将得到一个稳定的直流电压。

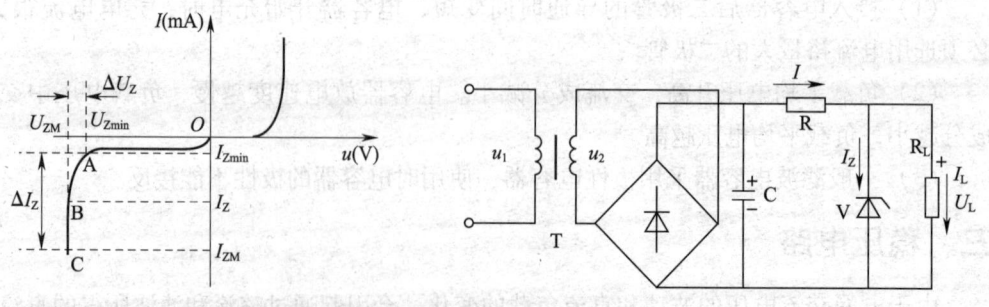

图1—26 硅稳压管电压电流特性　　图1—27 硅稳压管稳压电路图

3.稳压管稳压工作原理

当电源电压 u_1 发生波动时,输入电压 u_2 将随着发生变化。则稳压管V两端电压相应增高。由于稳压管的反向击穿特性,当电压增高时,稳压管电流 I_Z 增加很快,于是在R上的压降($U=IR$)增加,使得输出电压 U_L 保持不变。其工作过程可描述为

$$u_1\uparrow \to u_2\uparrow \to U_L\uparrow \to I_Z\uparrow \to IR\uparrow$$
$$U_L\downarrow \longleftarrow$$

反之，如果电源电压下降，其工作过程与上述相反。

设稳压电路的输入电压 u_2 保持不变，当负载电阻 R_L 减小，负载电流 I_L 增大，使得电阻 R 上的压降增大，输出电压 U_L 减小，稳压管电流 I_Z 减小，如果两个电流的变化量相等，则 I ($I=I_L+I_Z$) 不变。这样，输出电压不变。其工作过程可描述为

$$R_L\downarrow \to I_L\uparrow \to I\uparrow \to IR\uparrow \to U_L\downarrow \to I_Z\downarrow$$
$$U_L\uparrow \longleftarrow$$

反之，如果负载电流减小，其工作过程与上述相反，输出电压 U_L 保持不变。

这种稳压电路线路简单，但稳压性能较差，输出电压不易调节，一般适用于负载电流较小，稳压要求不高的场合。

四、低频电压放大电路

三极管放大电路是将微弱的电信号转变为较强的电信号的电子电路。在低频电压放大电路中，共发射极放大电路应用最为广泛，下面将对共发射极放大电路进行介绍。

1. 电路组成

如图1—28所示为 NPN 型三极管组成的最基本的放大电路。u_i 端为放大器的输入端，用来接收信号；u_o 端为放大器的输出端，用来输出放大器的信号。图中"⊥"表示公共端，用来作电位的参考点，电路中其他各点电位均是相对"⊥"而言。电路的输入端和输出端共用晶体管的发射极，称为共发射极放大电路。

晶体管 V 具有电流放大作用，它使集电极电流随基极电流作相应的变化，是放大电路核心器件。

基极偏置电阻器 R_B 提供给基极合适的偏置电流，并向发射结提供必需的正向偏置电压。R_B 一般在几十千欧至几百千欧之间。

集电极直流电源 U_{CC} 通过集电极负载电阻 R_C 给三极管的集电结加反向电压，另一方面给放大器提供能源。

集电极电阻器 R_C 将三极管的电流放大作用以电压放大的形式表现出来，从而输出一个比输入电压大得多的电压。R_C 一般在几千欧至几十千欧之间。

耦合电容器 C1、C2 起隔断直流和传递交流信号的作用。

2. 静态分析

放大器没有信号输入时的工作状态称为静态。静态分析的目的，就是确定放大电路的静态电流和电压（即静态工作点），并分析它们是否合适。直流通路是放大电路静态时的等效通路。由于耦合电容器对直流相当于断路，因此画直流通路时，把有电容的支路断开，其他不变，如图1—29所示。

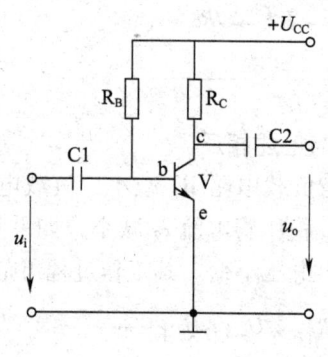
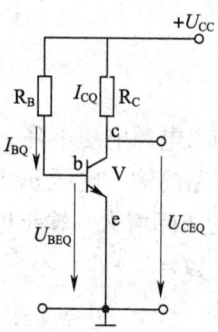

图1—28 共发射极基本放大电路　　图1—29 直流通路

根据晶体管的输入、输出特性曲线和电路结构特点，可以用作图的方法分析放大电路的工作状态。

（1）作出直流负载线。利用直流通路图，在集电极回路中，直流电压的关系是

$$U_{CE} = U_{CC} - I_C R_C$$

在给定的放大电路中，电源电压、集电极负载电阻均为定值。因此上式描绘的负载线是一条直线。只要选择这条直线上的两个点，连接起来即可。

设 $U_{CE} = 0$，则 $I_C = \dfrac{U_{CC}}{R_C}$，在纵坐标上定出 N 点；设 $I_C = 0$，则 $U_{CE} = U_{CC}$，在纵坐标上定出 M 点；连接 MN 两点即为所求直线。直线 MN 的斜率是 $K = \dfrac{1}{R_C}$，这条直线的斜率取决于集电极负载电阻 R_C，这条直线称为直流负载线。

（2）计算基极偏置电流 I_{BQ} 值，选择对应的一条输出特性曲线。

$$I_{BQ} = \dfrac{U_{CC} - U_{BEQ}}{R_B} \approx \dfrac{U_{CC}}{R_B}$$

（3）直流负载线与输出特性曲线的交点就是静态工作点 Q。一般 Q 点应选择在放大区的中部，靠近截止区或饱和区都是不适当的。

【例1—4】 在如图1—28所示的共射极基本放大电路中，$U_{CC} = 12$ V，$R_B = 300$ kΩ，$R_C = 3$ kΩ，特性曲线如图1—30所示，试用图解法在图上标出静态工作点。

解：设 $U_{CE} = 0$，则 $I_C = \dfrac{U_{CC}}{R_C} = \dfrac{12}{3} = 4$ mA，定出 N 点；设 $I_C = 0$，则 $U_{CE} = U_{CC} = 12$ V，定出 M 点；连接 MN 两点即为直流负载线，如图1—30所示。

基极偏置电流：$I_{BQ} = \dfrac{U_{CC}}{R_B} = \dfrac{12}{300} = 0.04$ mA

直流负载线与特性曲线 $I_b = 40$ μA 的输出特性曲线交于 Q 点，Q 点所对应的值 U_{CEQ}、I_{CQ}（6，2）即为静态工作点数值。

3. 动态分析

放大器有正弦交流信号输入时，放大电路的工作情况称为动态。三极管的基极电流、集电极电流和集电极电压都不再保持原有的静态直流量，而在原有直流量的基础上

叠加一个交流分量。

（1）输入波形分析。输入端输入一个正弦信号，耦合电容 C1、C2 相当于短路，三极管 V 的 b、e 极之间的电压是静态工作时的 U_{BE} 和 u_1 的叠加，称为脉动电压 u_{BE}，由晶体管输入曲线可得出相应的脉动基极电流 i_B。由于三极管的输入特性曲线在小信号放大时可近似看做是线形的，所以 i_B 的波形与 u_{BE} 相似，如图 1—31 所示。

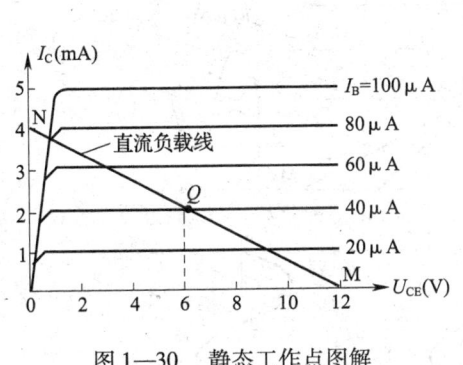
图 1—30　静态工作点图解

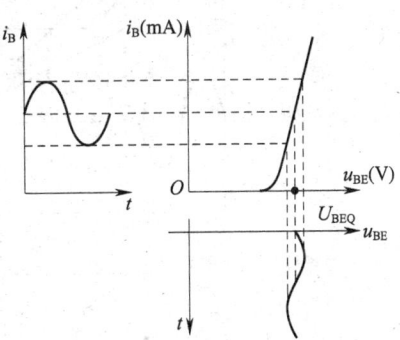
图 1—31　输入端波形图

（2）交流负载线。在交流通路中，集电极电流 i_C 不仅流过 R_C，也流过负载 R_L，此时放大器的交流等效负载为 R'_L（$R'_L = R_C // R_L$）。放大器接上负载 R_L 后，放大器的工作点将在斜率为 $K = \dfrac{1}{R'_L}$ 的负载线上移动。为了和直流有所区别，将斜率为 $K = \dfrac{1}{R'_L}$ 的负载线称为交流负载线。因此，放大器的输出端带上负载后，放大器的工作特性将由交流负载线来确定。若放大器的输出端不接负载，则放大器的交流负载线与直流负载线重合。

当输入信号变化到零时刻，这一瞬间相当于没有输入信号，此刻放大器工作在静态工作点，因此，交流负载线是一条斜率为 $K = \dfrac{1}{R'_L}$ 且经过静态工作点 Q 的直线。

交流负载线的画法（见图 1—32）：

1）画斜率是 $K = \dfrac{1}{R'_L}$ 的辅助线。

2）过静态工作点 Q 作辅助线的平行线，即是交流负载线。

（3）输出波形分析。由于晶体管的电流放大作用，得到放大的集电极电流 i_C。波形与 i_B 相似，只是数值被放大了。集电极电阻 R_C 上的电压波形也与 i_B 相似。

三极管 V 的 c、e 极之间的电压 u_{CE} 是 U_{CC} 与 $i_C u_C$ 之差。i_C 增大，u_{CE} 减小；i_C 减小，u_{CE} 增大。经过电容器 C2 隔直后，输出电压 u_2 的波形的变化规律与 u_1 的波形的变化规律相似，但相位相反（即输出电压与输入电压的相位相差 180°），称为反向作用。这是共发射极放大电路的特点之一。

（4）非线性失真。如果静态工作点 Q 的位置定得太高，那么在幅值较大时，其正半周可能进入饱和区，造成输出电压波形负半周被部分切割，这种因三极管饱和而引起的失真称为饱和失真，如图 1—33a 所示。反之，如果静态工作点 Q 的位置定得太低，那么在幅值较大时，其负半周可能进入截止区，造成输出电压波形正半周被部分切割，这种因三极管截止而引起的失真称为截止失真，如图1—33b所示。它们都是由于三极管的工作状态离开了线性放大区而进入非线性的饱和区、截止区所造成的，因此称为非线性失真。通常应该把静态工作点Q设置在交流负载线的中点处。

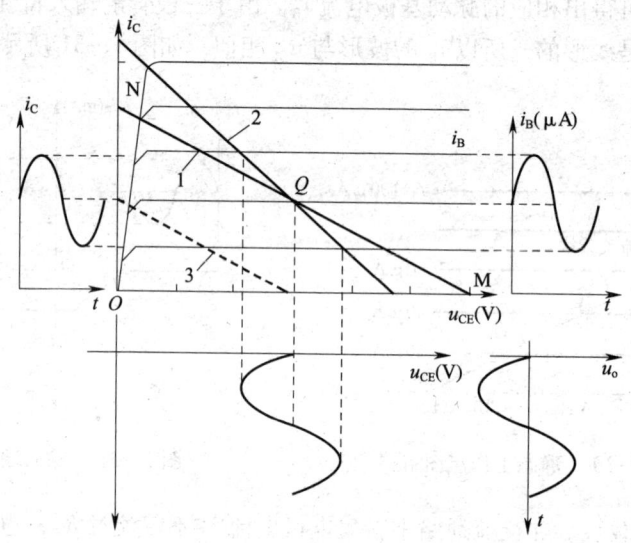

图1—32 输出端波形图

1—直流负载线 2—交流负载线 3—辅助线

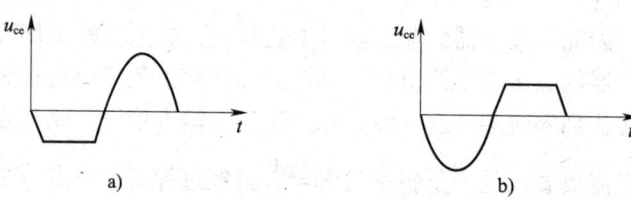

图1—33 非线性失真波形

a）饱和失真 b）截止失真

五、整流和滤波电路线路的安装

单相桥式整流和滤波电路图如图1—34所示，电路分析在前面已做过介绍，此处不再重复。

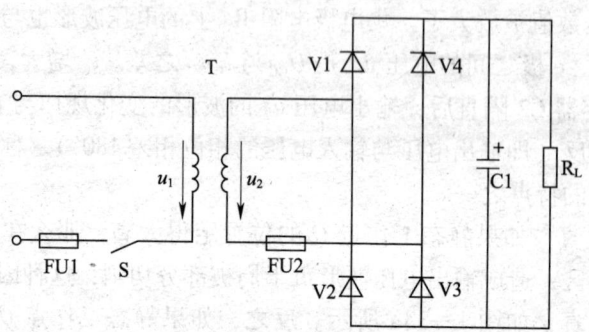

图1—34 单相桥式整流、滤波电路图

1. 电路的安装

(1) 按表1—1配齐电路所需的元器件。

表1—1　　　　　　　单相桥式整流、滤波电路元器件明细表

序号	符号	名称	型号与规格	数量
1	S	开关		1
2	T	变压器	BK50 220 V/18 V	1
3	V1～V4	二极管	2CZ11K	4
4	C1	极性电容器	100 μF、50 V	1
5	FU1	熔断器	0.5 A	1
6	FU2	熔断器	0.05 A	1
7	R_L	负载电阻器	1 kΩ	1

(2) 用万用表检测元器件的性能及好坏。

(3) 制作空心铆钉板。按 2 mm × 150 mm × 200 mm 的尺寸裁剪出层压板（胶木板），并且在上面以横向 10 mm、纵向 10 mm 的间距，钻出空心铆钉的安装孔，铆钉规格为 $\phi 1.5$ mm，然后在需要的地方铆上铆钉，将铆钉铆牢。如图1—35所示为空心铆钉板的示意图。

(4) 清除元器件引脚处的氧化层和空心铆钉的氧化层，并在引脚处镀上焊锡。按照电路图从左至右将元器件焊在空心铆钉板上，空心铆钉板的背面的电路连线用细裸铜线焊接起来。先消除其氧化层，再均匀搪锡。连线要求走直线，连线之间不能跨越，如图1—36所示。

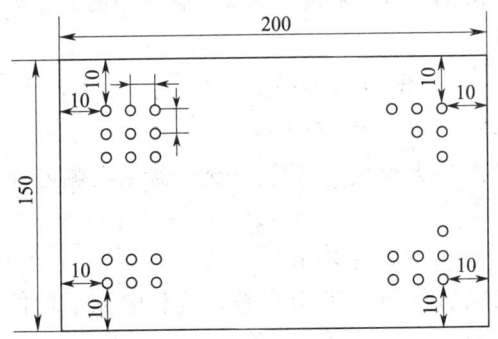

图1—35　空心铆钉板示意图
（单位：mm）

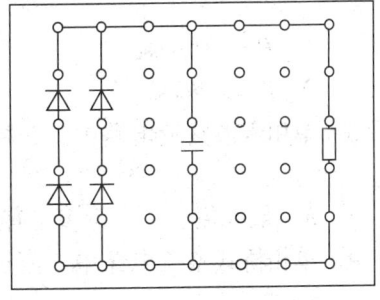

图1—36　单相桥式整流、滤波
电路连线示意图

2. 电路的调试

(1) 在另一厚度为 5 mm，长宽合适的层压布板（胶木板）上安装变压器、开关、熔断器等元器件。同时，用线径为 0.1 mm × 16 股的绝缘软线作为电源连接线，做好电源引线的连接和电路板交流输入端的连接。

(2) 检查各元器件有无错焊、漏焊和虚焊等情况，并判断接线是否正确。

(3) 接通电源，观察有无异常情况，将万用表的量程转换开关置于直流 50 V 挡，

测量电路输出（即负载电阻两端）电压。测量时，红表笔接输出端正极，黑表笔接输出端负极，输出电压应为 22 V（$u_L = 1.2U_2$，其中 U_2 为变压器二次电压有效值）。

3. 电路的故障检查

（1）若输出电压为 16 V 左右，说明滤波电容器脱焊或已损坏。

（2）若输出电压为 8 V 左右，说明除滤波电容器脱焊或已损坏外，整流桥有一个桥臂脱焊或有一只二极管断路。

（3）若输出电压很低，说明二极管正向电阻变大，极性电容器 C1 严重漏电等。

（4）若输出电压为零，变压器又无异常发热现象，说明电源变压器一次或二次绕组已断开或未接牢固，或是熔丝已熔断，也可能是电源与整流桥没有良好接触。

（5）若接通电源后，熔丝立即熔断，说明电源变压器一次或二次绕组已短路，或是整流桥中的一只二极管反接，或是滤波电容器 C1 短路，也可能是负载电阻器短路。此时应立即切断电源，查明故障原因。FU1 熔断，为一次绕组短路；FU1、FU2 熔断，为二次绕组短路，FU2 熔断的主要原因是滤波电容器 C1 短路，或某一只二极管反接。

单元测试题

一、单项选择题（下列每题的选项中，只有 1 个是正确的，请将其代号填在横线空白处）

1. 在日常生活中，照明电路的接法为_____。
   A. 星形四线制   B. 星形三线制
   C. 三角形三线制   D. 可以是三线制，也可以是四线制

2. 对称Y接三相电路的相电压为 U，相电流为 I，阻抗角为 φ，则电路的总功率为_____。
   A. $P = \sqrt{3}UI\cos\varphi$ B. $P = \sqrt{3}UI\sin\varphi$
   C. $P = 3UI\cos\varphi$ D. $P = 3UI\sin\varphi$

3. 单相半波整流电路中，二极管承受的最大反向电压等于变压器二次侧电压的_____。
   A. 最大值   B. 有效值   C. 平均值

4. 单相桥式整流电路中，流过每个二极管的电流平均值等于负载电流平均值的_____。
   A. 1/4   B. 1/2   C. 1 倍   D. 2 倍

5. 放大电路的静态工作点是指输入信号_____三极管的工作点。
   A. 为正时   B. 为零时   C. 为负时

二、判断题（下列判断正确的打 "√"，错误的打 "×"）

1. 磁力线始于 N 极，终止于 S 极。   （   ）
2. 线圈的自感电动势总是和电流的方向相反。   （   ）
3. 穿过线圈的磁通量越大，其感应电动势就越大。   （   ）
4. 三相电动势中，若三相出现最大值的顺序 W—U—V，则为正相序。   （   ）

5. 在三相四线制低压供电网中三相负载越接近对称,其中性线电流就越小。
（　　）

6. 在负载对称的三相电路中,无论是星形联结,还是三角形联结,电路的平均功率为 $P=\sqrt{3}U_LI_L\cos\varphi$。
（　　）

7. 在三相四线制不对称的电路中,一相负荷短路或断开,另两相负荷不能正常工作。
（　　）

8. 三相负载作星形联结时,不论负载对称与否,线电流必定等于相电流。（　　）

9. 共发射极放大电路中,输出电压 u_2 的波形与输入电压不仅波形相似而且相位相同。
（　　）

10. 硅稳压管使用时,它的正极接电源的正极,它的负极接电源的负极。（　　）

三、简答题

1. 判断图1—37中的磁场方向和电源的正负极性。

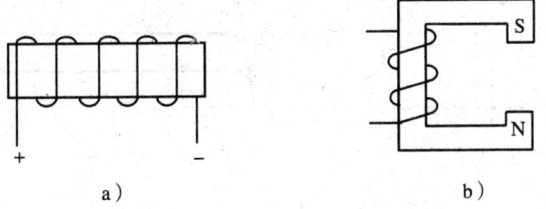

图1—37　判断磁场方向和电源的正负极性

2. 在图1—38中,已分别标明了电流 I、磁感应强度 B 和电磁力 F 三个物理量中的两个物理量,试标出第三个物理量的方向。

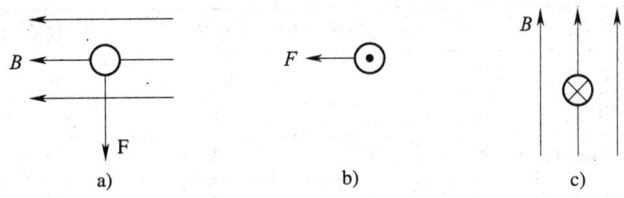

图1—38　判断第三个物理量的方向

3. 判断图1—39中感应电动势的方向。

图1—39　判断感应电动势的方向

4. 三相四线制供电系统中,中性线的作用是什么？为什么中性线不允许开路？

5. 有一三相对称负载,每相的电阻 $R=8\ \Omega$,感抗 $X_L=6\ \Omega$,如果负载接成星形,

接到 $U_L = 380$ V 的三相电源上，求负载的相电流和线电流。

6. 有三相电阻各为 40 Ω，先接成星形，后接成三角形，分别接到线电压为 380 V 的电源上，问外线上流过的电流各是多少？

7. 某一直流负载，电阻为 81 Ω，要求工作的直流电流为 1.5 A，如果采用单相桥式整流电路。试求整流变压器二次侧的电压及整流二极管的参数。

8. 当电源电压 u_1 升高时，稳压管稳压工作的原理是什么？

9. 在如图 1—40a 所示电路中，三极管的输出特性曲线如图 1—40b 所示，画出直流负载线，当负载电阻 $R_L = 6$ kΩ 的时，画出交流负载线。

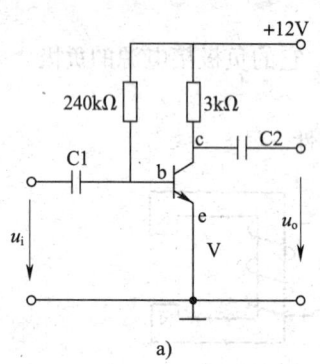
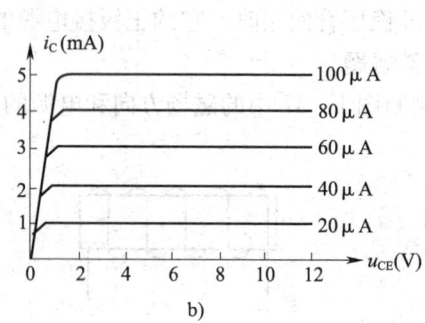

图 1—40 三极管的输出特性曲线

四、技能题

单相桥式整流滤波电路的安装调试。

1. 操作准备

序号	名称	型号与规格	单位	数量	备注
1	元器件	—	只	若干	具体见表 1—1
2	万用表	—	台	1	—
3	空心铆钉板	—	块	1	如图 1—30 所示
4	胶木板	—	块	1	—
5	细砂纸	—	张	1	—
6	电烙铁	—	只	1	—
7	焊锡	—	卷	1	—

2. 操作要求

（1）按要求准备并检查元器件。

（2）制作空心铆钉板。

（3）按电路图要求焊接电路。

1）不可把二极管和滤波电容器的极性接反，否则会烧坏二极管和滤波电容器。

2）焊接元件时，可用镊子捏住焊件的引线，以利于散热。

（4）电路调试。

3. 操作时限

120 min。

4. 配分及评分标准

序号	考核项目	考核内容	配分	评分标准
1	准备并检查元器件	(1) 元器件齐全 (2) 用万用表检查，方法正确	15	(1) 元器件不齐全、型号等错误，扣 1 分/次 (2) 未检查或检查错误，扣 1 分/次
2	按图焊接	(1) 接线正确 (2) 布局合理 (3) 元件排列整齐 (4) 焊接点光滑、符合要求	50	(1) 接线错误，扣 20 分 (2) 布局不合理，扣 10 分 (3) 排列不整齐，扣 5 分/次 (4) 焊接点粗糙，扣 2 分/次，虚焊、漏焊扣 5 分/次
3	测试电压	(1) 用万用表测试变压器二次侧电压、桥式整流直流电压、滤波电路直流电压，测量方法正确 (2) 读数准确、正确记录	15	(1) 测量方法不正确，扣 3 分/次 (2) 读数错误，扣 2 分/次
4	安全、文明操作	(1) 工作完成后工具、仪器应整理摆放好 (2) 仪表、设备完好	10	(1) 未整理，扣 5 分 (2) 由于使用不当损坏仪器设备，扣 10 分
5	操作时间	在规定时间内完成	10	超时 1 min 扣 1 分，扣完为止，最多不超过 10 min
	合计		100	

注：操作时限不包括空心铆钉板制作时间。

单元测试题答案

一、单项选择题

1. A　2. C　3. A　4. B　5. B

二、判断题

1. ×　2. ×　3. √　4. √　5. √　6. √　7. ×　8. √　9. ×
10. ×

三、简答题

1. 答：a：左边是 N 极；b：电源正极在上。
2. 答：a：电流方向朝外流出纸面；b：磁场方向从下到上；c：电磁力方向向右。
3. 答：a：感应电动势朝内流入纸面；b：感应电动势朝外流出纸面。
4. 答：三相四线制供电系统中，中性线的作用是使每相负载两端的电压等于电源的相电压；只要电源是对称的，负载的相电压总是对称的。

中线在正常工作时，不允许断开，否则会使负荷大的一相端电压较正常相电压低，负载小的那端相电压较正常相电压高，严重时会烧坏电器，因此，规定在中线上不允许安装熔断器和开关设备，并选用机械强度高的导线。

5. 答：$I_L = I_P = 22$ A。

6. 答：星形连接时：$I_L = 5.5$ A，三角形连接时：$I_L = 16.5$ A。

7. 答：$U_2 = 135$ V，$I_V = 0.75$ A，$U_{Vm} = 190.9$ V。

8. 答：当电源电压 u_1 发生升高时，输入电压 u_2 将随着发生变化。则稳压管 V 两端电压相应增高。由于稳压管的反向击穿特性，当电压增高时，稳压管电流 I_Z 增加很快，于是在 R 上的压降（$U = IR$）增加，使得输出电压 U_L 保持不变。其工作过程可描述为：

$$u_1\uparrow \to u_2\uparrow \to U_L\uparrow \to I_Z\uparrow \to IR\uparrow$$
$$U_L\downarrow \leftarrow$$

9. 答：交流负载线如图 1—41 所示。

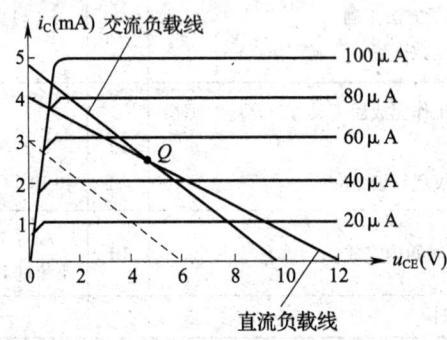

图 1—41 交流负载线

第 2 单元

变压器的安装与维修

- 第一节　变压器的基本知识/28
- 第二节　配电变压器的安装/36
- 第三节　小型变压器的绕制与维修/42

变压器是电力系统中的重要电气设备,对电能的经济传输、灵活应用和安全使用具有重大意义。它是根据电磁感应原理制成的一种静止的电气设备,能将交流电压由低变高或由高变低,以满足不同用途的需要。根据变压器升降电压的功能,可将变压器分为升压变压器和降压变压器两类。本单元所讲述的配电变压器是一种降压变压器,它的作用是将高压电变换成为能够直接使用的低压电。

第一节 变压器的基本知识

→ 掌握变压器的工作原理
→ 了解变压器的基本结构及各部件的作用
→ 熟悉变压器铭牌参数的含义

一、变压器的用途和分类

1. 变压器的用途

变压器是将一种电压等级的交流电变成同频率的另一种电压等级的交流电的静止感应电器。变压器被广泛应用于生产、电力输送、电力分配和需用电能的各个用电系统。

2. 变压器的分类

(1) 按用途分类。可分为电力变压器、特种变压器(电炉变、整流变、工频试验变压器、调压器、矿用变、冲击变压器、电抗器、互感器等)。

(2) 按相数分类。可分为单相变压器、三相变压器及多相变压器。

(3) 按铁心形式分类。可分为心式变压器、壳式变压器及辐射式变压器等。

(4) 按结构分类。可分为双绕组变压器、三绕组变压器、多绕组变压器、自耦变压器和低压分裂绕组变压器等。

(5) 按冷却介质分类。可分为干式变压器、油浸变压器及充气变压器等。

(6) 按冷却方式分类。可分为自然冷式、风冷式、水冷式、强迫油循环风(水)冷方式及水内冷式等。

(7) 按导电材质分类。可分为铜线变压器、铝线变压器及半铜半铝、超导变压器等。

(8) 按调压方式分类。可分为无励磁调压变压器、有载调压变压器。

(9) 按中性点绝缘水平分类。可分为全绝缘变压器、半绝缘(分级绝缘)变压器。

二、变压器的工作原理

1. 单相变压器的工作原理

如图2—1所示为单相变压器的工作原理示意图。在闭合的铁心上绕有两个互相绝缘的绕组。其中接入电源的一侧叫一次绕组,输出电能的一侧叫二次绕组。当一次绕组接入交流电源电压U_1时,在一次绕组中就会有交流电流I_1通过并产生励磁作用,在铁

心中产生交变磁通 Φ_m。这个交变磁通不仅穿过一次侧绕组，同时也穿过二次侧绕组，两个绕组中分别产生感应电势 E_1 和 E_2。这时若二次侧绕组与外电路的负载接通，便有电流流入负载，即二次侧绕组有电能输出。这就是变压器最基本的工作原理。

根据电磁感应定律，则一次绕组、二次绕组的感应电动势为：

$$E_1 = 4.44fW_1\Phi_m \qquad E_2 = 4.44fW_2\Phi_m$$

变压器一、二次绕组之间的电压比，就是变压器的变比（用 K 表示），它与变压器一、二次绕组之间的匝数比 N_1/N_2 成正比。变压器一、二次之间的电流比与绕组匝数比成反比，即：

$$\frac{U_1}{U_2} = \frac{I_2}{I_1} = \frac{N_1}{N_2} = K$$

2. 三相变压器的工作原理

三相变压器的工作原理同单相变压器是一样的，三相变压器实际上就是三个同容量的单相变压器的组合。在同一个铁心的三个铁心柱上，分别套上三相的一、二次绕组来进行三相变压，一次绕组的三个相与电源的三个相连接，二次绕组与负荷连接构成三相供电回路。三相变压器的工作原理图如图2—2所示。

一次绕组始端用 1U1、1V1、1W1 表示，尾端用 1U2、1V2、1W2 表示；二次绕组始端用 2U1、2V1、2W1 表示，尾端用 2U2、2V2、2W2 表示。

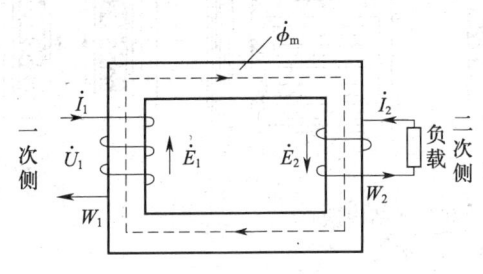
图2—1　变压器的工作原理图

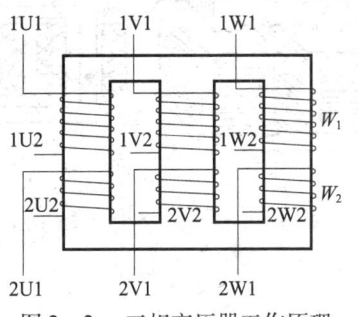
图2—2　三相变压器工作原理

三、油浸式变压器的基本结构

油浸式变压器是指将铁心和绕组浸在绝缘油中的变压器。其主要部件包括器身、油箱、冷却装置、出线绝缘套管、保护装置和测温元件等，如图2—3所示为三相油浸式电力变压器结构示意图。

1. 铁心

铁心是变压器的导磁通路，由铁轭和铁心柱两部分组成，也起固定和支持绕组的作用。为了减少涡流损耗，铁心由每片厚度为 0.35～0.50 mm、涂有漆膜的优质硅钢片叠装而成。叠装方式有斜接缝、直接缝和半直半斜接缝等。如图2—4所示为铁心的直接缝和斜接缝叠装方式。

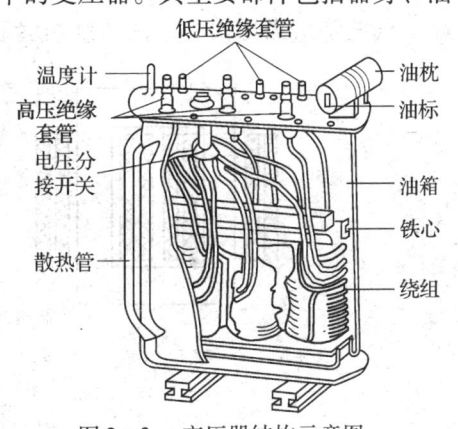
图2—3　变压器结构示意图

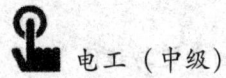

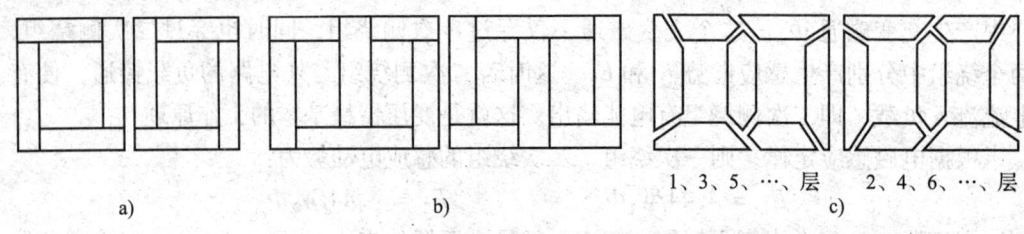

图 2—4 铁心叠装方式
a）单相叠装式 b）三相直缝叠装式 c）三相斜接缝叠装式

铁心叠好后必须夹紧，否则，运行时铁心会发出不正常的噪声，且当器身起吊时可能出现残余变形。铁心及其金属构件除穿心螺杆外，都必须可靠接地，但铁心叠片只允许一点接地。

按照绕组套入铁心柱的形式，铁心可分为心式结构和壳式结构两种，心式变压器的一、二次绕组套装在铁心的两个铁心柱上，如图 2—5a 所示。这种结构适用于容量大、电压高的变压器。壳式变压器的铁心包围着绕组的上下和侧面，如图 2—5b 所示，这种结构的变压器机械强度较好、铁心容易散热，但外层绕组的铜线用量较多，制造复杂，小型干式变压器多采用这种结构形式。

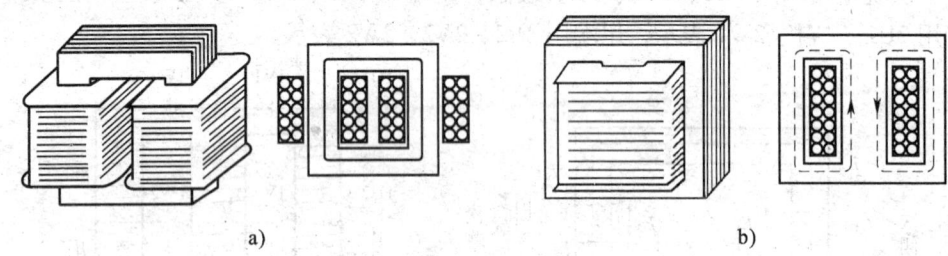

图 2—5 心式和壳式结构铁心
a）心式 b）壳式

2．绕组

绕组是变压器的电路部分，由电解铜线或铝线绕制，导线包几层经绝缘油浸渍的高强度绝缘纸，也有用漆包、纱包或丝包线绕制的。变压器的绕组可分为同心式和交叠式两种，如图 2—6 所示。同心式绕组的高、低压绕组同心地套在铁心柱上。为了便于绝缘，低压绕组靠近铁心，高压绕组套装在低压绕组外面，这也便于高压绕组抽出分接

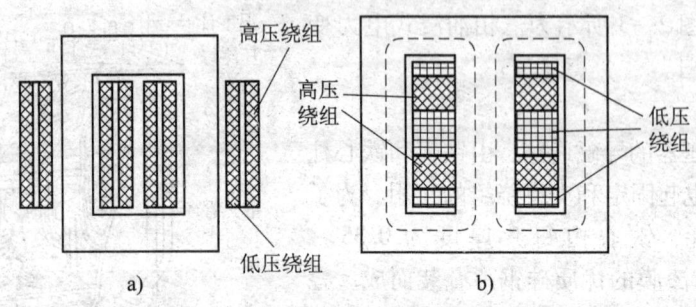

图 2—6 同心式和交叠式绕组
a）同心式绕组 b）交叠式绕组

头。国产电力变压器均采用这种结构。高、低压绕组之间、低压绕组与铁心柱之间必须留有一定的绝缘间隙和散热通道（油道），并用绝缘纸筒隔开。

同心式绕组的基本形式有双层圆筒式、螺旋式和连续式，如图2—7所示。绕组导线材料采用铜或铝。

3. 绝缘部分

为保证变压器各带电部分之间、带电部分和铁心及油箱之间，在受到正常工作电压及各种过电压作用时，不发生闪络和击穿，变压器中必须采用由各种绝缘材料组成的绝缘结构。

变压器的绝缘分为外部绝缘和内部绝缘。外部绝缘指油箱盖外的绝缘，主要是使高、低压绕组引出的瓷制绝缘套管与空气之间的绝缘。内部绝缘指油箱盖内的绝缘，主要是绕组绝缘、内部引线绝缘等。

变压器常用的绝缘材料有绝缘油、绝缘纸、绝缘纸板、酚醛压制品、环氧制品、绝缘漆、电瓷、布带、黄蜡管、黄蜡绸和木材等。油浸式变压器绕组采用A级绝缘。

4. 引线及调压装置

变压器的引线是指各绕组之间、绕组与出线绝缘套管之间、绕组与分接开关之间的连接导线。变压器的调压装置是指通过调整变压器高压绕组分接头位置来实现调压的一种装置，常称为分接开关，如图2—8所示。根据能否在带电情况下调整分接位置，分为有载调压和无载调压分接开关两种。

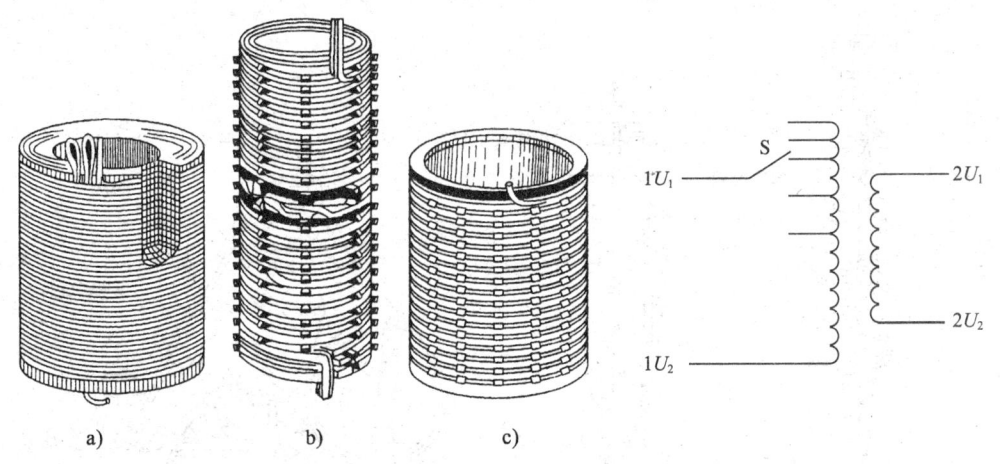

图2—7　同心式绕组的基本形式　　　　图2—8　绕组的分接开关
　　a）圆筒式　b）螺旋式　c）连续式

5. 油箱

油箱是油浸式变压器的外壳，用以盛装变压器器身和变压器油。油箱可分为两种：

（1）吊器身式油箱。这种油箱的下部为箱壳，上部为箱盖。箱壳用钢板焊接而成，顶部开口。箱盖依靠箱沿四周的螺栓与箱壳紧连在一起。当变压器器身需检修时，可以打开箱盖，吊出器身进行检修。这种结构适用于中小型变压器。

（2）吊箱壳式（钟罩式）油箱。这种箱壳犹如一只钟罩。箱壳下部有可供螺栓紧固的箱沿法兰。当变压器器身需检修时，先放油，再拆去箱沿四周的紧固螺栓，吊起钟罩状箱壳进行检修。一般变压器容量在 15 000 kVA 及以上时，均采用此种结构。

油箱内变压器油的主要作用是绝缘和散热。常用的变压器油为 DB－10、DB－25 和 DB－45，即 10 号、25 号和 45 号油。如果将不同的变压器油混合使用，会加快油质的劣化，所以不同牌号的变压器油一般不应混合使用。

6. 冷却装置

中、小型变压器的冷却方式一般采用油浸自冷式，就是以油的自然对流作用将热量带到油箱壁，然后依靠空气的对流传导将热量散发。油箱壁有平滑式箱壁、波纹式箱壁和散热管式箱壁几种结构，其散热效果依次逐渐增强。

7. 绝缘套管

变压器的绝缘套管用于将变压器绕组的引线引到油箱外部。它既是引线对地（油箱）的绝缘装置，又是引线的固定装置。绝缘套管由外部的瓷套和中间的导电杆组成，它的结构主要取决于使用条件。压油式绝缘套管多用于 10 kV 及以下电压等级，充油绝缘套管用于 10～35 kV 电压等级，电容式绝缘套管多用在 110 kV 及以上电压等级。为了增加表面放电距离，其外表面做成多级裙式棱，如图 2—9 所示。

8. 保护装置

保护装置是变压器不可缺少的部分，如图 2—10 所示。包括油保护装置（油枕、油位计、吸湿器）和安全保护装置（安全气道、压力释放阀和气体继电器等）。

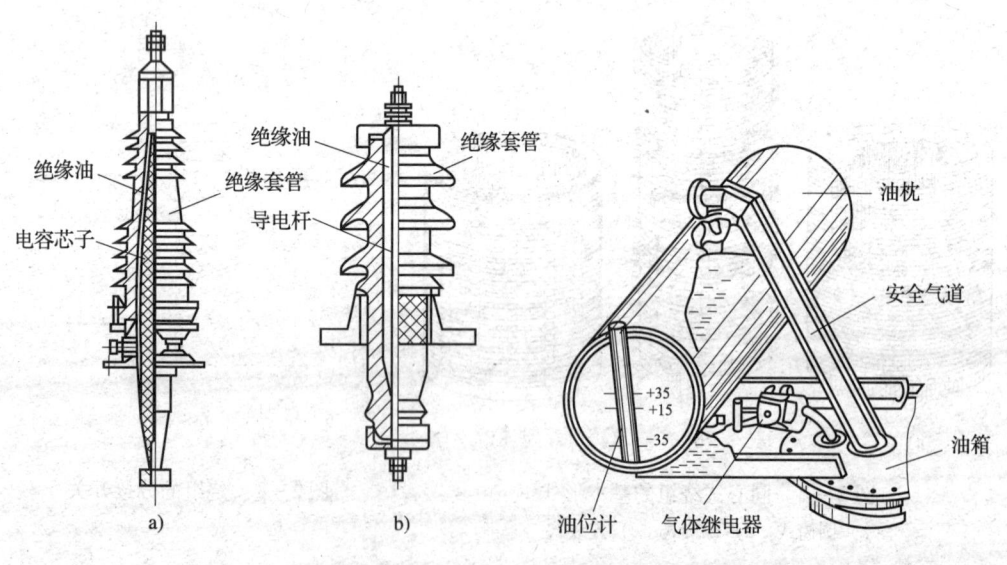

图 2—9 绝缘套管
a）35 kV 充油套管 b）电容式套管

图 2—10 油枕、安全气道和气体继电器

（1）油枕。又称储油柜，装在变压器的箱盖上面，其容积约为变压器总油量的 10%，通过连通管与油箱相连。变压器正常运行时，油箱内充满油，油枕中的油面随油温变化而升降，从而保证了套管内的油位，也避免了绝缘油与空气大面积接触，减少了氧气和水分的渗入。小型变压器因用油量少，胀缩程度小，又容易密封，不需装油枕。

油枕形式有隔膜式、胶囊式和浮子式等几种。

(2) 油位计。用于指示油枕中的油面。油位计上应表示出相当于停运状态时，油温为-30℃、+20℃、+40℃时的三个油面标志。据此可判断变压器是否需放油或加油。常用的有玻璃管油位计和磁力油位计。

(3) 吸湿器。又称呼吸器，吊装在油枕上，内部装有硅胶。当进入油枕的潮湿空气经过硅胶时，其潮气被硅胶吸收，可防止变压器油受潮与氧化。当硅胶由天蓝色全部变成淡红色后，说明已失去吸潮能力，应及时更换。

(4) 安全气道。又称防爆管，是一个底部与油箱相连、顶部装有一定厚度的玻璃片或酚醛纸板的长钢管。当油箱内发生严重故障时，油压增大，可冲破其顶部的防爆膜片，从而避免油箱破裂。

(5) 气体继电器。又称瓦斯继电器，有浮筒式、挡板式及由开口杯与挡板构成的复合式等几种。浮筒式气体继电器如图2—11所示，安装在油枕与油箱间的连通管中。当变压器油箱内部发生严重故障时，气体继电器动作，使变压器开关跳闸并发出故障信号；当变压器油箱内部发生轻微故障时，气体继电器动作，发出预报信号。

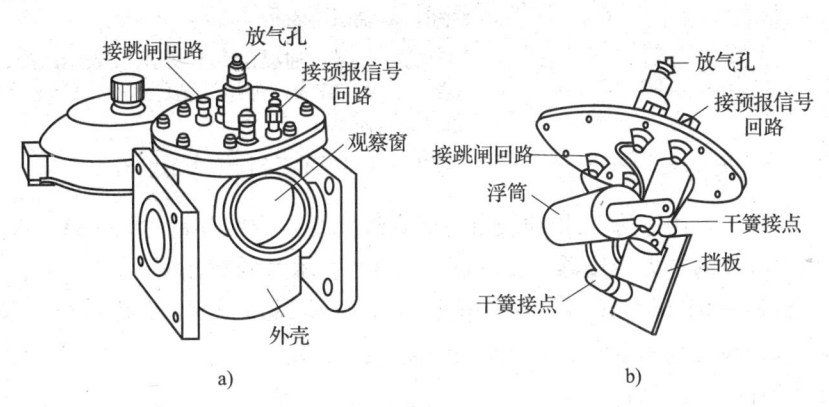

图2—11 浮筒式气体继电器

(6) 测温元件。测温元件主要是温度计。它安装在油箱盖上的测温孔内，下端伸进油箱内，用以测量变压器顶层油温，表头安装在油箱体上以便于监测。常用的有压力式温度计、电阻温度计和棒式玻璃温度计。压力式温度计如图2—12所示。

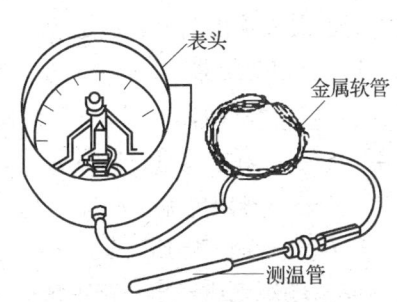

图2—12 压力式温度计

四、变压器的铭牌及主要技术参数

1. 铭牌

每台变压器都有一系列的技术数据，较详细的技术数据都写在产品说明书上，而最常用的几种技术数据一般都标在变压器的铭牌上，以方便用户在选择和使用时参考。变压器铭牌上有以下项目：变压器名称、型号、产品代号、标准代号、制造厂名、出厂序号、制造年月、相数、额定容量、额定频率、额定电压、额定电流、联结组标号、绕组联结示意图（6 300 kVA 以下的变压器可不画图）、额定电流下的阻抗电压（短路阻抗或短路电压）、冷却方式、使用条件、总质量和绝缘油质量。8 000 kV·A 及以上或电压 60 kV 及以上变压器还应标出空载电流、空载损耗及负载损耗等。

2. 型号

变压器的型号可反映出变压器的结构、额定容量、电压等级、冷却方式等内容，由字母和数字两部分组成，不同的型号代表不同类型的变压器。配电变压器的型号表示形式如下：

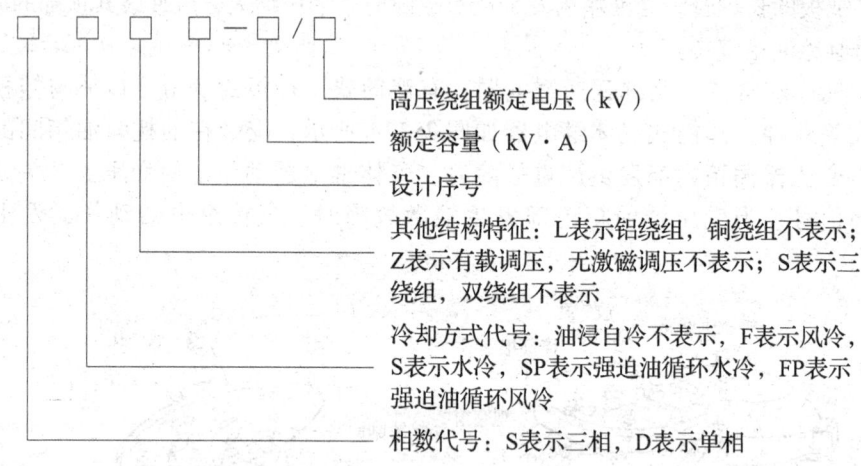

例一：S7—100/10 表示三相油浸自冷式铜线绕组，额定容量为 100 kV·A，高压侧额定电压为 10 kV 的电力变压器。设计序号为 7，表示为低损耗型。

例二：SFPL—63000/110 表示三相强迫油循环风冷式双绕组铝线，额定容量 63 000 kV·A，高压侧额定电压 110 kV 的电力变压器。

3. 变压器的主要参数

（1）额定容量。额定容量也称视在功率，指变压器在额定电压、额定电流下连续运行时的最大输出功率。额定容量的计算公式如下：

1）单相变压器 $S_N = I_N U_N \times 10^{-3}$

2）三相变压器 $S_N = \sqrt{3} I_N U_N \times 10^{-3}$

式中　S_N——额定容量，kV·A；

　　　I_N——额定电流，A；

　　　U_N——额定电压，V。

（2）额定电压。指在额定情况下长期运行所能承受的工作电压，单位为 V 或 kV。三相变压器的额定电压指分接开关置于中间挡位时的线电压有效值。

（3）额定电流。指变压器的额定容量下，允许长期通过的电流，单位为 A。三相变压器的额定电流指分接开关处于中间挡位时的线电流。额定电流可通过上述额定容量公式求得。

（4）额定频率。我国标准额定频率规定为 50 Hz。

（5）短路阻抗。也叫短路电压或阻抗电压，即把变压器的二次绕组短路，在一次绕组上慢慢升压，当二次绕组的短路电流等于其额定值时，一次侧所施加的电压 U_K 称为短路电压，在变压器铭牌上通常用 U_K 对一次额定电压 U_N 比值的百分数 $U_K\%$ 表示。

$$U_K\% = \frac{U_K}{U_N} \times 100\%$$

（6）绕组联结组标号。变压器连接是指变压器一次绕组和二次绕组按一定方式连接时，一次绕组和二次绕组电压之间的相位关系。

根据高、低压绕组的连接方法和对应的线电压之间的相位关系，用时钟表示法画出高、低压线电压的相量图，即为变压器的联结组标号。它是把变压器高压绕组的线电压相量作为时钟的长针，并必须把长针固定在 0（12）点位置上，而把二次绕组相应的线电压相量作为时钟的短针，短针指在几点钟的位置上，就以这个钟点作为这个联结组的标号。

单相变压器的相绕组只能接成 I 形。三相变压器的三相绕组可连接成星形、三角形和曲折形，对于高压绕组分别用 Y、D 和 Z 表示，对于中、低压绕组分别用 y、d 和 z 表示，有中性点引出时则用 YN、ZN 和 yn、zn 表示。常见的联结组标号有：Yyn0、YNd11、Yd11 等。

Yyn0 联结如图 2—13 所示，适用配电变压器，低电压为 380 V/220 V，三相线电压 380 V 向动力供电，相电压 220 V 供照明等单相设备。

Yd11 联结如图 2—14 所示，适用于中小容量配电变压器，高压为 10～35 kV，低压为 3～10 kV。

YNd11 联结如图 2—15 所示，适用容量较大的配电变压器，为 35 kV 和 110 kV 及以上电压等级的变压器。

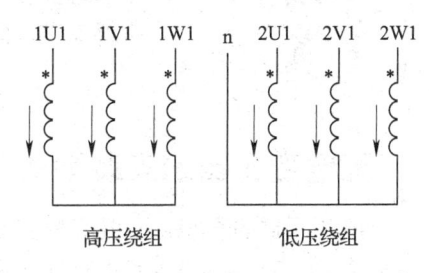

图 2—13　变压器 Yyn0 联结

（7）负载损耗 P_K。把变压器的二次绕组短路，在一次绕组额定分接头位置上通入额定电流，所吸取的有功功率称为负载损耗，单位为 kW。

（8）空载电流 I_0。当变压器在额定电压下二次侧空载时，一次绕组中通过的电流 I_0 称为空载电流（即励磁电流），一般以额定电流的百分数表示。

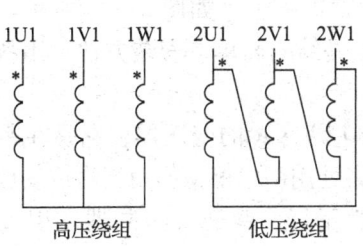

图 2—14　变压器 Yd11 联结

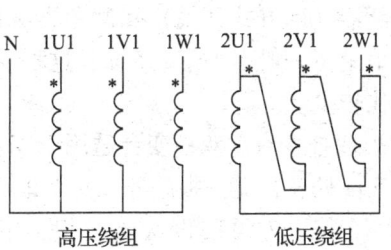

图 2—15　变压器 YNd11 联结

(9) 空载损耗 P_0。空载损耗是指当变压器的一侧绕组施加额定频率的电压,其他侧绕组开路时,所吸取的有功功率。它主要是消耗在变压器铁心中,因此又称为铁损。变压器铁心中的磁通是由一次绕组励磁电流产生的,由于磁通是交变的,所以在铁心中会产生磁滞损耗和涡流损耗。铁损基本是一恒定值,与负载大小和负载性质无关。

(10) 温升。变压器绕组上层油面的温度与变压器周围环境的温度之差,称为绕组上层油面的温升,每一台变压器的铭牌上都规定了其温升的限值,国家标准规定,当变压器安装地点的海拔高度不超过 1 000 m 时,绕组温升的限值为 65℃,上层油面的温升限值为 55℃。因此周围环境最高温度不超过 40℃时,变压器运行的上层油面温度不应超过 95℃,为保证变压器油及绝缘在长期使用条件下不致迅速劣化变质,变压器上层油面的温度不宜经常超过 85℃,具体情况可以以变压器制造厂标准为依据。

第二节 配电变压器的安装

→ 能够选择配电变压器的安装地点
→ 能够安装室内、室外变压器

一、配电变压器的安装型式

配电变压器的安装,一般应根据变压器容量大小、装设地点、吊运条件等因素来确定安装方式。其主要安装型式有杆架式、台墩式和落地式。变台是指变压器和它的附属设备的总称。

1. 杆架式变台

杆架式变台是利用线路电杆组装的变台,它分为单杆式、双杆式和三杆式三种。为了便于变压器的运行与检修,转角电杆、分支电杆,设有线路开关的电杆,设有高压进户线或高压电缆的电杆,交叉路口的电杆,低压接户线较多的电杆不宜装设变台。

(1) 单杆变台。单杆变台适用于安装 50 kV·A 以下的变压器。它是将变压器、跌开式熔断器(跌开式开关)和避雷器都固定在一根电杆上,如图 2—16 所示。变压器台架对地距离一般不小于 2.5 m,这种变台的优点是结构简单、安装方便、用料和占地面积都比较少。

(2) 双杆变台。双杆变台适用于安装 50~180 kV·A 的变压器,它是在距离高压电杆 2.5 m 处,再立一根副杆,在距地面 2.5 m 高处用两根槽钢或角钢搭成安放变压器的台架,台架上方再装设两层横担,用来安装避雷器、跌开式熔断器和引线,如图 2—17 所示。此种安装方式比较坚固、安全且不占地上面积,在街道、马路两侧安装较为普遍。

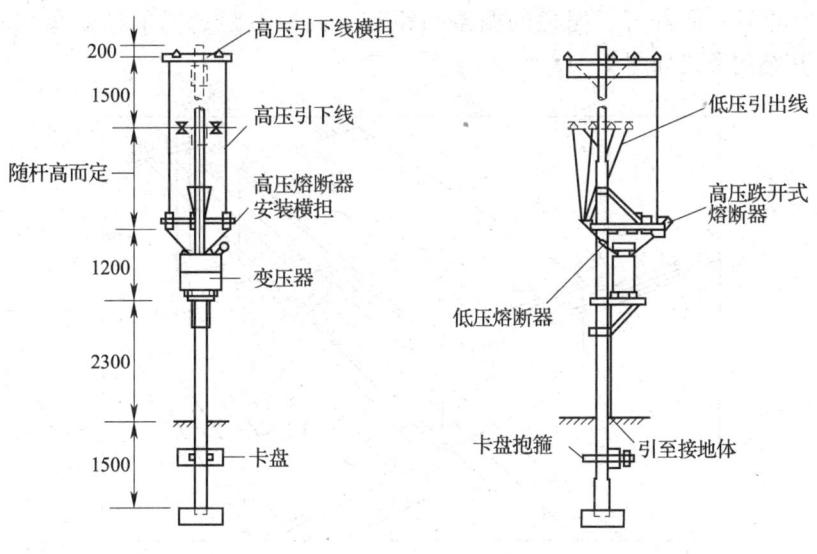

图 2—16　单杆变台的安装图

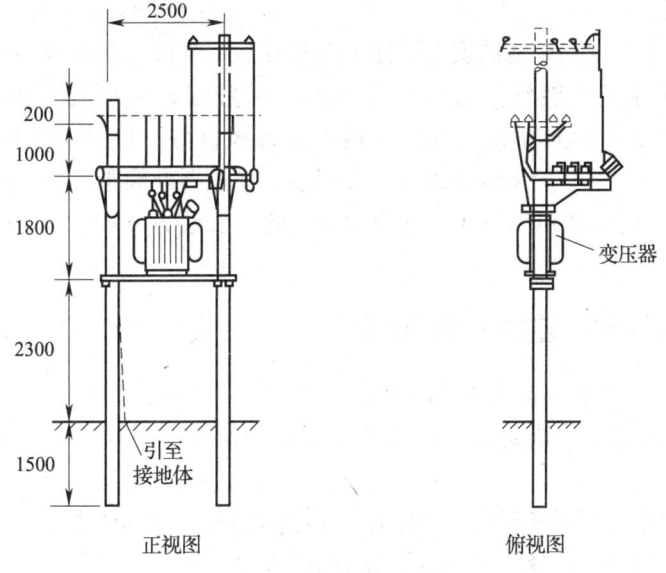

正视图　　　　俯视图

图 2—17　双杆变压器安装图

（3）三杆变台。三杆变台由高压线终端电杆和另外两根电杆组成。高压线终端电杆上只装设高压跌开式熔断器，另外两杆电杆组成的台架供安装变压器之用。这种变台的优点是：只要拉开高压跌开式熔断器和低压开关，变台上就无高压带电部分；缺点是用料多、造价高。可用以安装容量较大的配电变压器。

2．落地式变台

落地式变台有坚固的基础。基础一般用砖、石砌成，并用 1:2 水泥砂浆抹面。为了保证安全，防止人、畜接近带电部分，变台周围应设置高度不小于 1.7 m 的围墙或栅栏，变压器外壳至围墙或栅栏的净距离不小于 1.0 m，距门的净距离不应小于 2.0 m，围墙或栅栏的门应向外开。栅栏的栅条间距和下面横栏距地面的净距离均不得大于 200 mm，其结构形式如图 2—18 所示。

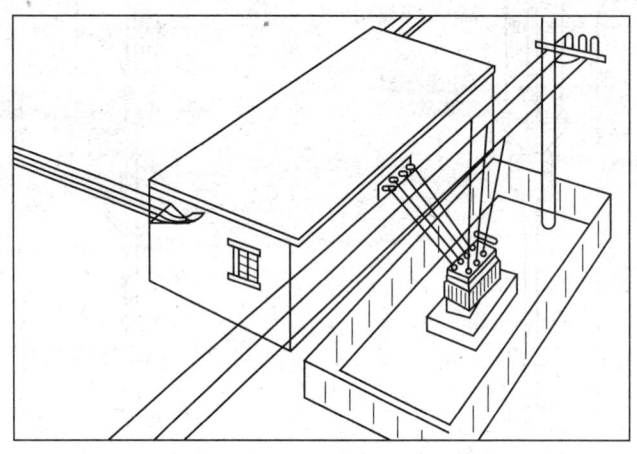

图 2—18　落地式变台

3. 变压器室

为了更有利于人身和设备的安全，便于监视和运行维护，现在很多农村和城镇都将配电变压器和其他配电装置一起安装在室内。一般配电变压器室的高度应不低于 4.5 m，其大小可根据具体情况而定。室内要求通风良好，且有防止小动物进入的措施。变压器置于室内的一般采取落地或平台安装，变压器外廓距后壁、侧壁的净距离应不小于 0.6 m；与门的净距离应不小于 0.8 m。此种安装方式的缺点是一次性投资大，占地较多。

二、配电变压器安装的一般要求

1. 户外杆上变压器台安装的一般要求

（1）杆上变压器台应满足在高压线路不停电的情况下检修、更换变压器时，有足够的安全距离。

（2）变压器台的倾斜度不应大于变压器台高的 1%，变压器油枕一侧可稍高一些，坡度一般为 1%~1.5%。变压器在台上应平稳、牢固。

（3）变压器台各部分之间距离应符合表 2—1 的标准要求。

表 2—1　　　　　变压器台各部分间的距离

项目	距离（mm）	项目	距离（mm）
变压器底部至地面	≥2 500	高压引线之间	≥500
跌开式熔断器至地面	4 000~5 000	跌开式熔断器之间	≥600
高压引线对横担、电杆	≥200	低压相间及对地（外壳、横担）	≥150
高压相间固定处	≥300		

(4) 变压器高、低压侧均应装设熔断器，100 kV·A 以上变压器低压侧应装设隔离开关。

(5) 变压器承重横担应有足够的强度，一般采用 10~12 号槽钢。

2. 户外落地变压器台安装的一般要求

(1) 户外落地变压器台周围应安装固定围栏，围栏高度不低于 1.7 m，变压器外廓距围栏和建筑物外墙的净距离不应小于 0.8 m，与相邻变压器外廓之间的距离不应小于 1.5 m。变压器底座的底面与地面距离不应小于 0.3 m。

(2) 变压器外廓与建筑物外墙距离小于 5 m 时，应考虑对建筑物的防火要求。

(3) 建筑物屋檐雨水不得落到变压器上。

(4) 变压器油量在 1 000 kg 及以上时，应设置能容纳全部油量的储油坑。

3. 室内变压器室安装的一般要求

(1) 变压器外廓距墙及门的最小净距离应符合表 2—2 要求。

表 2—2 最小净距离

容量（kV·A）	至门的净距离（m）	至后壁及侧壁的净距离（m）
≤1 000	0.8	0.6
≥1 250	1	0.8

(2) 变压器室应有发展的余地，一般应按能安装大一级容量变压器考虑。

(3) 变压器室应设置能容纳全部油量的储油池或排油设施。

(4) 设置适当的通风窗。

(5) 有满足吊芯的室内高度。

三、配电变压器的安装

1. 配电变压器安装地点的选择

配电变压器安装地点的选择是否恰当，对配电变压器本身的安全运行、低压线路的合理布局、减少线损、节约材料都有着很大的影响，其安装地点应具备的条件有以下几点：

(1) 尽量靠近最大负荷点。

(2) 便于高压进线和低压出线、方便运行和维护。

(3) 避开低洼、污秽地区和人、畜集中地带。

(4) 交通运输方便，尽量靠近公路。

(5) 安装位置必须安全、可靠，并符合发展规划要求。

2. 配电变压器台的组装

杆上变压器台在农网中应用比较普遍，下面以双杆变压器台的组装为例介绍杆上变器台的组装过程。

(1) 杆坑定位。挖 1 m×1 m、深 1.9 m 杆坑两个，坑底夯实，杆坑整平，并在同一水平线上。

(2) 下底盘。变压器台一般用 800 mm×800 mm×200 mm 混凝土底盘，放入坑中摆正。

　　(3) 立杆。可采用叉杆、人字抱杆等方法进行立杆。

　　(4) 安装附件及设备。电杆立好后，基础夯实，即可开始安装横担、瓷件、跌开式熔断器、避雷器、引线、母线等附件。铁件连接螺栓穿入方向是：水平的顺线路者，由送电侧穿入；横线路位于两侧者向内穿入，中间的由左向右穿，（面向受电侧）垂直的由下向上穿，螺栓均应加装垫片，不得过长或过短。

　　铁件应先装下层变压器支持槽钢，并用水平仪找平。上层横担即可从此槽钢向上尺寸安装，以保证其平整。

　　安装针式绝缘子。针式绝缘子在安装前应检查表面并作耐压试验合格。一般单片绝缘子绝缘电阻不小于 500 MΩ。

　　高、低压引线一律用绝缘线，高压引线截面不小于 25 mm^2，低压可选用 BLX-150 导线。高压母线敷设平整、整齐，高压引线对地距离不小于 200 mm，母线相间不小于 350 mm，三只跌开式熔断器的安装角度应一致，对地角度约 60°，以保证熔断时能迅速分开。

　　3. 变压器安装前的检查

　　(1) 变压器的外观检查。变压器运到现场后，应进行下列内容的外观检查：

　　1) 检查高低压绝缘套管有无破裂、掉瓷等缺陷，绝缘套管有无渗油现象。

　　2) 外表不得有锈蚀，油漆应完整。

　　3) 外壳不应有机械损伤，箱盖螺钉应完整无缺，密封衬垫要求密封良好，无渗油现象。

　　4) 规格型号与要求相符。

　　(2) 吊芯前由专业人员测试绝缘。

　　(3) 吊芯检查由专业人员进行。吊芯检查应在气温不低于 0℃，芯子温度不低于周围空气温度、空气相对湿度不大于 75% 的条件下进行（器身暴露在空气中的时间不得超过 16 h）。

　　4. 变压器的安装步骤

　　(1) 杆上变压器起吊就位。有条件使用汽车吊时，使用汽车吊起变压器既安全又省力，应优先使用。没有条件使用汽车吊时，起吊变压器常用的方法是用人字抱杆和倒链。

　　(2) 室内变压器就位。变压器安装在室内变压器台时，变压器卸车后不可能直接吊至变压器基础上，应先放在室外预先用枕木搭好的与变压器基础等高的平台上，平台放有 3~4 根 φ80 mm 厚壁钢管滚杠，撬动变压器至其基础上，用千斤顶顶起变压器后取出滚杠。当撬动困难时，可用倒链牵引使变压器移动。

　　(3) 户外落地式变台变压器就位。因周围条件限制，不能将变压器直接吊至基础上时，采用与户内变压器相同的方法进行就位。

　　(4) 变压器固定。杆上变台变压器固定，采用 φ4 mm 镀锌铁丝在变压器腰部缠绕 5 圈以上，铁丝不应接头，缠后应把铁丝绞紧。

　　户内变压器室及户外落地式变压器台均有混凝土基础，根据变压器规定混凝土基础上预埋有钢板或槽钢，变压器就位后，可在变压器滚轮前后的基础钢板上焊以三角铁固定或把滚轮卸掉直接放在基础钢板上即可。

（5）变压器接地。变压器就位固定后，应按接地要求进行接地。变压器台的接地共有三个点，即变压器外壳的保护接地、低压侧中性点的工作接地以及避雷器下端的防雷接地，这三个接地点的接地线必须单独设置接地极，但接地电阻要小于4 Ω。

5. 配电变压器的连接

（1）高压侧的连接。跌开式熔断器引下线引至变压器高压侧三相接线柱上，垫上弹簧垫片，带上螺母，然后拧紧拧牢。线间距离固定处之间不得小于350 mm。

（2）低压侧的连接。低压侧火线接线柱垫上弹簧垫片，接上低压引出线，带上螺母，然后拧紧拧牢。低压引出线接到低压引出线的绝缘子，然后接低压熔断器或低压隔离开关。低压侧中性线接线柱接上中性线，引至低压引出线的绝缘子后，与线路中性线连接。中性线上绝不能安装熔断器。

（3）变压器的并联连接。如果是两台变压器并联，或新增设一台变压器，要求两台变压器联结组标号（联结组别）相同；原副边的额定电压相同；阻抗电压大小基本相同，即满足变压器并联运行的条件。

农网配电系统中，变压器联结组标号一般都是Yyn0，并联变压器连接时，首先要检查的就是这一项，不可弄错。额定电压一般高压侧是10 kV，低压侧一般是400 V/230 V，这项也得检查确认。再就是阻抗电压，允许误差一般是5%。

变压器并联的条件满足后，就可以并联连接了。变压器的高压侧1U1、1V1、1W1相柱引线上引到跌开式熔断器下接线柱，跌开式熔断器上接线柱由引线上引到与10 kV线路的L1、L2、L3线对应地连接起来；变压器的低压侧2U1、2V1、2W1、n线与380 V线路的L1、L2、L3、N线要对应地连接起来。线间距离与单台安装时是一样的。

6. 配电变压器安装结束的检查

（1）变压器各部件均应完好、齐全，变压器上无遗留杂物。

（2）接地线的接地极符合要求，采用5 mm×50 mm×50 mm角钢，长2.5 m制作，打入地下。接地极之间用大于ϕ10 mm圆钢连接，焊接牢固。测试接地电阻，对于100 kV·A以上的配电变压器，接地电阻应小于或等于4 Ω；100 kV·A以下者应小于或等于10 Ω。

（3）小车轮子的止动装置牢固。

（4）油枕、散热器的油门应在打开的位置，油面指示正确。

（5）气体继电器可正确动作。

（6）分接开关位置符合电网电压要求，指示位置正确。

（7）吸湿器内干燥剂符合要求。

（8）电接点温度计刻度符合要求。

（9）冷却风扇试运转正常。

（10）变压器绕组接线正确。

（11）变压器的防雷保护符合要求。

(12) 变压器引线对地和相间距离符合要求。
(13) 按《电气设备交接和预防性试验规程》的规定进行交接试验合格。

第三节 小型变压器的绕制与维修

→ 能够按要求绕制小型变压器线圈
→ 能够进行小型变压器绕组的检测与绝缘处理
→ 能够对小型变压器进行小修

一、小型变压器的绕制

小型变压器的应用很广泛，各个用电领域中都有使用。在日常使用过程中，小型变压器会有绕组烧毁等各类故障发生，为了应急，应掌握自行绕制绕组的方法。小型变压器绕制步骤包括选择导线和绝缘材料、木芯和框架的制作、线圈的绕线、绝缘处理、铁心镶片、成品测试等。下面分别介绍。

1. 选择导线及绝缘材料

(1) 导线的选择。依据计算的匝数和导线的截面积选用相应规格的漆包线。对于 500 V 以下的变压器，当选用的一、二次绕组裸导线的截面积乘以匝数所得的总面积约占铁心窗口面积的 50% 时，绕好的线包就能够顺利地装入铁心。若导线截面积超过铁心窗口面积的 30% 时，应考虑把匝数多的绕组改用小一号的导线或改用性能较好的绝缘材料。

(2) 绝缘材料的选择。绝缘材料的选择必须考虑耐压要求和允许厚度。层间绝缘厚度应按两倍层间电压的绝缘强度选用。对于 1 000 V 以下要求不高的变压器也可用电压的峰值，即 $\sqrt{2}$ 倍层间电压为选用标准。对铁心绝缘及绕组间的绝缘，按对地电压的两倍来选用。

2. 木芯和框架的制作

(1) 制作木芯。木芯套在绕线机转轴上，用来支撑绕组骨架，以便进行绕线。通常用杨木或杉木按比铁心中芯柱截面积 $a \times b$ 稍大些的尺寸 $a' \times b'$ 制成，如图 2—19 所示。木芯的长边 h' 应比铁心窗口高度 h 短一些，木芯的中心孔径为 $\phi 10$ mm，孔必须钻得平直。木芯的四条边必须相互垂直，否则绕线时会发生晃动，绕组不易平齐。木芯的边角用砂纸磨成圆角，以便套进或抽出骨架。

(2) 制作绕线芯子及骨架。绕线芯子及骨架除起支撑绕组的作用外，还对铁心起到绝缘作用。它应具有一定的机械强度和绝缘强度。

纸质无框绕线芯子一般是用弹性纸制成，如图 2—20a 所示。弹性纸的厚度根据变压器的容量选用。

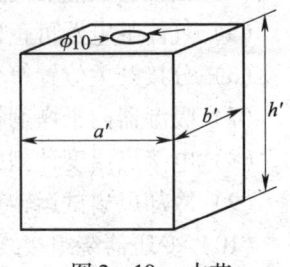

图 2—19 木芯

无框绕线芯子的长度 h' 应比铁心窗口高 h 稍短些,约短 2 mm。绕线芯子的边缘也必须保持平整和垂直。弹性纸的长度 L 为:

$$L = 2(b' + t) + a' + 2(a' + t) = 2b' + 3a' + 4t$$

按照图 2—20b 中的虚线,用裁纸刀划出浅沟,沿沟痕把弹性纸折成方形。其中,第 5 面与第 1 面互相重叠,并用胶水黏合。

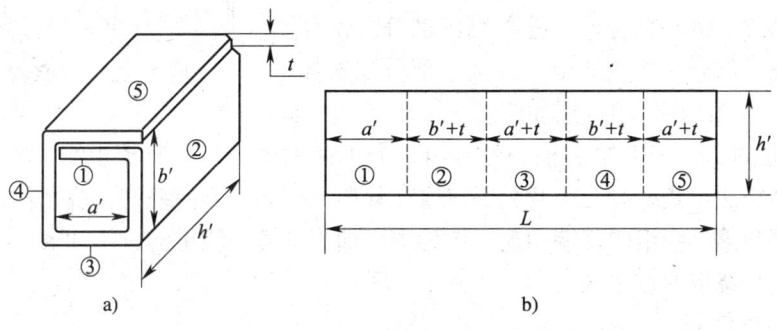

图 2—20　纸质无框绕线芯子
a) 绕线芯子外形　b) 展开图

要求较高的变压器都采用框骨架。框骨架可用钢纸或玻璃纤维板等材料制成。活络框架的结构如图 2—21 所示。

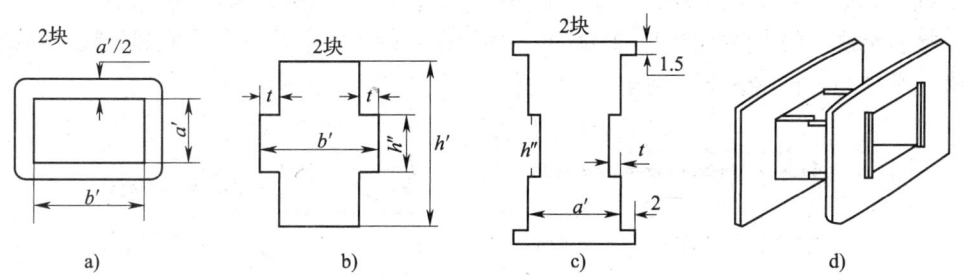

图 2—21　活络框架结构
a) 上下边框架　b)、c) 夹板　d) 活络框组成

3．线圈的绕线

(1) 线圈绕制的要求

1) 线圈要绕得紧,外一层要紧压在内一层上。若是方形线圈,绕完后应大体成方形,不能成圆形或椭圆形,否则铁心窗口将容纳不下线圈。

2) 要绕得密,相邻的导线之间不应留有空隙,如有空隙,将造成后一层导线下陷,影响平整。严重的还会压破层间绝缘纸造成短路。

3) 要绕得平,每一层导线要排列平整,严禁重叠,如果前一层不平,后面就更难绕平。

(2) 线圈的绕法。变压器线圈的绕制,有如下三种绕法:

1)平绕。一般的电源变压器和控制变压器多用此法。绕线中各匝之间排列紧密,每绕完一层,垫上层间绝缘后再绕下一层。

2)分段绕或分层绕。工作电压较高的变压器,为了加强绝缘,可采用分段绕法,如图2—22所示。分层绕是为了减小绕组的分布电容和漏磁通,它是先将一次侧绕组绕一部分后,接着绕一部分二次侧绕组,再绕一部分一次侧绕组,又绕一部分二次侧绕组,即一、二次侧绕组分层间绕。

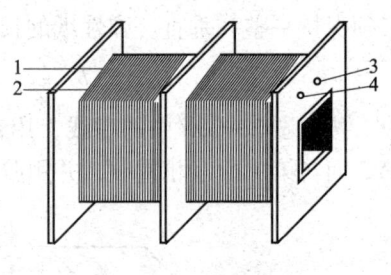

图2—22 分段绕法

3)双股并绕。对有中心抽头的绕组,为了使两个绕组的直流电阻、电感量平衡,而采用这种绕法。绕线时,用两股漆包线在骨架上向同一方向绕制,绕完后,将第一个绕组的尾端与第二绕组的首端相连,作为中心抽头。第一绕组的首端和第二绕组的尾端分别作为整个绕组的首尾端。

(3)线圈绕制

1)做好引出线。变压器每个绕组都有两根或两根以上的引出线。引出线一般用多股软线、较粗的单股铜线或铜皮制成的焊片。引出线焊在绕组端头,用绝缘材料包扎好后,从骨架端面挡板上预先钻好的孔内伸出,以备连接外电路。

习惯上绕线圈的漆包线直径在0.2 mm以上的都用本线直接引出;直径在0.2 mm以下的,一般用多股软线做引出线;条件许可的,才用薄铜皮焊片做引出线头。

接引出线头的方法如图2—23所示,用两条长的牛皮纸将一段多股裸导线或窄薄铜皮夹在纸中间,再用黏合剂粘牢。

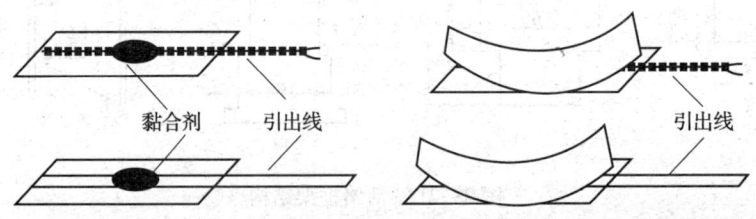

图2—23 引出线做法

接线时,在漆包线的起始端把线头上的绝缘漆刮去,用焊锡把线圈端头和引出线焊牢。绕线时注意用后一层线圈的导线引出线压紧,如图2—24所示。当线圈绕到最后一层时,可事先将另一根引出线放好,把最后一层漆包线绕在上面,结尾时翻开引出线后面一段钢片,将线圈尾端拉紧并与引出线焊牢,再包上绝缘。

引出线的位置应与外层标注参数的位置对齐。一个绕组的引出线放在同一侧。

2)绕线。绕线前,将绕线机牢固地固定在工作台上,绕线机转轴要平直,木芯与转轴同心,以保证转轴旋转平稳,无晃动和颤抖。为了使开头几匝导线得以固定,可将机械强度较高的纸条、布条或线头(指绝缘的纤维线)对折起来,套住漆包线头,然后在纸条上绕十匝左右的漆包线压住对折纸条后,再把纸条抽紧,剪去余量,线头就固定了,如图2—25a所示。

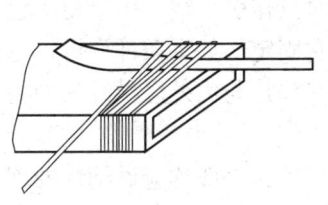

图 2—24 引出线头　　　　图 2—25 引出线的连接

绕到最后十几匝时，仍然用此方法固定线尾，注意最后一至二匝导线应从对折纸条孔中穿过后再抽紧纸条，如图 2—25b 所示。

绕线时，摇动绕线机的转速应与掌握导线的那只手的左右移动相配合，并将漆包线稍微拉向绕线前进的相反方向约 5°，以便使导线排紧，如图 2—26 所示。在绕每层线圈的开头几匝时速度要慢，然后逐步加快。左手要随着线圈数的增加轻轻向前移动，

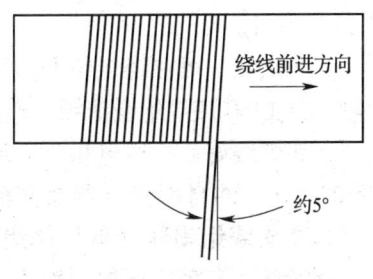

图 2—26 绕线角度

手放在工作台边缘，不要悬空或靠绕线机转轴太近。左手的拉力应视漆包线的粗细而异，以将线圈绕紧而又不拉断导线为宜。

3）安放层间绝缘。每绕完一层导线，应安放一层绝缘材料，如绝缘纸或黄蜡绸等。安放绝缘纸必须从骨架所对应的一个舌宽面开始。若线包所绕层数很多，还应在两个舌宽面分别均匀安放，这样可控制线包厚度，少占铁心窗口面积。绝缘纸必须放平、放正并拉紧，两边正好与骨架端面内侧对齐，再围绕线包一周，允许起始处有少量重叠。

4）安放静电屏蔽层（静电隔离层）。电子设备用的电源变压器，为了减弱外界电磁场的干扰，在绕完一次绕组，安放好绝缘层以后，还应加一层金属的静电屏蔽层。

制作静电屏蔽层的材料最好用铜箔。其宽度比线包宽 1～3 mm，长度应是围绕线包一周但小 10 mm，在对应铁心的舌宽面焊上引出线作接地用，注意绝不能让静电屏蔽层首尾相连，否则将形成短路，使变压器通电时发热，甚至烧毁。若没有现成铜箔，可以用较粗的漆包线在应安放静电屏蔽层的位置排绕一层，一端开路，一端接地，同样能起到屏蔽外界电磁场的作用。

5）中间抽头。有些变压器有两个或两个以上的绕组，不需要分开绕线，只要在同一线圈中按需要抽出几个线头，以这些抽头来做副绕组引出线。这种做法称为中间抽头。中间抽头的方法有三种：

①第一种是在线圈抽头处刮去一小段绝缘漆，将引出线焊上去作为抽头，焊完后包上绝缘。

②第二种是在线圈抽头处不刮绝缘漆，而是将漆包线拖长，两股排在一起作引出线，引出线折向一侧时，在线的下面垫上一层绝缘材料或在引出线上套上绝缘套管，以

避免引出线与线包间发生短路。

③第三种方法用于较粗的漆包线。若将较粗的漆包线绞在一起时，势必使线包中间隆起，影响绕线和线包的平整，这时可以把两根线平行对折作引出线。由于粗漆包线弹性较大以致弯头的地方不容易贴实，需另加一根纱带将它固定。如果条件许可，每个抽头都应用薄铜皮焊片引出，这样更加美观，但必须处理好焊片与内外层导线间的绝缘。

4. 绝缘处理

为了提高线圈的防潮能力和增加绝缘强度，线圈绕好后，一般均应做绝缘处理。处理的方法是将绕好的线圈放在电烘箱内加温到 70～80℃，预热 3～5 h，取出后立即浸入 1260 漆等绝缘清漆中约 0.5 h，取出后放在通风处滴干，然后再进烘箱加温到 80℃，烘 12 h 即可。

若无烘箱，可在绕组绕制过程中，每绕完一层，就涂刷一层 1260 漆等绝缘清漆，然后垫上绝缘，继续绕下一层，线圈绕好后，通电烘干。通电烘干的办法是用一个 500 V·A 的自耦变压器及交流电流表与欲烘干的变压器的高压绕组串联（低压绕组短路），如图 2—27 所示。逐渐增大自耦变压器的输出电压，使电流达到高压绕组额定电流的 2～3 倍（0.5 h 后，摸线圈时应烫手，此时约 70～80℃），线圈通电干燥 12 h 即可。

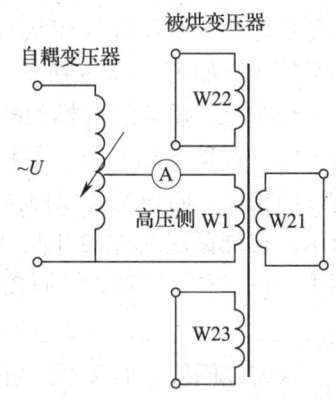

图 2—27 通电烘干法

5. 铁心镶片

(1) 铁心的作用和结构。铁心是变压器的基本部件，由磁导体和夹紧装置组成，它有以下两个作用：

1) 铁心由磁导率很高的电工钢片（硅钢片）制成。硅钢片很薄（0.23～0.35 mm），且带有绝缘，铁损耗很小，铁心构成了变压器的主磁路，通过主磁路的耦合作用把一次侧输送进来的电能传到二次侧再输送出去。因此，没有铁心变压器就不能工作。

2) 铁心的夹紧装置不仅使磁导体成为一个机械上完整的结构，而且上面套有带绝缘的绕组，支持着引线和绝缘件等，几乎变压器内部的所有部件都是靠铁心固定和支持的。

变压器的铁心（即磁导体）是框形闭合结构。其中套绕组的部分称心柱，不套绕组只起闭合磁路作用的部分称铁轭。铁心大体上可分为壳式铁心和心式铁心两大类。

(2) 铁心镶片的要求。铁心镶片要求紧密、整齐，否则会使铁心截面达不到计算要求，造成磁通密度增大，在运行时硅钢片会发热并产生振动噪声，镶片过程中不能损伤线包。

(3) 铁心镶片的方法。铁心镶片时，在线圈骨架两边，两片两片地交叉对镶，镶到两片交叉对镶难以进行时，可改为一片一片地交叉对镶。当线圈中镶满硅钢片时，余下大约 1/6 的硅钢片往往比较难镶，俗称紧片，紧片需用一字旋具撬开硅钢片夹缝才能插入，还要用木锤轻轻敲入，在插镶条形片时，切忌直向插片，以免擦伤线圈。当骨架较小或线圈体积较大时,切不可硬行将硅钢片插入,以免损伤骨架和线圈。可将铁心间中心柱或两边螺栓捶紧些,或将线圈套在木芯上,用两块木板夹住线圈两侧,在台虎钳上缓慢地将它稍许压扁一些后再进行镶片。

镶片完毕后应把变压器放在平板上,两头用木锤敲打平整,对 E 字形硅钢片的对接口间不能留有空隙。最后用螺钉或夹板固紧铁心。装配铁心前,注意应先进行硅钢片是否平整、表面是否锈蚀、表面绝缘是否良好等的检查。

6. 成品测试

无论是新制作的,还是经过修理的变压器,应对绕制质量进行必要的测试,看它的性能指标是否满足使用要求。

(1) 外观检查。检查绕组引线有无断线、脱焊现象,绝缘材料有无机械损伤。然后通电检查有无焦臭味、冒烟,如有,应排除故障后再作其他检查。

(2) 绝缘电阻的测试。用绝缘电阻表测量各绕组间和各绕组对铁心的绝缘电阻。400 V 以下的变压器其绝缘电阻值应不低于 90 MΩ。

(3) 测损耗功率。测试电路如图 2—28 所示。在被测变压器未接入电路之前(a、b 两端头开路),合上开关 S1,调节调压器 AV,使它的输入电压为额定输入电压(由电压表 PV1 示出)。此时功率表的读数为电压表线圈和功率表电压线圈所损耗的功率 P_1。这时流过的电流很小,故线圈损耗功率也很小。

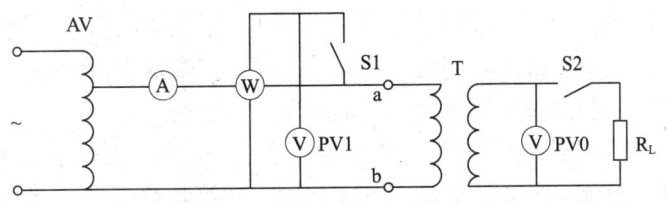

图 2—28 变压器测试电路

将被测变压器 T 接在 a、b 两端,开关 S2 断开,重新调节调压器 AV,直至 PV1 读数为额定输入电压,这时功率表上的读数为 P_2,则空载损耗功率 = $P_2 - P_1$。

(4) 空载电流测试。将图 2—28 中的待测变压器 T 接入电路,断开 S2,接通电源使其空载运行,当一次电压加到额定值时(由电压表 PV1 示出),交流电流表 A 的读数即为空载电流。其空载电流约为 5% ~ 8% 的额定电流值。如空载电流大于额定电流 10% 时,变压器损耗较大;当空载电流超过额定电流的 20% 时,它的温升将超过允许值,就不能使用。

(5) 空载电压的测试。当一次电压加到额定值时,二次各绕组的空载电压允许误差为 ±5%,中心抽头电压误差为 ±2%。若输出电压与标称值差得太远,或无电压输出,或中心抽头的两侧电压平衡度相差太多,说明匝数有错或导线有断头,应拆下铁心重绕线包。

(6) 变压器同名端的判别。变压器铁心中的交变主磁通,在一次、二次绕组中产生的感应交变电动势没有固定的极性。这里所说的变压器绕组的极性是指一次、二次绕组相对极性,也就是当一次绕组的某一端在某个瞬时电位为正时,二次绕组也一定在同一个瞬时有一个电位为正的对应端,这两个对应端称为变压器的同名端,或者称为变压器的同极性端,通常用"·"来表示。

变压器同名端的判别方法有三种。

1)观察法。观察变压器一次、二次绕组的实际绕向,应用楞次定律、安培定则来进行判别。例如,变压器一次、二次绕组的实际绕向如图2—29所示。当合上电源开关的一瞬间,一次绕组电流 I_1 产生主磁通 Φ_1,在一次绕组产生自感电动势 E_1,在二次绕组产生互感电动势 E_2 和感应电流 I_2,用楞次定律可以确定 E_1、E_2、I_1 的实际方向,同时可以确定 U_1、U_2 的实际方向。这样可以判别出一次绕组1W1端与二次绕组2W1端电位都为正,即1W1、2W1是同名端;一次绕组1W2端与二次绕组2W2端电位为负,即1W2、2W2是同名端。

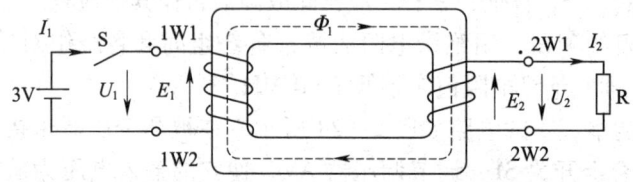

图2—29 观察法判别变压器同名端

2)直流法。在无法辨清绕组方向时,可以用直流法来判别变压器同名端。用1.5 V或3 V的直流电源(干电池),按如图2—30所示连接电路,直流电源接入高压绕组,直流毫伏表接入低压绕组。当闭合开关的瞬间,如毫伏表指针向正方向摆动,则接直流电源正极的端子与接直流毫伏表正极的端子是同名端。

3)交流法。将高压绕组一端用导线与低压绕组一端相连接,同时将高压绕组及低压绕组的另一端接交流电压表,如图2—31所示。在高压绕组两端接入低压交流电源,测量 U_1 和 U_2 值,若 $U_1 > U_2$,则1W1、2W1为同名端;若 $U_1 < U_2$,则1W1、2W1为异名端。

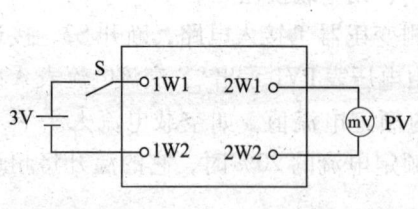

图2—30 直流法判别变压器同名端

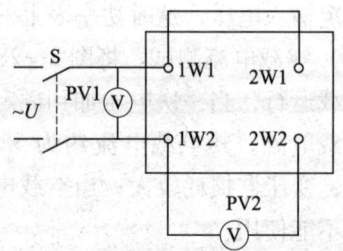

图2—31 交流法判别变压器同名端

二、小型变压器故障与维修

小型变压器在使用过程中,由于自身的原因或电源、负载等的不正常变化,有可能发生各种故障。

1. 接通电源二次侧无电压输出

(1) 故障原因

1) 电源插头或馈线开路。
2) 一次绕组开路或引线脱焊。
3) 二次绕组开路或引线脱焊。

(2) 检查与排除方法。插上电源，用万用表 250 V 交流挡测一次绕组两引出线端之间的电压，若电压为 220 V 左右说明插头与插座接触良好，插头与馈线均无开路故障。否则，应用万用表电阻挡检查电源插头，会发现脱焊或某一股电源线开路。如果不是，可能是插头与电源插座接触不良。如果上述两种情况都不是，再拔下插头，用万用表相应的电阻挡测原绕组两引线间的直流电阻，如果线路导通，且测得的直流电阻值与一次绕组的直流电阻相等或相近，说明一次绕组完好，若电阻为无穷大，则是一次绕组开路，必须将变压器拆开修理。一次绕组是否开路还可用测试输出电压进行判断，方法如下：假若二次侧有两个或两个以上的绕组，将一次侧接通电源，如果几个二次绕组均无电压输出，则是一次侧回路开路。若只有一个二次绕组无电压输出，而其他绕组输出电压正常，则一次侧回路完好，开路点在无电压输出的二次绕组中。

二次绕组是否开路，除可用上述方法测输出电压来判断外，直接用万用表或电桥测各二次侧的直流电阻更为简单。只要测到某个二次绕组电路不通，则该绕组必定开路。

绕组的开路点，多发生在引出线的根部。有时可以不用拆开铁心和线包，先把变压器烤热，使绝缘漆软化，用小针在断线处挑出线头，用多股绝缘软导线在断裂处焊好，再把多股软线焊在焊片上，并注意处理好焊点处的绝缘即可排除故障。如果骨架两端有挡板，应先将挡板折弯或折断才能挑出线头。

如果开路点在线包最里层，则必须拆除铁心，小心撬开靠近引线一面的骨架挡板，用针挑出线头；焊好引出线，用万用表检测无误后处理好绝缘，修补好骨架，再插入铁心。

铁心的拆卸是比较困难的工作。因变压器本身要求铁心插得紧密，兼之与线包一起浸渍过绝缘漆，在拆卸开始是很不容易的。如果不得要领，乱撬乱敲，很可能造成一部分硅钢片损坏报废。下面以 E 形铁心为例讲述它的拆卸步骤。

1) 将变压器置于 80～100℃ 的温度下烘烤 2 h 左右，使绝缘软化，减小绝缘漆黏合力，并用锯条或刀片清除铁心表面的绝缘漆膜。

2) 在变压器下方垫一木块，外边缘留几片不垫在木板上，在上方用断锯条对准最外面一层硅钢片的舌片，用锤子轻轻敲打断锯条，将硅钢片先冲出几片来。

3) 将冲出的那几片硅钢片的下部夹牢在台虎钳上，用手握住铁心上部，沿两侧摇动，使硅钢片松动，同时将铁心边摇动边往上提，直到这几片硅钢片取出为止。

4) 重复上述两个过程，逐步取出最外面插得较紧的硅钢片。

5) 外层硅钢片取出后，铁心已不很紧固，其余部分可直接用手取出。

6) 对有卷边和弯曲的硅钢片，可用木锤敲直展平后继续使用。注意不可用铁锤敲打，以免造成延展变形。若硅钢片表面发现锈蚀，应用汽油浸泡锈斑，除去锈斑和陈旧的绝缘漆膜，重新上绝缘漆。

2. 温升过高

(1) 故障的原因

1) 层间、匝间绝缘老化或绕线不慎造成匝间短路，或一、二次绕组间短路。

2) 硅钢片间绝缘太差，使涡流增大。

3) 铁心叠厚不足或绕组匝数偏少。

4) 负载过重或输出电路局部短路。

(2) 检查与排除方法

1) 一、二次绕组间短路。可直接用万用表或绝缘电阻表检测。将两表笔一支接一次绕组的一引出线端，另一支接二次绕组的任一引出线端。若绝缘电阻远低于正常值甚至趋近于0，说明一、二次绕组间短路。匝间短路和层间短路可用万用表测各二次侧空载电压来判定。一次侧接电源，若二次绕组输出电压明显降低，说明该绕组有短路。若变压器发热但各绕组输出电压基本正常，可能是静电屏蔽层自身短路。无论是匝间、层间、一、二次侧间及静电屏蔽层自身的短路，均应卸下铁心，拆开线包修理。如果短路不严重，可以局部处理好短路部位的绝缘，再将线包与铁心还原；若短路较严重，漆包线的绝缘损伤太大，则应重换绕组。

2) 铁心绝缘太差。拆下铁心，检查硅钢片表面绝缘漆是否剥落，若剥落严重甚至有锈斑，可将硅钢片浸泡于汽油中，除去锈斑和陈旧的绝缘漆膜，重新上绝缘漆。

3) 铁心叠厚不足或绕组匝数偏少。如果骨架空腔有空余位置，可适当增加硅钢片数量；如无法增加，只要铁心窗口还有空余位置，可通过计算，适当增加一、二次绕组匝数；如果都不行，只有增加铁心叠片数量，并重新制作尺寸较大的骨架，再绕新线包。

4) 负载或外部电路不正常。对负载过重或输出电路局部短路引起的变压器发热，由于不是变压器的问题，只要减轻负载或排除输出电路上的短路故障即可。

3. 空载电流偏大

(1) 故障原因

1) 一次绕组匝数不足。

2) 铁心叠厚不足。

3) 一、二次绕组局部短路。

4) 铁心质量太差。

(2) 检查与排除方法。对于一次绕组匝数不足，铁心叠厚不足，一、二次绕组局部短路可参照前一项中的检修方法处理。若铁心质量太差，能找到质量较好的同规格铁心时，可直接更换铁心。如找不到，可将铁心叠厚加厚以减小磁阻来消除故障。加厚的方法是拆去铁心和线包，按加厚的尺寸重做骨架，重绕线包，最后插上铁心，进行试验。合格后再进行浸漆烘烤，投入使用。

4. 运行中有噪声

(1) 故障原因

1) 铁心未插紧。

2）电源电压过高。
3）负载过重或短路引起振动。
（2）检查与排除方法
1）铁心未插紧。将铁心轭部夹在台虎钳中，夹紧钳口，能直接观察出铁心的松紧程度。若未插紧，则用同规格的硅钢片插入，直到完全插紧。重新接在220 V电源中，加上额定负载进行试验，直到完全无响声为止。
2）电源电压过高。由于不是变压器故障，只需要用万用表交流电压挡检测电源电压即可判断。有单相调压器时，可用调压器将电源电压降至220 V送入变压器一次侧进行试验，如响声消除，说明是电源电压过高造成。
3）负载过重或短路。切断怀疑有故障的二次侧输出电路，给变压器其他二次绕组加额定负载，若故障消除，则问题一定出在原有的二次侧电路或负载上，这时只需检修外电路即可。

5．铁心和底板带电
（1）故障原因
1）一次或二次绕组对地短路，或一、二次绕组与静电屏蔽层间短路。
2）长期使用，绕组对地（对铁心）绝缘老化。
3）引出线裸露部分碰触铁心或底板。
4）线包受潮或环境湿度过大使绕组局部漏电。
（2）检查排除方法
1）短路和绝缘故障。对此可用绝缘电阻表检查一、二次绕组分别与地（即铁心或静电屏蔽层）之间的绝缘电阻是否明显降低或趋近于零来判断。若绝缘电阻显著降低，可将变压器进行烘烤。干燥后绝缘电阻恢复，说明故障是上述第四个原因造成，只要在预烘后重新浸漆烘干，即可修复。若干燥后，绝缘电阻没有明显提高，说明是一次或二次绕组碰触铁心或静电屏蔽层，这时只有卸下铁心、拆除线包，找出故障点进行修理。若故障点多或导线绝缘老化，只好重换新线包。如果只是层间绝缘老化，只需重绕，不必换新线。
2）引线故障。引线裸露部分碰触铁心或底板，用肉眼可直接看出。只要在裸露部分包扎好绝缘材料或用套管套上，即可排除故障。若是最里层线圈引出线碰触铁心，裸露部分不好包扎时，可以在铁心与引出线间塞入绝缘材料，并用绝缘漆或绝缘黏合剂粘牢。

6．绕组击穿
（1）故障原因。高压绕组与低压绕组间绝缘被击穿或同一绕组中电位差相差大的两根导线靠得过近，绝缘被击穿。
（2）检查与排除方法。如果是绕组端头高、低压导线间出现打火，可以先将变压器烘烤干燥，在打火处涂上绝缘漆，或塞入绝缘纸再涂绝缘漆，再次烘烤干燥，故障即可消除。

如果在绕组内部出现击穿打火声，也可将变压器预烘干燥后，重新浸漆干燥，有可能排除故障。如果打火声仍存在，那么只能拆开绕组修理。

单元测试题

一、单项选择题（下列每题的选项中，只有1个是正确的，请将其代号填在横线空白处）

1. 变压器油主要起_____作用。
   A. 冷却和绝缘　　B. 消弧　　C. 润滑　　D. 支撑
2. 变压器温度升高，绝缘电阻值_____。
   A. 升高　　B. 降低　　C. 不变　　D. 成比例增大
3. 吸湿器中的硅胶由蓝变_____时表明变压器油已受潮。
   A. 白　　B. 黄　　C. 淡红　　D. 黑
4. 变压器在运行中，由于铁损和铜损_____。
   A. 引起变压器绕组和铁心温度升高
   B. 降低了变压器电力
   C. 提高了变压器安全运行水平
5. 变压器一次侧电流随二次侧电流的增加而_____。
   A. 减少　　B. 增加　　C. 不变　　D. 不能确定
6. 一台配电变压器的型号为 S9—630/10，则该变压器的额定容量为_____。
   A. 630 MV·A　　B. 630 kV·A　　C. 630 V·A　　D. 630 kW
7. 变压器原绕组的1匝导线比副绕组的1匝导线所感应的电势_____。
   A. 相等　　B. 不相等　　C. 大　　D. 小
8. 变压器铁心应在_____的情况下运行。
   A. 不接地　　B. 一点接地　　C. 两点接地　　D. 多点接地

二、判断题（下列判断正确的打"√"，错误的打"×"）

1. 变压器只能传递能量，而不能产生能量。（　　）
2. 配电变压器一、二次绕组的功率基本相等。（　　）
3. 减少变压器二次绕组的匝数，可提高输出电压。（　　）
4. 变压器既可以变交流也可以变直流。（　　）
5. 环境温度为44℃，变压器上层油温为99℃，则上层油的温升55℃。（　　）
6. 为了防止配电变压器绝缘老化，一般上层油温不要经常超过85℃。（　　）
7. 单相变压器的额定容量等于变压器二次侧输出额定电压与额定电流的乘积。（　　）
8. 变压器空载损耗仅是在变压器空载运行时产生的。（　　）
9. 三相配电变压器的额定电流一般是指线电流。（　　）
10. 变压器利用电磁感应原理，能把交流电变为不同频率的交流电压输出。（　　）
11. 变压器在额定电压下，二次侧空载时一次侧测得的功率称为空载损耗。（　　）

12. 负载损耗又称铜损耗。是变压器负载电流流过一、二次绕组时，在绕组电阻上消耗的功率。（　　）

三、计算题

1. 某单相电力变压器一次侧绕组的匝数为 400 匝，二次侧绕组的匝数为 50 匝，当加 200 V 交流电压时，问二次侧的电压为多少？当负载为纯电阻 $R = 5 \ \Omega$ 时，一次侧电流的有效值为多少？

2. 一台型号为 S—160/10 的配电变压器，低压侧额定电压为 380 V，求一、二次侧线电流的额定值。

四、简答题

1. 配电变压器的作用及其工作原理是什么？
2. 变压器一次绕组若接在直流电源上，二次绕组会有稳定直流电压吗？为什么？
3. 配电变压器的主要结构有哪些？各部件的作用是什么？
4. 变压器铁心的作用是什么？为什么要用 0.35 mm 厚、表面涂有绝缘漆的硅钢片叠成？
5. 什么是变压器的联结组别？怎样区别？
6. 配电变压器安装地点的选择原则是什么？
7. 配电变压器常用安装方式有几种？

五、技能题

第 1 题　小型变压器故障检查与排除

1. 操作准备

序号	名称	型号与规格	单位	数量	备注
1	小型变压器	—	台	1	—
2	万用表	—	台	1	—
3	绝缘电阻表	—	台	1	—
4	电桥	—	台	1	—
5	电烙铁	—	把	1	—
6	烙铁架	—	个	1	特松香、焊锡
7	锥子	—	把	1	—
8	电工刀	—	把	1	—
9	绝缘导线	—	米	适量	—
10	漆包线	—	米	适量	—
11	硅钢片	—	片	适量	—

2. 操作要求

（1）在规定时间内正确检查和排除在变压器上预设的故障。

(2) 正确填写检修结论于下表中。
3. 操作时限

60 min。

4. 配分及评分标准

步骤	考核内容		配分	排除故障方法	检修结论	评分标准
	故障现象	预设故障点				
1	接通电源，变压器无电压输出	(1) 一次绕组焊片脱焊 (2) 二次绕组焊片脱焊 (3) 电源线断 (4) 电源线与插座接触不良	20			故障排除不正确，每项扣5分
2	变压器过热	(1) 加重变压器负载 (2) 减少铁心叠厚 (3) 一次绕组与二次绕组短路	15			故障排除不正确，每项扣5分
3	空载电流偏大	(1) 减少铁心叠厚 (2) 减少原边绕组匝数	20			故障排除不正确，每项扣10分
4	运行中有响声	(1) 调松铁心插片 (2) 用调压器调高电源电压 (3) 加重变压器负载	15			故障排除不正确，每项扣5分
5	铁心底板带电	(1) 使引出线头碰触铁心或底板 (2) 使绕组局部对铁心短路	20			故障排除不正确，每项故障扣10分
	安全文明生产	遵守安全文明生产情况	10			工位不清理，工具、材料摆放不整齐，扣5~10分
	合计		100			

第2题 小型变压器的制作

1. 操作准备

序号	名称	型号与规格	单位	数量	备注
1	绕线机	—	台	1	—
2	调压器	—	台	1	—
3	万用表	—	台	1	—
4	绝缘电阻表	—	台	1	—
5	电流表	—	台	1	—
6	电压表	—	台	1	—
7	E形通用硅钢片	—	片	适量	
8	漆包线	—	米	适量	
9	绝缘纸	—	米	适量	
10	玻璃纤维板	—	米	适量	
11	电工常用工具		套	1	

2. 操作要求

（1）框架做好后，待教师检验合格，方可绕线。

（2）一次绕组引线放在左侧，二次绕组引线放在右侧。

（3）将要求的尺寸、数量与规格正确填在下表横线上。

3. 操作时限

60 min。

4. 配分及评分标准

序号	考核内容	考核项目	配分	尺寸、数量与规格	评分标准
1	制作绕线框架	（1）制作上、下边框架 （2）制作夹板 （3）框架的装合与粘接	15	（1）框架下料尺寸_____ （2）夹板下料尺寸_____ （3）组装要点	制作工艺不符合要求，每项扣5分
2	按要求准备材料	（1）引出线材料选择 （2）绕组导线选择 （3）层间绝缘材料选择 （4）静电屏蔽层材料选择 （5）硅钢片型号选择	25	（1）引出线数量_____ 规格_____ （2）绕组数量_____ 规格_____ （3）层间绝缘材料规格_____ （4）层间绝缘材料规格_____ （5）硅钢片型号与规格_____	各种材料的选择不正确，每项扣5分
3	按绕制工艺绕制绕组	（1）绕制方法 （2）绕制一次绕组 （3）绕制二次绕组	15	（1）绕制方法简述 （2）一次绕组绕制数据_____ （3）二次绕组绕制数据_____	绕制工艺不符合要求，每项扣5分

续表

序号	考核内容	考核项目	配分	尺寸、数量与规格	评分标准
4	镶片并紧固铁心，焊接引出线	(1) 插芯片 (2) 焊接引出线	20	(1) 插芯片方法简述 (2) 接引出线头方法简述	制作工艺不符合要求，每项扣10分
5	初步检测	(1) 绝缘电阻的测试 (2) 损耗功率的测试 (3) 空载电流的测试 (4) 空载电压的测试	20	(1) 各绕组、绕组与地之间绝缘电阻值_____ (2) 损耗功率_____ (3) 空载电流_____ (4) 空载电压_____	测试方法不符合要求，每项扣5分
6	安全文明生产	遵守安全文明生产情况	5		工位不清理，工具、材料摆放不整齐，扣5分
	合计		100		

第3题 变压器同名端的判别

1. 操作准备

序号	名称	型号与规格	单位	数量	备注
1	单相小功率变压器	—	台	1	
2	交流电压表	—	台	1	
3	单相开启式负荷开关	—	个	1	
4	电工常用工具	—	套	1	

2. 操作要求

(1) 采用交流法判别一次绕组与二次绕组的同名端，电路原理图如图2-31所示。
(2) 电源应接一次绕组上。
(3) 电源电压可以选择380 V或220 V，但电压表量程要在对应位置上。
(4) 通电时注意安全。

3. 操作时限

30 min。

4. 配分及评分标准

步骤	考核内容	考核项目	配分	测量数值及结论	评分标准
1	电路连接	根据原理图正确接线且符合接线工艺要求	40		接线不符合要求，每处扣8分；导线压接松动、线芯裸露过长、压绝缘层、损伤线芯、有毛刺，每处扣2分

续表

步骤	考核内容	考核项目	配分	测量数值及结论	评分标准
2	测试 U_1、U_2 电压值	连接无误后接通电源，用电压表分别测量 U_1、U_2 电压值	20	$U_1=$ _____ $U_2=$ _____	测试方法及数值不正确，每处扣 10 分
3	判定绕组的同名端	根据读数判定一次侧、二次侧绕组的同名端	30		结论错误，扣 30 分
4	安全文明生产	遵守安全文明生产情况	10		工位不清理，操作不安全、工具、材料摆放不整齐，扣 5~10 分
	合计		100		

单元测试题答案

一、单项选择题

1. A　2. B　3. C　4. A　5. B　6. B　7. A　8. B

二、判断题

1. √　2. √　3. ×　4. ×　5. √　6. √　7. √　8. ×　9. √
10. ×　11. √　12. √

三、计算题

1. 解：$K = \dfrac{N_1}{N_2} = \dfrac{400}{50} = 8$

$U_2 = \dfrac{U_1}{K} = \dfrac{200}{8} = 25$（V）

$I_2 = \dfrac{U_2}{R} = \dfrac{25}{5} = 5$（A）

$I_1 = \dfrac{I_2}{K} = \dfrac{5}{8} = 0.625$（A）

答：二次侧的电压为 25 V，一次侧电流的有效值为 0.625 A。

2. 解：由 $S_N = \sqrt{3}\,U_N I_N$ 得：

$I_{1N} = \dfrac{S_N}{\sqrt{3}\,U_{1N}} = \dfrac{160 \times 10^3}{\sqrt{3} \times 10 \times 10^3} = 9.24$ A

$I_{2N} = \dfrac{S_N}{\sqrt{3}\,U_{2N}} = \dfrac{160 \times 10^3}{\sqrt{3} \times 380} = 243.1$ A

答：一、二次侧线电流的额定值分别为 9.24 A 和 243.1 A。

四、简答题

1. 答案略。

2. 答：不会。因为接直流电源，稳定的直流电流在铁心中产生恒定不变的磁通，其变化率为零，不会在绕组中产生感应电动势。

3. 答：变压器的铁心构成变压器的磁路，同时又起着器身的骨架作用。为了减少铁心损耗，采用0.35 mm厚、表面涂有绝缘漆的硅钢片叠成。

4. 答：（1）铁心：构成变压器的磁路，同时又起着器身的骨架作用。

（2）绕组：构成变压器的电路，它是变压器输入和输出电能的电气回路。

（3）分接开关：变压器为了调压而在高压绕组引出分接头，分接开关用以切换分接头，从而实现变压器调压。

（4）油箱和冷却装置：油箱容纳器身，盛变压器油，兼有散热冷却作用。

（5）绝缘套管：变压器绕组引线需借助于绝缘套管与外电路连接，使带电的绕组引线与接地的油箱绝缘。

5. 答：（1）变压器联结组别是变压器一、二次绕组的接线方式，它能表达出一次线电压和二次线电压之间的相位关系。

（2）在区别不同的联结组别时，我国采用了时钟表示法，就是把高压和低压侧的线电压向量分别作为时钟盘面上的长针和短针，当长针固定指向12点时，短针所指的钟点就是联结组的组别。同时，将时钟圆周360°被12个小时等分，故每两个小时之间为30°，从长、短针相距的钟点数可得出一、二次绕组的相位夹角关系。

6. 答案略。

7. 答：配电变压器的安装方式有杆架式、台墩式和落地式三种。

第 3 单元

三相异步电动机的拆装与控制

- 第一节　异步电动机的基本知识/60
- 第二节　三相异步电动机的选择与安装/66
- 第三节　三相异步电动机的拆卸与组装/69
- 第四节　三相异步电动机的控制电路/76
- 第五节　三相异步电动机控制电路的安装及故障处理/83

现代化生产中，多数生产机械都采用电动机作为原动机。这种用电动机作原动机的机械设备，统称为电力机械。生产机械之所以要用电动机作原动机，是由于电动机的种类和规格多，功率范围大，使用和控制非常方便，具有启动、调速和制动等能力，能满足各种运行要求，工作效率也比较高。因而在工农业生产、交通运输以及人们的日常生活中得到了广泛的应用。

第一节 异步电动机的基本知识

→ 熟悉异步电动机的工作原理和基本结构
→ 掌握异步电动机铭牌及技术参数的含义
→ 能够理解异步电动机的工作方式

一、异步电动机的分类和基本结构

1. 异步电动机的分类

（1）按照转子结构形式分。可分为笼型异步电动机和绕线转子异步电动机。

（2）按照机壳防护形式分

1）开启式。转动部分及绕组设有专门的防护设备，与外界空气直接接触，因此散热性能较好。

2）封闭式。能防止水滴、尘土等进入电动机内部，适用于灰尘较多的场所。

3）防护式。能防止水滴、尘土等从电动机上方进入。

（3）按相数分。可分为单相电动机和三相电动机。

（4）按电动机尺寸分（以下 H 代表电动机中心高，D_1 代表定子铁心外径）

1）大型。$H > 630$ mm，$D_1 > 1\,000$ mm。

2）中型。$H = 355 \sim 630$ mm，$D_1 = 500 \sim 1\,000$ mm。

3）小型。$H = 80 \sim 315$ mm，$D_1 = 120 \sim 500$ mm。

（5）按绝缘形式分。可分为E级、B级、F级和H级。

（6）按安装方式分。可分为卧式和立式。

（7）按冷却分式分。可分为自冷式、自扇冷式、他扇冷式和管道通风式。

此外，除基本系列分类方式，派生系列和专用系列一般是按工作环境、驱动特性或特殊性能要求进行分类的。

2. 异步电动机的基本结构

笼型异步电动机主要由定子和转子两个基本部分组成。其结构如图3—1所示，定子和转子之间留有很小的空气间隙。

（1）定子。异步电动机的定子由机座、定子铁心、定子绕组三部分组成。

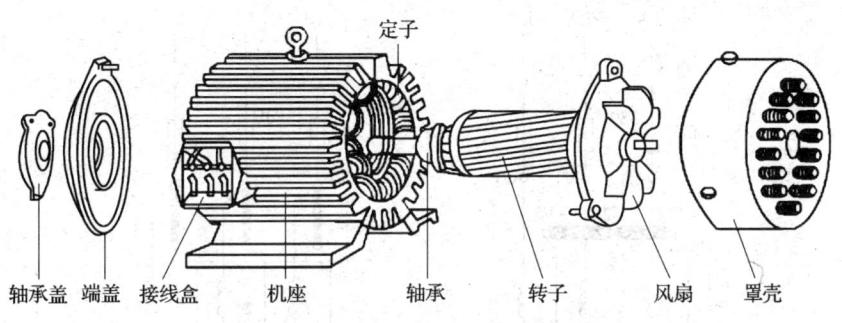

图 3—1　三相笼型异步电动机的结构

1）机座。机座是电机的外壳，一般用铸铁铸成，大型电动机的机座用钢板焊接而成。机座主要用来固定定子铁心和端盖。

2）定子铁心。定子铁心是组成电动机磁路的一部分，通常由 0.35~0.50 mm 厚的硅钢片叠压而成，为减小磁滞和涡流损耗，硅钢片表面涂有绝缘漆或氧化膜。在硅钢片内圆冲有均匀分布的槽口，以便叠压成铁心后嵌放线圈。整个铁心被固定在铸铁机座内，如图 3—2 所示。

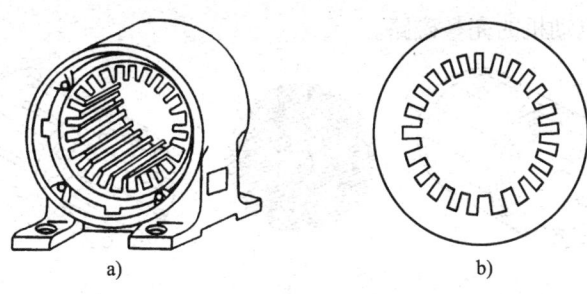

图 3—2　定子铁心与硅钢片
a）定子铁心　b）硅钢片

3）定子绕组。异步电动机的定子绕组由很多线圈连接而成。中小型异步电动机的绕组由绝缘的铜线或铝线绕制而成，大中型异步电动机的定子绕组用截面较大的扁铜线绕好后，再包上绝缘。定子三相绕组对称地嵌放在定子铁心槽中。

定子绕组的作用是：通电后产生旋转磁场，该磁场与转子感应电流相互作用产生电磁转矩，带动转子旋转。

三相定子绕组的六个头在机座的接线盒中引出，绕组首端三个接线头用 U1、V1、W1 表示，末端用 U2、V2、W2 表示。定子绕组可以有两种接法，即星形联结和三角形联结，如图 3—3 所示。

(2) 转子。转子的作用是在定子旋转磁场感应下产生电磁转矩，沿着旋转磁场方向转动，并输出转矩带动生产机械运转。异步电动机的转子由转轴、转子铁心、转子绕组三部分组成。整个转子靠轴承和端盖支撑着。

1）转轴。转轴一般用中碳钢制成，其作用是固定转子铁心和传递功率。

2）转子铁心。与定子铁心及两段气隙构成了电动机的闭合磁路。

3）转子绕组。按转子结构，可分为笼型和绕线转子两种。

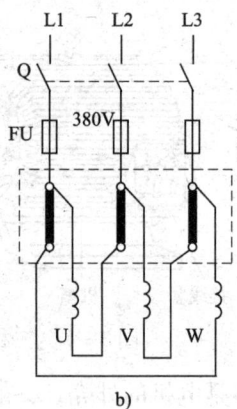

图3—3 定子三相绕组的两种接法
a) 星形联结 b) 三角形联结

笼型转子是转子铁心由外圆冲有均匀的槽、互相绝缘的硅钢片叠压而成,铁心槽内铸有铝质或铜质的笼型转子绕组,两端铸有端环,如图3—4所示。整个转子套在转轴上形成紧密配合,被支撑在端盖中央的轴承中。这样由定子铁心、转子铁心和两者之间的空气间隙构成了电动机的完整磁路。

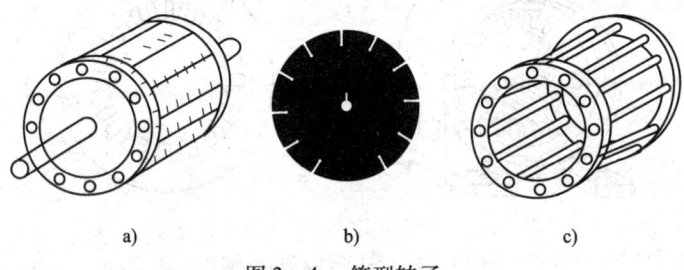

图3—4 笼型转子
a) 笼型转子 b) 转子铁心硅钢片 c) 笼型转子绕组

绕线式转子绕组与定子绕组相似,在转子铁心槽内嵌放着对称的三相绕组。绕线式转子一般作星形联结,如图3—5所示。三相绕组的末端连在一起,首端分别引至轴上的三个彼此绝缘的集电环上,集电环用铜制成,并固定在转轴上。转子绕组通过集电环和电刷与外电路的可变电阻串联,有的绕线转子异步电动机,在端盖上还装有提刷手柄装置。当电动机启动后而又不需要调速时,可移动手柄,将电刷提起,让它离开集电环表面,同时将三个集电环彼此短接,这样可以避免运转过程中电刷与集电环之间的电损耗和摩擦损耗。

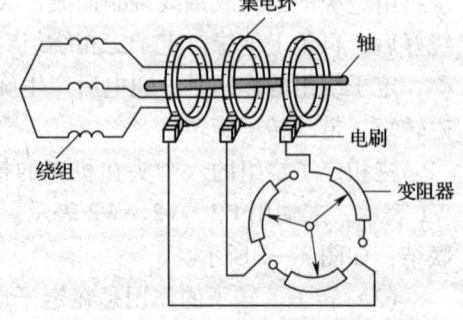

图3—5 绕线式转子的线路连接

二、异步电动机的工作原理

异步电动机是根据电与磁之间的"电磁感应"以及它们之间的"电磁力"的作用

产生旋转的。下面以三相异步电动机为例,说明其工作原理。

1. 电动机旋转磁场的产生

三相异步电动机的定子绕组是按一定规律分布在定子铁心上的。当通入三相交流电时,定子绕组便产生一个旋转的磁场。

假定电流的正方向是由绕组的始端进、末端出,以两极电动机为例,选择几个瞬时来分析三相交流电流所产生的合成磁场。如图3—6a所示的是两极电动机三相绕组的空间位置示意图。在三相绕组中通以三相对称交流电流 i_u、i_v、i_w,三相电流随时间变化的规律如图3—6b所示曲线。

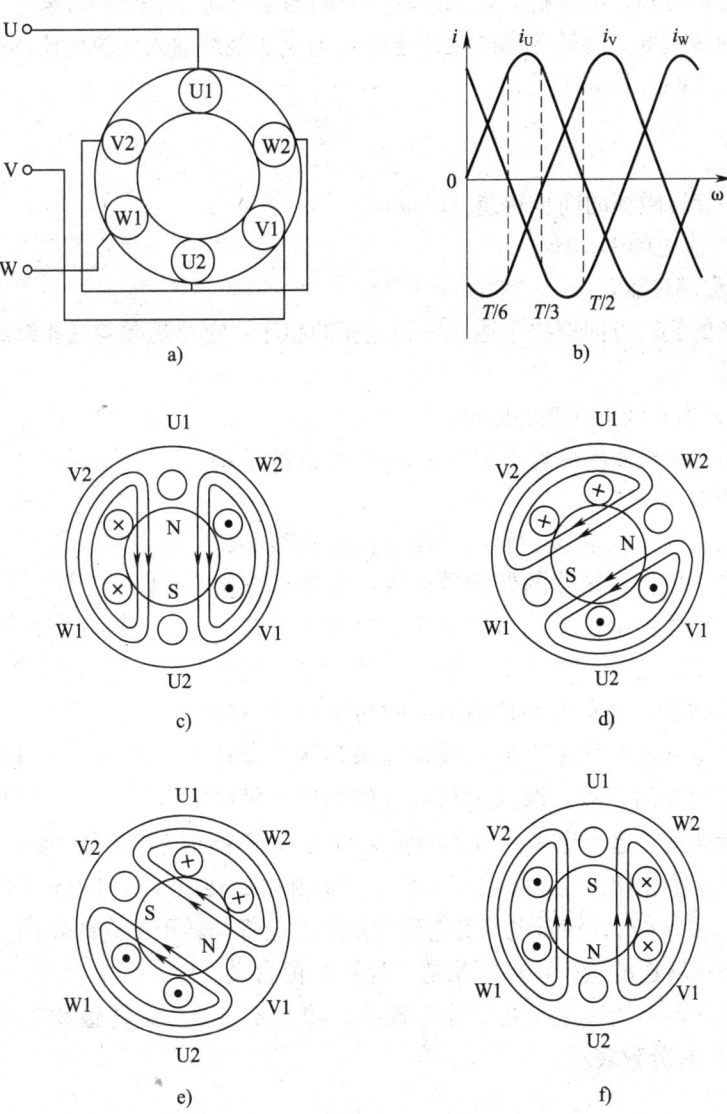

图3—6 旋转磁场的产品

a) 对称定子线组 b) 对称三相电流 c) $t=0$ 时的定子合成磁场
d) $t=T/6$ 时的定子合成磁场 e) $t=T/3$ 时的定子合成磁场 f) $t=T/2$ 时的定子合成磁场

$t=0$ 时，$i_u=0$，U 相绕组没有电流；i_v 为负值，V 相绕组内电流由 V2 进，V1 出；i_w 是正值，W 相绕组内电流由 W1 进，W2 出。运用右手螺旋定则，可以判定这一瞬间的合成磁场方向如图 3—6c 所示。

当 $t=T/6$ 时，i_u 为正，电流由 U1 进，U2 出；i_v 仍是负值；$i_w=0$；此时合成磁场如图 3—6d 所示。此时合成磁场在空间按顺时针方向旋转了 60°。

当 $t=T/3$ 时，i_u 为正，$i_v=0$，i_w 是负值。此时合成磁场又旋转了 60°，如图 3—6e 所示。

当 $t=T/2$ 时，其合成磁场与 $t=0$ 时相比，旋转了 180°，如图 3—6f. 所示。

由以上分析可知，电动机的合成磁场随时间的延长而在空间上匀速的移动位置，这种磁场称为旋转磁场。旋转磁场的旋转速度 n_1 与定子绕组通入交流电流的频率 f 以及绕组的磁极对数之间存在如下关系：

$$n_1=\frac{60f}{p}$$

式中　n_1——旋转磁场的同步转速，r/min；

　　　f——交流电频率，Hz；

　　　p——磁极对数。

旋转磁场的旋转方向取决于通入三相电流的相序，它总是顺着三相绕组中电流的正相序方向旋转。

2. 三相异步电动机的旋转原理

三相异步电动机旋转原理可由如图 3—7 所示的电动机结构示意图加以分析。

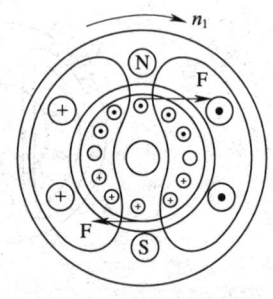

图 3—7　三相异步电动机的旋转原理

当旋转磁场以 n_1 的转速旋转时，磁场的磁力线必将切割不动的转子导体，闭路的转子导体将产生感应电势和电流，转子导体的电流方向可用右手定则判定。转子的载流导体与旋转磁场相互作用，产生电磁力 F，其方向按左手定则判定。电磁力对转轴形成的转矩称为电磁转矩，转子在电磁转矩作用下便会转动起来。转子旋转方向与旋转磁场方向一致，改变三相电源的相序，可以改变电动机转向就是这个道理。转子的转速为 n，n 不能等于 n_1，因为 $n=n_1$ 时转子导体与磁场没有切割作用，也就不会产生转子电流和电磁转矩了。对于异步电动机 n 总是小于 n_1 的，只要 $n<n_1$，转子电流及电磁转矩的方向都与转子不动时相同。电动机的转速必定小于磁场转速的这一特点，就是"异步"的含义。

转子转速 n 与磁场转速 n_1 之差称为转差，转差 n_1-n 与旋转磁场转速 n_1 之比，称为转差率 s，以百分数表示。

$$s=\frac{n_1-n}{n_1}$$

式中　s——转差率，%；

　　　n_1——旋转磁场转速，r/min；

n——电动机的实际转速,r/min。

转差率 s 表示电动机异步程度的大小。在额定状态下,s_N 一般为 0.02~0.05。

三、异步电动机的铭牌及技术参数

每台电动机的机座上都有一块铭牌,铭牌上标注了电动机的型号、额定值和额定运行情况下的有关技术数据,如图3—8所示。

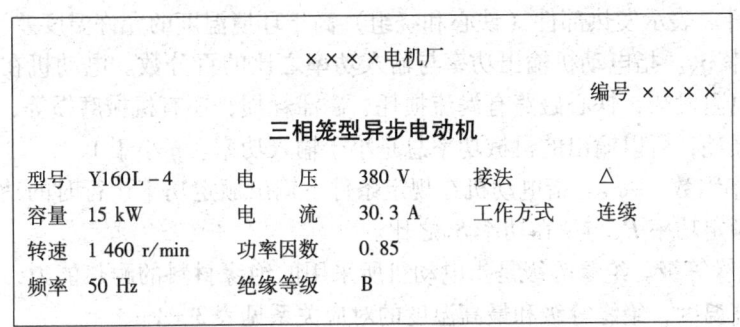

图3—8 电动机的铭牌

1. 型号

电动机的型号是表示电动机名称、规格、防护型式、转子类型等所采用的产品代号。我国电动机型号一般采用大写印刷体的汉语拼音字母和阿拉伯数字组成,其组成形式及含义如下:

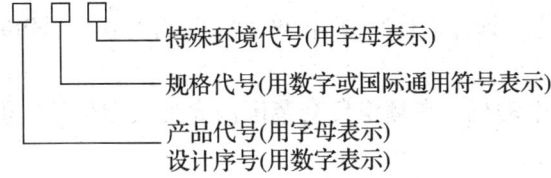

例如:Y 系列型号为 Y132S2-2 的异步电动机,其型号含义如下:

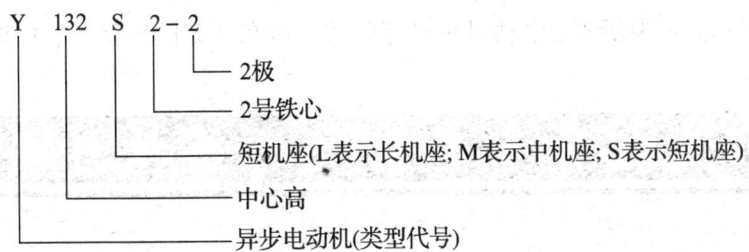

2. 额定值

(1) 额定容量 P_N。表示电动机在额定条件下运行时,转轴输出的机械功率,又称额定功率,单位为 kW。

(2) 额定电压 U_N。表示电动机正常运行时定子三相绕组应施加的线电压,单位是 V。

(3) 额定频率 f_N。表示电动机适用的电源频率,单位是 Hz。

(4) 额定电流 I_N。表示在额定电压、额定频率下，其负荷达到额定功率时的线电流，单位是 A。

(5) 接法。表示电动机在正常运行时三相定子绕组的连接方法，一般为星形和三角形两种。

(6) 额定转速 n_N。表示在额定工作状态下电动机转子的转数，单位是 r/min（转/分）。

(7) 温升。表示发热部件（铁心和绕组）高于环境温度的允许温度差。

(8) 效率 η_N。指电动机输出功率与输入功率之比的百分数。电动机在运转中因本身导电回路电阻发热，铁心磁路有涡流损耗、磁滞耗损，还有机械磨损等，均为电动机内部的功率损耗，所以输出的机械功率总是小于输入功率。η 小于 1。

(9) 功率因数 $\cos\varphi_N$。指电动机在规定条件下输出额定功率运行时的功率因数。其数值应等于额定功率 P_N 与视在功率 S_N 之比。

(10) 绝缘等级。绝缘等级是指电动机所采用的绝缘材料的耐热能力，它表示电动机允许的最高温度，绝缘等级和最高温度的对应关系见表 3—1。

表 3—1　　　　　电动机的绝缘等级和最高允许温度

绝缘等级	A	E	B	F	H	C
最高允许温度（℃）	105	120	130	155	180	180 以上

3. 工作方式

工作方式是指电动机的运转状态，即允许连续使用的时间，可分为连续、短时和断续三种。

(1) 连续。工作方式为连续的电动机，在额定负载范围内允许长期使用，但不允许多次断续重复使用。

(2) 短时。工作方式为短时的电动机不能连续使用，只能在规定的负载持续时间（标准的负载持续时间为 10 min、30 min、60 min 和 90 min）内短时使用。

(3) 断续。工作方式为断续的电动机也是短时的，但在规定的负载下，可以多次断续重复使用。

第二节　三相异步电动机的选择与安装

→ 能够正确选择三相异步电动机
→ 能够进行三相异步电动机的安装及安装后的各项检查

选择合格的电动机，是正确使用电动机的先决条件。选择电动机时主要考虑电压、功率、频率、转速、启动转矩、防护型式等因素,这些选择是电动机安全可靠运行、维修方便、节省投资和降低运行费用的保证。

一、三相异步电动机的选择

1. 电动机型号的选择

不同型号的异步电动机是针对不同的使用要求而设计生产的,因此,选择电动机的类型时,应当了解不同类型的电动机的特点及其主要用途。

(1) 安装型式的选择。电动机的安装型式用轴线方向和固定构件的状况加以表述。电动机的轴线方向可以与地面平行,称为卧式安装。轴线方向与地面垂直,称为立式安装。异步电动机与基础的固定,可以靠地脚安装,也可靠凸轮缘端盖的法兰安装。

安装型式的选择应当根据电动机本身所能提供的安装型式和实际情况来确定。一般情况下应优先选用卧式,而立式电动机的价格高,只在需要简化传动装置,又必须垂直运转时采用。

(2) 防护型式的选择。电动机的防护型式可分为开启式、防护式、封闭式几种。防护型式的选择,应当根据电动机使用环境来确定。开启式电动机只能用于干燥及清洁的环境。防护式适用于比较干燥、灰尘不多、无腐蚀性和爆炸性气体的场所。封闭式电动机又分为自冷式、强迫通风式和密闭式。前两种适用于潮湿、尘土多、易受风雨侵蚀、易引起火灾、有腐蚀性蒸气或气体的场所。密闭式电动机一般使用于液体(水或油)中工作的生产机械,这种电动机价格高。

2. 电动机电压的选择

电动机的额定电压应与所使用的电源电压相符。电动机只能在铭牌上规定的电压条件下使用,允许工作电压的偏差为额定电压的 $-5\% \sim +10\%$。如果铭牌上标有 220 V/380 V,说明此电动机有两种额定电压。当电源电压为 380 V 时,将电动机绕组接成Y形;当电源电压为 220 V 时,将绕组接为△形。

3. 电动机容量的选择

电动机的容量(额定功率)必须根据被驱动的生产机械所需的功率来决定。如果容量选得太小,负载超过它的额定功率,则会使电动机难以启动,即使勉强启动成功,也会因电流超过额定值而使电动机过热甚至烧毁。反之,如果容量选得太大,就不能充分发挥电动机的作用,不仅会造成资金和材料的浪费,而且电动机在轻载时效率和功率因数都会降低,造成电力浪费。对于采用直接传动的电动机,容量以 $1 \sim 1.1$ 倍负载功率为宜;对于采用带传动的电动机,容量以 $1.05 \sim 1.15$ 倍负载功率为宜。

选择电动机容量时,还要考虑到配电变压器容量的大小。一般直接启动的最大一台电动机容量,不应超过变压器容量的1/3。

4. 电动机转速的选择

电动机和生产机械都有各自的额定转速。电动机驱动生产机械后,两者都应在各自的额定转速下运转。如果采用联轴器直接传动,电动机的额定转速应与生产机械的额定转速相同,如果采用带传动,电动机的额定转速不应与生产机械额定转速相差太多,其变速比一般不宜大于3。采用带传动时,一般可选用同步转速为 1 500 r/min 的电动机,这种电动机的转速比较容易与一般机械的转速匹配。

选择电动机的转速时,应注意转速不宜选得过低,这是因为电动机的额定转速越低,则极数越多,体积越大,价格越高。反之,电动机的转速也不宜选得过高,否则,会使传动装置过于复杂。

二、三相异步电动机的安装

电动机的安装正确与否,不仅影响电动机能否正常工作而且关系到安全运行的问题。

1. 安装地点的选择

电动机应安装在干燥、通风、灰尘较少和不致遭受水淹的地方。电动机周围应比较宽敞,应考虑电动机运行、维护、检修、拆卸和运输的方便。在屋外安装的电动机,还要采取防止日晒雨淋的措施。

2. 电动机的安装方法

电动机的基础应坚实牢靠,以保证电动机启动和运行的平稳性。

电动机的基础有永久性、流动性和临时性等多种形式。电力排灌站、农机修配厂、农副产品加工厂等处的电动机,宜采用永久性基础。这种基础可用混凝土、砖、石条或石板等做成。基础顶部应高出地面约 100~150 mm,基础每边应比机组大约 100~150 mm。

穿电动机引线用的钢管要在浇注混凝土前埋好。

3. 电动机安装好后的检查

电动机安装好后必须校正水平和校正带传动装置。

(1) 校正基础水平。可用水平仪校正电动机的基础水平。校正时应进行横向和纵向的水平校正。若基础不平时,可用薄铁片把机组底座垫平,然后拧紧底脚螺母。

(2) 校正带传动装置。对于开口式带传动,必须使两带轮的轴互相平行,并使两带轮宽度的中心线在一条直线上。校正方法如图 3—9 所示。

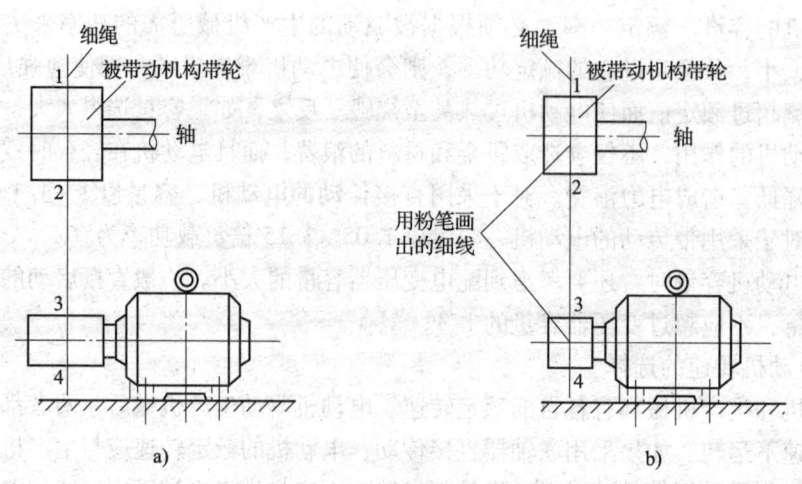

图 3—9 带轮轴平等校正示意图
a) 带轮宽度相同时 b) 带轮宽度不同时

（3）校正联轴器传动装置。应使两轴同心（即两轴中心线在一条直线上），并且在两个联轴器之间保持一定的间隙（为 2~4 mm，以防止两轴窜动时互相影响）。检查同轴度的方法如图 3—10a 所示，用钢尺在上下左右四点测量。如果都贴紧并测得数值相同，说明两轴同心。若有偏差时，则最大偏差不得超过 0.1 mm。检查轴向间隙的方法如图 3—10b 所示，先用钢尺校正，如有条件还可进一步用塞尺在上下左右四点测量，其偏差要求不得超过 0.3 mm。

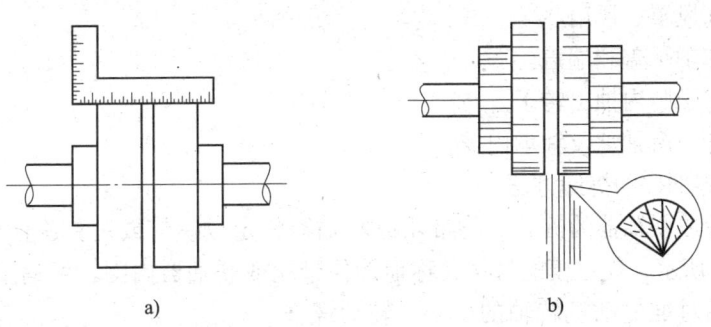

图 3—10　测量联轴器的同轴度和轴向间隙
a）测量同轴度　b）测量轴向间隙

第三节　三相异步电动机的拆卸与组装

→ 能够拆卸三相异步电动机
→ 能够组装三相异步电动机

一、三相异步电动机的拆卸

1. 拆卸前的准备

对三相异步电动机进行维护和检修时，常需要拆卸和组装电动机，为了保证拆卸工作的顺利进行，在拆卸电动机之前应做好必要的检查记录和工具、设备等的准备。

（1）备齐拆卸工具。拆卸工具包括扳手、铁锤、木锤、旋具、套筒、拉模、起重设备等。

（2）做好技术准备。首先应熟悉被拆电动机的结构特点、拆装要领以及它所存在的缺陷。然后拆除电源线和保护接地线，拆下地脚螺栓和联轴器螺栓等，将电动机搬到检修场地。为了防止装配时把位置弄错，在拆卸前还应做好如下标记：

1）标出电源线在接线盒中的相序。
2）标出联轴器或带轮与轴台的距离。
3）标出机座在基础上的详细位置。

4) 标出绕组引出线在机座上的出口方向。

5) 标出端盖、轴承盖的负荷端与非负荷端，并在端盖与轴承盖之间、端盖与机座之间的接缝处用钢冲打上记号。

做好上述准备工作后，方可拆卸电动机。

2. 拆卸步骤

(1) 拆下带轮或联轴器。

(2) 拆卸风罩、风扇。

(3) 拆卸轴承盖和端盖。

(4) 从定子膛内抽出转子。

(5) 拆卸前后轴承及轴承内盖。

3. 主要零部件的拆卸方法

(1) 带轮或联轴器的拆卸。将带轮或联轴器的定位螺钉或销钉旋松取下，装上拉模如图3—11所示，使拉模的拉钩对称地钩住带轮或联轴器内圈，两钩爪要受力一致，拉模螺杆顶端对准电动机转轴的中心，转动螺杆手柄，把带轮或联轴器慢慢拉出。当带轮或联轴器与转轴配合较紧时，不要硬拉，可在定位螺孔内注入煤油，待煤油沿轴浸润后再拉。如仍拉不出，可用喷灯或气焊火焰等急火快速而均匀地将带轮或联轴器加热，使其膨胀，就可拉出。加热温度不能太高，为防止转轴变形，可用石棉布将外露的转轴包住。

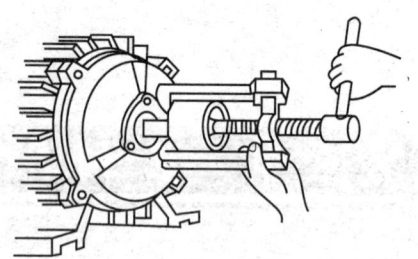

图3—11 用拉模拆卸带轮

在拆卸过程中，应注意不能用锤子直接敲出带轮或联轴器，以免将其敲碎或使转轴变形、端盖受损等。

(2) 风罩和风扇的拆卸。旋松风罩的紧固螺钉，就可取下风罩。拆卸风扇时，应先松脱或取下转轴尾端风扇上的定位螺钉或销钉，然后用木锤在风扇四周均匀轻敲，风扇就会松脱下来。若风扇是塑料制成的，可将风扇浸入热水中，待塑料风扇膨胀后即可取下。

小型异步电动机的风扇一般可不用拆下，在抽转子时随转子一起抽出。

拆卸风扇时应注意不要使扇叶变形，以免影响转子动平衡。

(3) 轴承盖和端盖的拆卸。拆卸端盖前应先检查紧固件是否齐全，并预先在端盖与轴承盖和机座接合处做好对正记号，前后两端的记号应有明显区别。

拆卸时，先把轴承盖螺栓拧下，取下轴承盖后再拆卸端盖。拆卸端盖的方法是，拧下端盖与机座的固定螺栓，对于大、中型电动机，可用端盖上的顶丝均匀加力，将端盖从机座止口中顶出；对于端盖上没有顶丝螺孔的小型电动机，可用撬棍或旋具在端盖与机座的接缝中均匀用力，将端盖撬出止口，如图3—12所示。

(4) 抽出转子。小型异步电动机的转子可用手直接抽出，但应注意不要擦伤铁心和绕组。风扇与转子一起抽出时，若风扇直径大于定子内膛，应将转子从风扇侧取出。

三相异步电动机的拆装与控制

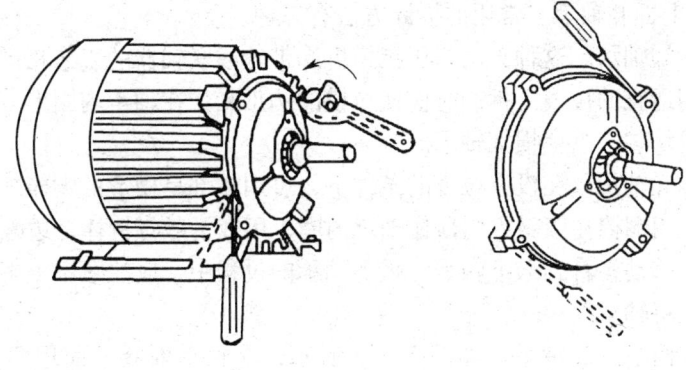

图 3—12　端盖的拆卸

大中型异步电动机的转子较重，必须用起重设备抽出转子。抽转子的方式有多种，一般选用接假轴抽转子法，如图 3—13 所示。在转轴一端套入假轴（比轴颈大10～20 mm 的钢管）将转轴接长，在另一侧放一块与转子底沿同样高的垫木。用钢丝绳套住转子两端的轴颈，如图 3—13a 所示，将转子微微吊起，经检查牢固可靠后，移动起吊设备，使转子慢慢地从定子内膛移出，暂时搁放在垫木上。然后将钢丝绳改套住转子，如图 3—13b 所示，再慢慢将转子全部移出，吊至检修场地的垫木上放好。

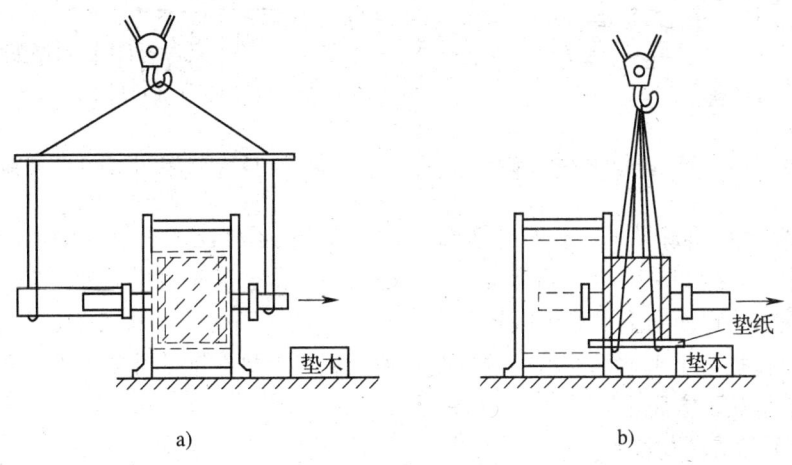

a)　　　　　　　　　　　　　　b)

图 3—13　接假轴抽转子法

抽转子（或装回转子）时应注意以下几点：

1）为防止钢丝绳直接接触轴颈，使轴颈碰伤，应在起吊处用棉纱或纸板把轴颈保护好。

2）抽出转子的过程中，应特别注意不能使转子碰及定子铁心和绕组。

3）钢丝绳改套转子时，应注意不要将钢丝绳套在铁心风道内，同时应在钢丝绳和转子间衬垫纸板，以防止损伤转子铁心。

（5）轴承的拆卸。轴承的拆卸常遇到两种情况，一种是在转轴上拆卸，另一种是在端盖内拆卸。下面分别介绍这两种情况下的轴承拆卸工艺。

1）在转轴上拆卸轴承。常用的拆卸方法有三种。

①用拉模拆卸轴承。这种方法与用拉模拆卸带轮或联轴器的工艺相同，但应根据轴承的大小，选用适宜的拉模。拆卸时应使拉模的钩爪紧扣在轴承内圈上，扳动螺杆手柄时要慢，用力要均匀，以免损坏轴承。

②用铜棒拆卸轴承。在没有拉模的条件下，可用端部呈楔形的铜棒来拆卸轴承。如图 3—14 所示，用铜棒在倾斜方向顶住轴承内圈，用锤子敲打铜棒，边敲打边将楔形端沿轴承内圈均匀移动，直到敲下轴承。敲下轴承的过程中，应注意不可偏敲一边，用力不能过猛，以免将轴承敲坏。

③放置在圆筒上拆卸轴承。如图 3—15 所示，在轴承内圈下面用两块铁板夹住转轴，放置在一只内径略大于转子外径的圆桶上面，在转轴上端面垫上厚木板或铜板，用锤子敲打，着力点要对准转轴中心。为防止轴承脱下时转子和转轴被摔坏，圆桶内应放一些棉纱头。当敲到轴承逐渐松动时，用力要减弱。

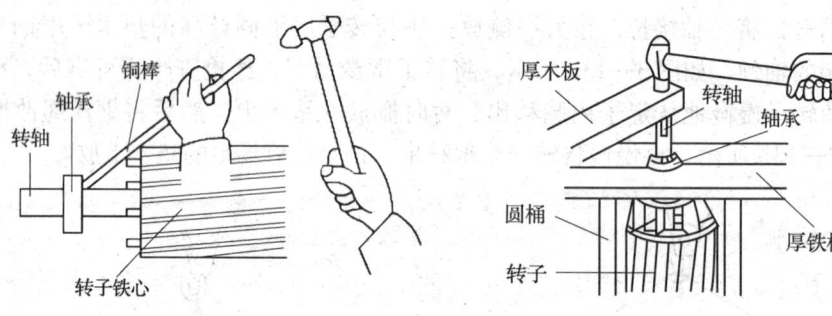

图 3—14　用铜棒拆卸轴承　　　　图 3—15　放置在圆筒上拆卸轴承

2）在端盖内拆卸轴承。有时电动机端盖内孔与轴承外圈的配合比轴承内圈与转轴的配合更紧，在拆卸端盖时，轴承将会留在端盖内孔中。这时可采用如图 3—16 所示的方法，将端盖止口面向上平稳地放置，在轴承外圈的下面垫上木板，但不能抵住轴承，然后用一根直径略小于轴承外沿的铜棒或其他金属棒，垫在轴承外圈上面，用锤子敲打铜棒，使轴承从下方脱出。

3）轴承的清洗与检查。

①将轴承放入煤油桶内浸泡 5~10 min，待轴承上油膏落入煤油中，再将轴承放入另一桶比较洁净的煤油中，用细软毛刷将轴承刷洗干净，最后在汽油中清洗一次，用布擦干即可。

②检查轴承有无裂纹、滚道内有无生锈等，再用手转动轴承外圈，观察其转动是否灵活、均匀，是否有卡住或过松的现象。小型轴承可用左手的拇指和食指捏住轴承内圈并摆平，用另一只手轻轻地用力推动外钢圈旋转，如图 3—17 所示。如轴承良好，外钢圈应转动平稳，并逐渐减速至停止转动，转动过程中没有振动和明显的停滞现象，停止转动后的钢圈没有倒退现象。如果轴承有缺陷，转动时会有杂声和振动，停止时像刹车一样突然，严重的还会倒退反转。这样的轴承应及时更换。

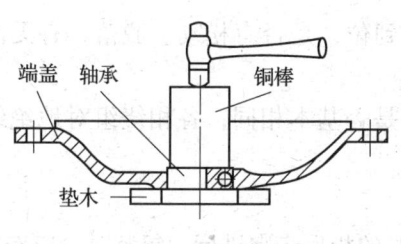

图 3—16 拆卸端盖内孔轴承　　　　图 3—17 轴承的检查方法

③用塞尺或熔丝检查轴承间隙。将塞尺插入轴承内圈滚珠与滚道间隙内并超过滚珠球心，使塞尺松紧适度，此时塞尺的厚度即为轴承的径向间隙。也可用一根直径为 1～2 mm 的熔丝将其压扁（压扁的厚度应大于轴承间隙），将这根熔丝塞入滚珠与滚道的间隙内，转动轴承外圈，将熔丝进一步压扁，然后抽出，用千分尺测量熔丝弧形方向的平均厚度，即为该轴承的径向间隙，如图 3—18 所示。

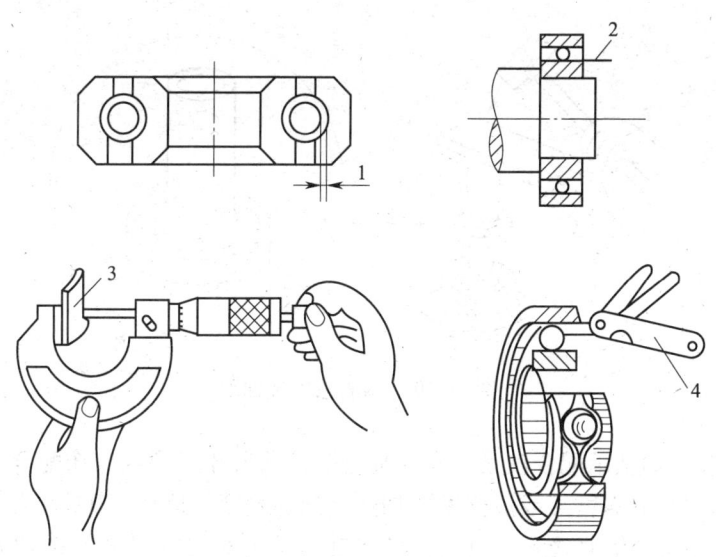

图 3—18　检查轴承间隙
1—径向间隙　2—熔丝　3—压扁后的熔丝　4—塞尺

二、三相异步电动机的组装

异步电动机的各零部件检修完毕，做好必要的准备工作后，即可进行组装。

1. 组装前的准备

（1）认真检查装配工具是否齐备、适用。

（2）检查装配环境、场地是否清洁、合适。

（3）彻底清扫定子、转子内部表面的尘垢，最后用蘸有汽油的棉布擦拭（汽油不能太多，以免浸入绕组内部破坏绝缘）。

（4）用灯光检查气隙、通风沟、止口处和其他空隙有无杂物、漆瘤。如有，必须清除干净。

(5) 检查槽楔、绑扎带和绝缘材料是否到位,是否有松动、脱落,有无高出定子铁心表面的地方,如有,应清除掉。

(6) 检查各相定子绕组的冷态直流电阻是否基本相同,各相绕组对地绝缘电阻和相间绝缘电阻是否符合要求。

2. 组装方法

异步电动机的装配顺序原则上可按拆卸时的相反步骤进行。组装时,应按拆卸前所作标记将各部件原位装复。

(1) 轴承的装配

1) 敲打法。在干净的轴颈上抹一层薄薄的润滑油。把轴承套上,按如图3—19所示方法用一根内径略大于轴颈直径、外径略大于轴承内圈外径的钢管,将钢管的一端顶在轴承的内圈上,用锤子敲打钢管的另一端,将轴承敲进去。最好是用压床压入。

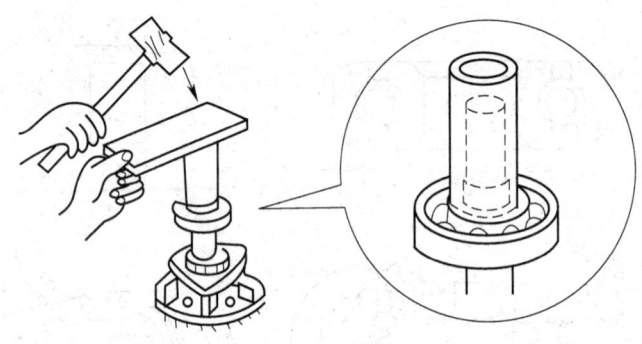

图3—19 敲打法安装轴承

2) 热装法。如轴承配合较紧,为了避免把轴承内环胀裂或损伤配合面,可采用热装法。将轴承放在油锅里(或油槽里)加热,油的温度保持在100℃左右,轴承必须浸没在油中,又不能与锅底接触,可用铁丝将轴承吊起并架空(见图3—20),要均匀加热,浸入30~40 min后,把轴承取出,趁热迅速将轴承一直推入轴颈。

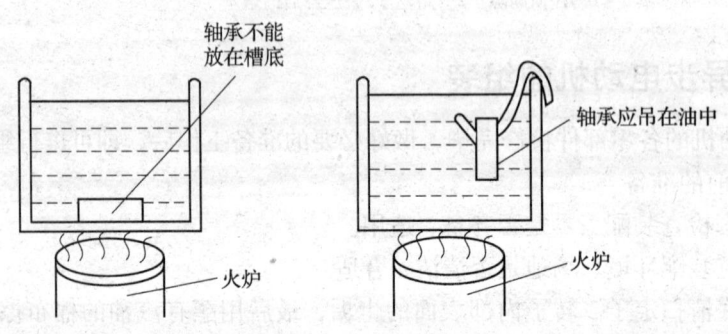

图3—20 热装法装配轴承

在装好的轴承内加足润滑脂。一般二极电动机应装满 1/3～1/2 的空腔容积,四极及以上电动机应装满轴承空腔容积的 2/3。

(2) 转子的穿入。小型电动机的转子可以用手直接穿入定子膛内;较大的转子需用起重设备将转子平行的送入定子膛内。安装时转子要对准定子的中心,小心往里放送,端盖要对准机座的标记,旋上后盖的螺栓,但不要拧紧。

(3) 端盖的装配

1) 将端盖洗净、吹干,铲去端盖口和机座口的脏物。

2) 将前端盖对准机座标记,用木锤轻轻敲击端盖周围。套上螺栓,按对角线一前一后把螺栓拧紧,切不可有松有紧,以免损坏端盖。

3) 装前轴承外盖。可先在轴承外盖孔内插入一根螺栓,用手缓慢转动转轴,当轴承内盖孔转到与外盖孔对齐时,即可将螺栓拧入轴承盖的螺孔内,再装另外两根螺栓。也可先用两根硬导线通过轴承外盖孔插入轴承内盖孔中,旋上一根螺栓,挂住内盖螺钉扣,然后依次抽出导线,旋上螺栓。

(4) 刷架、扇叶、风罩的安装。绕线转子异步电动机的刷架要按所做的标记装好,安装前要做好集电环、电刷表面和刷握内壁的清洁工作。安装时,集电环与电刷的吻合要密切,弹簧压力要调匀。风扇的定位螺钉要拧到位,且不松动。

上述零部件安装完毕后,要用手转动转子,检查其转动是否灵活、均匀,无停滞或偏重现象。

(5) 带轮或联轴器的安装

1) 将抛光布缠绕在圆木上,把带轮或联轴器的轴孔打磨光滑。

2) 用抛光布把转轴的表面打磨光滑。

3) 对准键槽把带轮或联轴器套装在转轴上。

4) 调整好带轮或联轴器与键槽的位置后,将木板垫在键的一端,轻轻敲打,使键慢慢进入槽内。安装大型电动机的带轮时,可先用固定支持物顶住电动机的非负载端和千斤顶的底部,再用千斤顶将带轮顶入。

3. 组装后的检查

(1) 检查电动机的转子转动是否轻便灵活,如转子转动比较沉重,可用纯铜棒轻敲端盖,同时调整端盖紧固螺栓的松紧程度,使之转动灵活。检查绕线转子电动机的刷握位置是否正确,电刷与集电环接触是否良好,电刷在刷握内是否卡死,弹簧压力是否均匀等。

(2) 检查电动机的绝缘电阻,摇测电动机定子绕组中相与相之间、各相对地之间的绝缘电阻。

(3) 按铭牌要求接好电源线,在机壳上接好保护接地线,接通电源,用钳形电流表检测三相空载电流,看是否符合允许值。

(4) 用转速表测量电动机的转速。

(5) 检查电动机温升是否正常,运转中有无异响。

第四节 三相异步电动机的控制电路

→ 熟悉三相异步电动机的控制电路图
→ 熟悉三相异步电动机基本控制电路的工作原理

在所有电气传动的生产设备中,用三相异步电动机作为动力的控制系统最多。电动机驱动的控制电路由接触器、继电器、按钮、行程开关等组成,对电气传动系统的启动、制动、反向和调速等进行控制,实现生产过程的自动化。电动机控制电路一般由控制线路电气原理图和安装接线图来表示控制原理和安装连接的关系。下面利用电气原理图来介绍三相异步电动机常用的几种控制电路的工作原理。

一、三相异步电动机的启动控制电路

电动机从接通电源到匀速转动的过程叫做启动过程。电动机的启动性能,实用中主要有两点要求:启动电流小,启动转矩大。减小启动电流有两种途径:增大转子阻抗,这对绕线转子电动机来说,可以用在转子回路中接入附加电阻器的方法来限制启动电流;降低外施电压,对笼型异步电动机来讲只能采用这种方法。下面介绍笼型异步电动机的几种启动方式。

1. 直接启动

直接启动即全压启动,是一种最简单的启动方法,可大大减少设备投资和维修费用。启动时,不需特殊的装置,只需用普通的开关(如刀开关、铁壳开关、断路器、电磁启动器)将电源的全部电压直接加在电动机的定子绕组上。

允许直接启动的电动机容量大致可按下述原则确定:电动机由变压器供电时,不经常启动的电动机,容量不宜超过变压器容量的30%;经常启动的电动机,容量则不宜超过变压器容量的20%。

(1)用铁壳开关或刀开关和熔断器组合实现的手动直接启动。对于10 kW以下的电动机,如不频繁启动,可用铁壳开关或刀熔开关手动直接启动,采用熔断器作短路保护。控制线路如图3—21所示。

(2)用接触器实现不可逆启动控制。如图3—22所示为接触器实现的不可逆启动控制电路。由组合开关Q、熔断器FU、交流接触器KM、热继电器KH和电动机组成主电路。由按钮SB1、SB2、接触器线圈KM及辅助动合触、热继电器动断触头KH组成控制电路。当按下启动按钮SB1时,接触器线圈KM励磁,使其三相主触头KM闭合,电动机启动。同时,接触器辅助动合触点闭合,因为触点与SB1并联,所以松开SB1时KM线圈不会失励,能够自保持。按下停止按钮SB2,接触器线圈KM失励,电动机停止运转。

三相异步电动机的拆装与控制

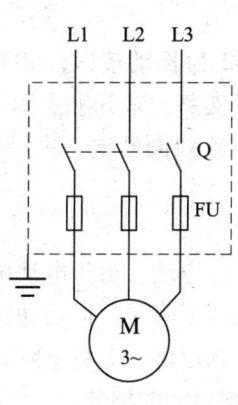

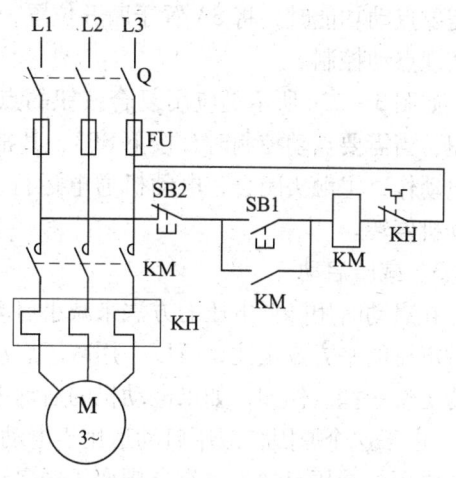

图 3—21　铁壳开关接线示意图　　　　图 3—22　不可逆启动控制线路

2. 点动控制线路

实际生产中，生产机械常需点动控制，如机床调整对刀和刀架、立柱的快速移动等。所谓点动是指按下启动按钮，电动机转动；松开按钮，电动机停止运动。与之对应的，若松开按钮后能使电动机持续工作，则称为长动。点动控制线路如图 3—23 所示。

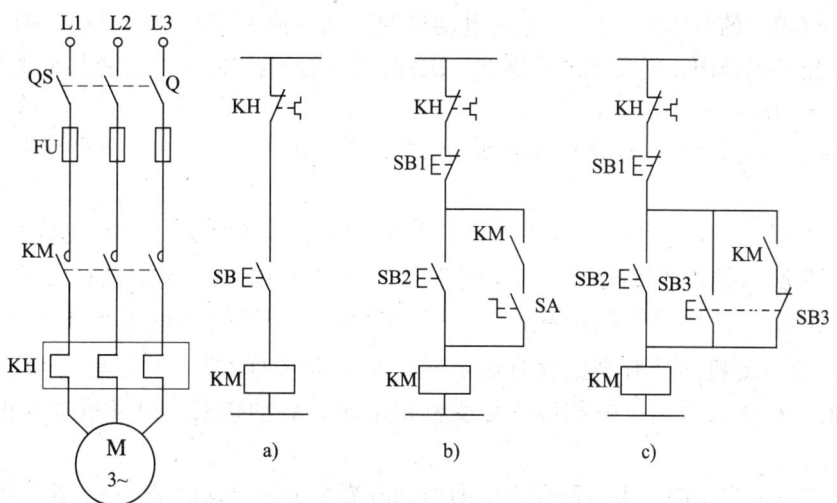

图 3—23　点动控制接线图

如图 3—23a 所示为最基本的点动控制，按下启动按钮 SB，接触器 KM 线圈通电动作，KM 触点闭合，电动机运行；松开 SB，KM 线圈断电释放，主触头断开，电动机停转。

如图 3—23b 所示，增加了转换开关 SA 及自锁触点 KM。正常工作时，将 SA 置于

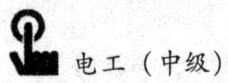

闭合位置，则 KM 辅助常开触点在电路中能起到自锁作用，实现对电动机的持续控制。当需要点动功能时，将 SA 置于断开位置，则自锁触点 KM 所在支路被分断，工作中只能实现点动控制。

如图 3—23c 所示是应用复合按钮的点动控制线路，SB2 为长动按钮，SB3 为点动按钮，当需要点动控制时，按下 SB3，其常闭触点断开自锁支路，常开触点闭合使 KM 通电动作，主触头闭合，电动机通电运行；松开 SB3，则 KM 线圈断电，主触头断开，电动机停转。

3. 减压启动

在启动时用降低电压的方法来减小启动电流，简称为减压启动。由于电动机的转矩与端电压的平方成正比，所以，用减压启动时，启动电流虽然下降了，但启动转矩会下降得更快一些。例如，如果电动机的启动电流降低了一半，则启动转矩将下降到原来的 1/4，由于这个原因，减压启动适用于电动机允许空载或轻载启动的场合。

常用的减压启动方法有自耦变压器启动、星—三角（Y—△）启动和延边三角形启动三种。

（1）自耦变压器启动。这种方法是利用自耦变压器来降低加在电动机定子绕组的电压以达到降低启动电流的目的的，其电路如图 3—24 所示。

启动时开关 Q2 投向 "启动" 位置，自耦变压器将电源电压降低后再加到电动机绕组上，从而使启动电流得到限制。电动机转速升高后，开关 Q2 投向 "运行" 位置，将自耦变压器切除，电动机就在额定电压下正常运行了。

这种减压启动方法的原理是：假设自耦变压器的变比为 K，电网电压为 U_1，那么加到定子绕组上的电压为 U_1/K，这时电动机的启动电流 I_{st} 只是全压启动时的 $1/K$，由于自耦变压器的作用，对自耦变压器的一次侧，也就是电网而言，启动电流变为全压启动时的 $1/K^2$ 倍。

自耦变压器启动装置通常称为启动补偿器，它多用于中型和大型笼型异步电动机的启动。

（2）Y—△启动。Y—△启动用于正常运行时定子绕组是三角形联结的电动机，如图 3—25 所示是它的接线图。启动时先合上电源开关 Q1，再把换接开关 Q2 投向 "启动" 位置，这时定子绕组接成 Y 形，加在定子每相绕组的电压为额定电压的 $1/\sqrt{3}$ 倍。当电动机转速升高到接近额定转速时，再将 Q2 投入 "运行" 位置，这时定子绕组换接成△联结，每相绕组承受额定电压，启动结束，电动机进入正常运行状态。

应用Y—△启动时，由电网所供给的启动电流为全压启动时的 1/3，这时的启动转矩也减小到全压启动时的 1/3。

Y—△启动所需要的设备简单，成本较低，所以，Y 系列和老的 JO₂ 系列的电动机，功率在 4 kW 以上时，定子绕组都是按照△连接设计的，这样就能方便地采用Y—△启动法完成电动机的启动。

（3）延边三角形启动。采用延边三角形启动，对电动机的绕组有一定的要求，其电路如图 3—26 所示。

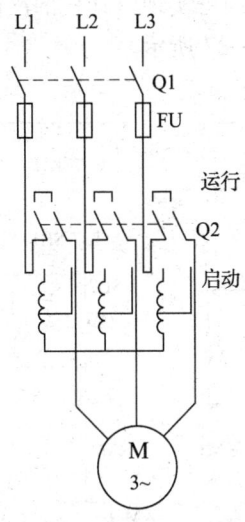
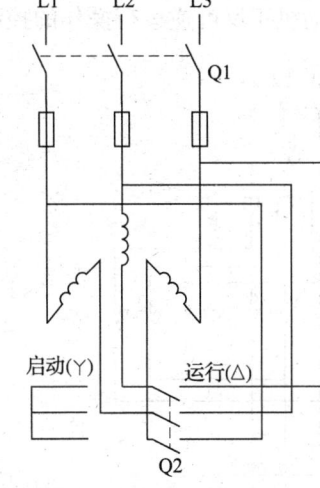

图 3—24　自耦变压器减压启动接线图　　图 3—25　Y—△启动接线图

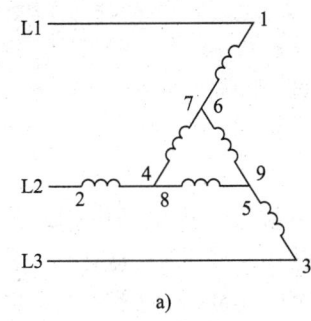
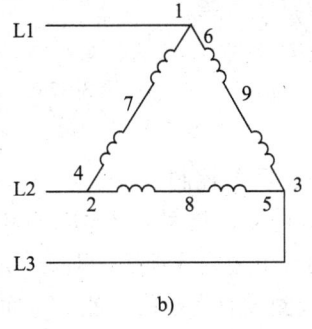

a)　　　　　　　　　　　b)

图 3—26　延边三角形减压启动接线图
a) 启动时接法　b) 运行时接法

　　这种电动机有 9 个出线端，每相绕组多引出一个抽头，启动时，每相绕组的一部分接成△形，另一部分接成Y形，就好像△形的三条边延长了，所以称为延边三角形，启动结束后，电动机接成△形，抽头空着不用。

　　采用延边三角形启动，抽头两边的绕组匝数比例不同，所得到的相电压也就不同，从而得到了不同的启动转矩和启动电流，满足了不同的使用要求。这种启动方法的缺点是定子绕组相对比较复杂。

　　采用全压启动，往往要受到电网因素的限制；采用减压启动，虽然能够限制启动电流，但启动转矩也随之下降了，所以它只适用于轻载或空载时的启动。如果既要限制启动电流又要求有较大的启动转矩，就需要使用绕线转子异步电动机了。

二、三相异步电动机正反转控制电路

　　生产实践中，许多设备均需要两个相反方向的运行控制，如机床工作台的进退、升降以及主轴的正反向旋转等。此类控制均可通过电动机的正转与反转来实现。由电动机原理可知，电动机三相电源进线中任意两相对调，即可实现电动机的反向运转。通常情况下，电动机正反可逆运行操作的控制电路如图3—27所示。

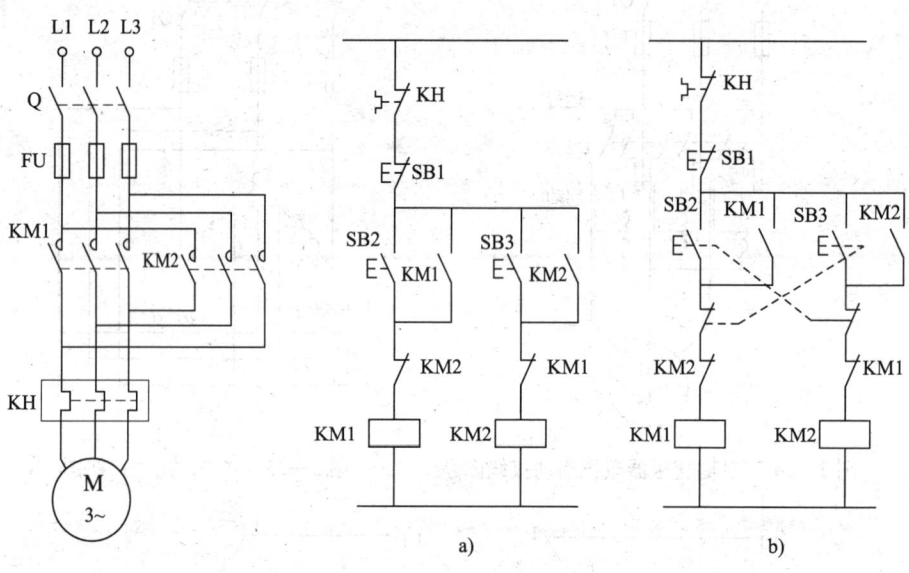

图3—27 正反转控制电路
a)"正—停—反"控制 b)"正—反—停"控制

1."正—停—反"控制

由图3—27a可见，接触器KM1、KM2的主触头在主电路中构成正、反转相序接线，两者的辅助常闭触点分别接于对方线圈电路中。当KM1通电时，其辅助常闭触点断开，使KM2线圈没有得电的可能，从而使KM1、KM2接触器不会因同时通电工作而造成电源相间短路。这种利用两个接触器的常闭辅助触点的联锁关系互相控制的方法称互锁，相应触点称为互锁触点。该电路的特点是控制安全，不会因触点熔焊而造成短路，但工作时，若电动机需换向，则必须先按SB1停车，再按反方向启动按钮，控制过程为"正—停—反"。

2."正—反—停"控制

图3—27b将图3—27a中的启动按钮更换为复合按钮，则该电路为按钮、接触器双重联锁的控制电路。正转时，按下SB2，它的常开触点使正转接触器KM1线圈通电且自锁，其常闭触点串于反转接触器KM2线圈支路，形成互锁，电动机正转运行；需反转时，按下SB3，SB3常闭触点首先断开，切断KM1线圈电路，KM1辅助常闭触点恢复闭合，然后SB3常开触点闭合，接通KM2线圈电路，电动机从正转状态直接转为反转状态，从而提高了工作效率。

三、三相异步电动机的制动控制电路

由于转子本身及被驱动机械设备存在惯性，当电动机与电源断开后，要经过一段时间才能停止转动，在一些场合，为了提高生产效率或从安全角度考虑，要求电动机能及时准确地停转,为此就必须对电动机进行制动。

按照制动方式不同,异步电动机的制动通常分为机械制动和电气制动。

1. 机械制动

机械制动是利用附加的机械装置,当电动机在电源切断后使转子停止旋转的制动方式,常用的装置是电磁抱闸制动。

电磁抱闸制动由闸瓦制动器和制动电磁铁两部分组成。电动机通电启动同时给电磁抱闸的电磁铁线圈通电,电磁铁的动铁心被吸与静铁心合拢,使闸瓦制动器松闸,电动机正常运转。当切断电动机电源时,电磁铁心线圈的电源同时被切断,动铁心与静铁心分离,在弹簧作用下,闸瓦制动器把闸轮紧紧抱住,闸轮和电动机同时迅速停止转动。

由于电动机和电磁铁共用一个电源和控制电路,只要电动机不通电,闸瓦总是把闸轮紧紧抱住,电动机总是被制动。电磁抱闸制动接线图如 3—28 所示。

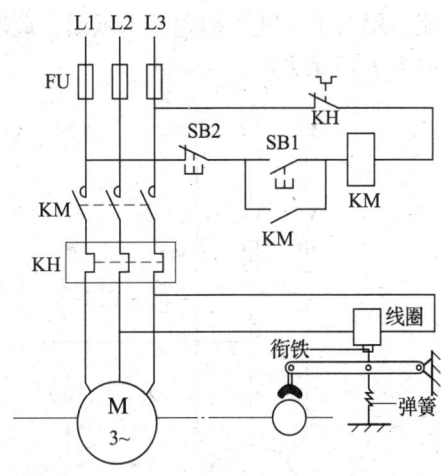

图3—28 电磁抱闸制动接线图

2. 电气制动

电气制动有再生发电制动和能耗制动两种。

(1)再生发电制动。异步电动机的再生发电制动主要用在起重设备上。例如,提升机下放重物,当重物下放开始时,转子转向和定子旋转磁场转向相同,如图 3—29a 所示。在电动机的电磁转矩和重物的重力产生的转矩双重作用下,重物以越来越快的速度下降,当转子的转速由于重力的作用超过同步转速时,异步电动机转子导线与旋转磁场的相对运动方向改变,根据电磁感应定律,电动机的转子电动势、电流和电磁转矩的方向都改变了,如图 3—29b 所示。这时的电磁转矩 M 的方向与转子旋转方向相反,变为制动转矩。由于制动转矩的产生,限制了重物的下降速度。

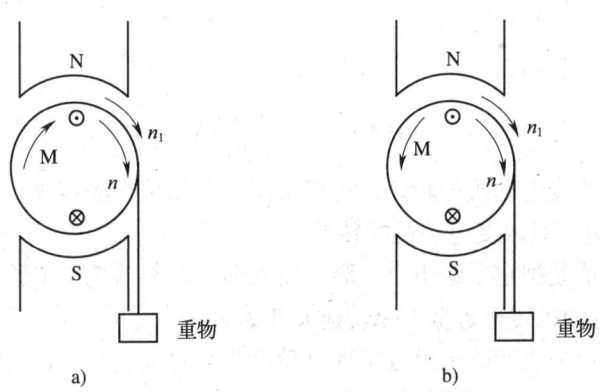

图3—29 再生发电制动时的转矩与转速关系
a)转速低于同步转速 b)转速高于同步转速

(2) 能耗制动。能耗制动原理图如图 3—30 所示。当断开电源开关 Q1，电动机脱离三相交流电源后，转子因惯性按原方向（假设此时为顺时针方向）旋转。如此时合上 Q2，则会在定子两相绕组中加入一直流电源，在定子中产生一个静止的磁场，因为旋转磁场的转速 $n_1 = 0$，根据电磁感应原理，仍在转动的转子导体中会产生感应电势和电流，用右手定则判别为流入纸面，此时的转子电流在静止磁场中会受到力的作用，其方向为 F 所示方向。

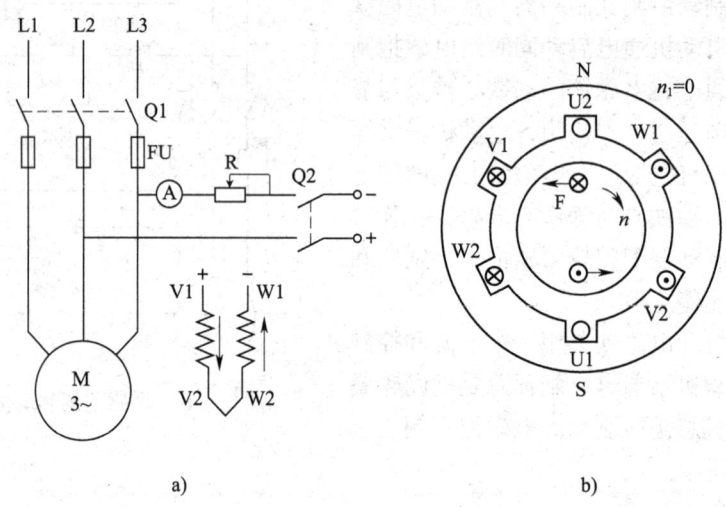

图 3—30 能耗制动原理图
a) 控制图 b) 制动原理

F 所形成的力矩始终与转子惯性转动的方向 n 相反。可消耗其惯性动能，从而达到制动的目的。

四、三相异步电动机的调速控制电路

为了适应各种负载运行的机械，需要对电动机进行调速控制。三相异步电动机的调速控制可分为变极调速、变频调速、调压调速和转子回路串电阻调速等方式。现简单介绍变极调速的原理。

电动机的转速可表示为：

$$n = n_1(1-s) = \frac{60f_1}{p}(1-s)$$

上式表明，要改变电动机的转速，可以采用以下几种方法：改变电源频率 f_1、改变磁极对数 p、改变电压以改变电动机的转差率 s。

变极调速的方法是把定子绕组由Y形（或△形）联结改为YY形联结，此时极数由 p 变成 $p/2$，因而电动机转速近似由原转速 n 变为 $2n$。

如图 3—31 所示为改变磁极对数实现电动机调速的原理图，它的定子各相绕组由两个相同部分组成。图 3—31a 为两部分绕组串联，电动机三相绕组为三角形联结，产生四极磁极，转速为低速 1 500 r/min。

三相异步电动机的拆装与控制

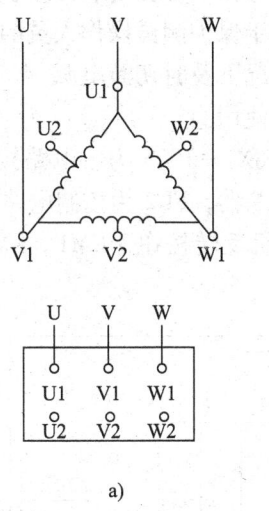
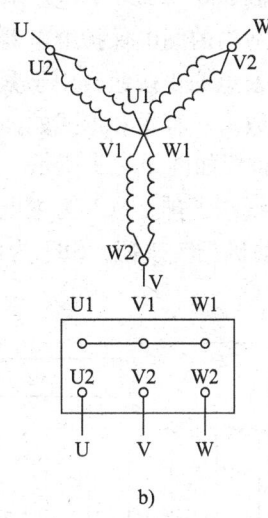

图 3—31　改变磁极对数实现电动机调速原理图
a) 相绕组串联　b) 相绕组并联

图 3—31b 为两部分绕组并联，把 3 个出线端 U1、V1、W1 连接在一起，U2、V2、W2 分别接电源 U、V、W，即 YY 连接，产生的旋转磁场是二极的，故并联时转速为串联时的两倍，为高速运转，同步转速为 3 000 r/min。

第五节　三相异步电动机控制电路的安装及故障处理

→ 能够安装控制电路
→ 能够选择和安装电气元件
→ 能够对安装完毕的控制电路进行通电测试和分析
→ 能够处理控制回路的常见故障

一、异步电动机控制电路面盘布置

以笼型异步电动机正反转控制电路为例，电气控制安装操作台的总体布置一般是电源与被控电动机放置两侧，电动机体积或质量较大时应放在操作台一侧的地面上，中间放置控制线路接线面盘。

电源箱板面布置如图 3—32 所示。电源部分应具有：

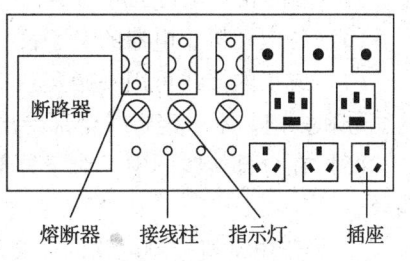

图 3—32　电源箱示意图

(1) 三相四线制 380 V/220 V 电压输出,每相都带有指示灯指示该相状态。
(2) 电源配有适当的漏电保护继电器,用于保护测试操作人员的安全。
(3) 电源带有紧急停止按钮,用于紧急情况下及时切断电源。
(4) 配有足够数量、容量和形式的插座供使用。

控制电路面盘布置如图3—33所示,图中 JX2—1003 为主电路接线端子排,JX2—1009 为控制电路接线端子排,FU1 为主电路熔断器,FU2 为控制电路熔断器,SB1 为停机按钮,SB2 为电动机正转按钮,SB3 为电动机反转按钮,KM1、KM2 为交流接触器,KH 为热继电器。

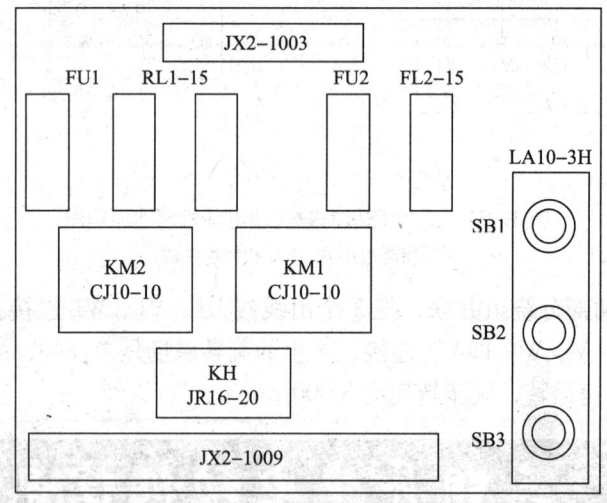

图3—33 控制电路面盘

二、异步电动机控制电路布置

1. 电气接线图的绘制原则

电气接线图的绘制应当根据电气原理图、装配图以及接线的技术要求进行绘制,绘制接线图的规则如下:

(1) 在接线图中,各电器的相对位置应与实际安装的相对位置一致。

(2) 电动机和电器元件仍用原理图中规定的图形符号来表示。属于同一电器的触点、线圈以及有关的安装部分应绘在一起并用细实线框入。各电动机、电器上的接线端号和接线端的相对位置也应与实物一致。

(3) 各电动机、电器的文字符号和接线的编号应与电气原理图一致。

(4) 成束的接线可用一条实线表示。接线很多时,可在电器的接线端只标明接线的线号和去向,不一定将线全部绘出。

(5) 在分部接线图中,对于外部接线用的接线座,应注明外部接线的去向和接线编号。

2. 异步电动机控制电路的安装步骤

(1) 根据原理图绘制接安装接线图。

(2) 检查电气元件。检查按钮、接触器的分合情况,测量接触器、继电器等的线圈电阻,观察电动机接线盒内的端子标记等。

(3) 固定电气元件。按照接线图规定位置定位,将各元件固定牢靠。

(4) 按图接线。按接线图的线号顺序接线。

3. 异步电动机控制电路安装接线图

以笼型异步电动机正反转控制电路为例,如图3—34所示是笼型异步电动机正反转的安装接线图。识读接线图时,先看主电路,再看控制电路,注意对照电气原理图看接线图,并注意图中的线路标号,它们是电器元件间导线连接的标记。

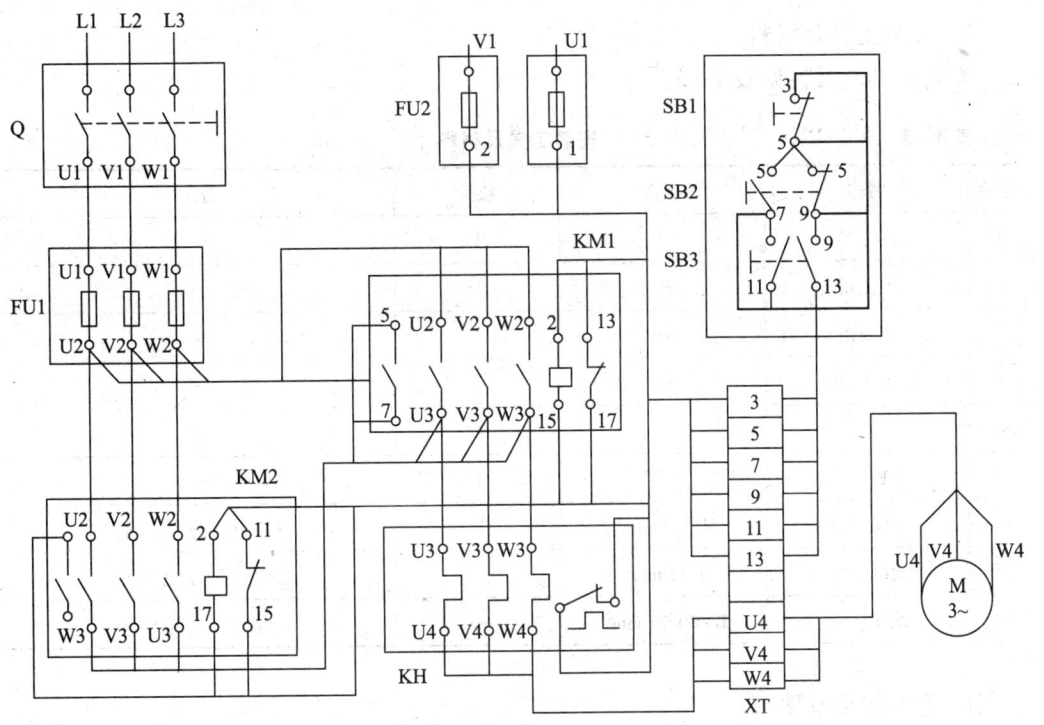

图3—34 笼型异步电动机正反转的安装接线图

三、异步电动机控制电路电气元件安装

以笼型异步电动机正反转控制电路为例。

1. 设备及仪表选择

设备及仪表选择见表3—2。

表3—2 设备及仪表

序号	名称	型号	数量	备注
1	三相笼型异步电动机	Y-100-4 3 kW 6.8 A	1	—
2	交流接触器	CJ10-10 线圈电压 380 V	2	—
3	热继电器	JR16-20/3 整定电流 6.8 A	1	—

续表

序号	名称	型号	数量	备注
4	按钮	LA10-3H	3	—
5	刀开关	HK1-30/3 30 A	1	—
6	熔断器	RL1-15 15A 配 10 A 熔体	5	—
7	接线排	JX2-1009	2	—
8	电压表	交流 500 V	1	备用

2．安装工具及材料

安装工具及材料见表3—3。

表3—3　　　　　安装工具及材料

序号	名称	规格	数量	备注
1	测电笔	—	1	—
2	电工钳	—	1	—
3	剥线钳	—	1	—
4	电工刀	—	1	—
5	旋具	一字	1	—
6	旋具	十字	1	—
7	绝缘导线	BV1.5 mm^2	—	主电路（三色区别）
8	绝缘导线	BV1 mm^2	—	控制电路（两色区别）
9	绝缘导线	BVR0.75 mm^2	—	按钮线（三色区别）

3．安装注意事项

（1）电动机及按钮的金属外壳必须可靠接地。

（2）螺旋熔断器座螺壳端应接负载，另一端接电源。

（3）所有电器上的空余螺钉一律拧紧。

（4）接触器的主触头和辅助触点应分别安装在主电路和控制电路。

（5）互锁触头不能接错，否则会出现两相电源短路的事故。

（6）电动机在正、反转时会出现较大的反接制动电流和机械冲击力，因此电动机的正、反转不要过于频繁（特别是双重互锁的直接正、反转控制电路）。

（7）电动机在反转时会在实验台面上跳动，所以应固定好电动机以免发生意外。

四、电动机控制电路布线安装工艺

1．板前布线安装工艺规定

（1）在电气线路上编号，可遵循以下规则：

1）主电路三相电源相序依次编写为 L1、L2、L3，电源控制开关的出线柱按三相电相序依次编号为 1L1、1L2、1L3。电动机三根引线按相序依次编号为 U、V、W，从下至上每经过一个电气元件的接线柱后，编号要递增，如 U1，V1，W1，U2，V2，W2，……，没有经过接线柱的编号不变。

2）控制电路与照明、指示电路，从左至右（或从上至下）只以数字编号，以一个串联回路内电压最大的元件线圈为中心，左侧用单号，右侧用双号（或上侧用单号，下侧用双号），号码自小排起，每经过一个接线柱编号要递增，6 号和 9 号应尽量不同时用在一个控制线路中，以免造成混乱不便判断。

（2）布线前根据电气原理图给出电气设备及电器元件布置与电气接线图。

（3）根据电气原理图中电动机容量，选择出所用电气设备、电气元件、安装附件、导线等，并进行检查。

（4）在控制板上，依据布置图固定元器件，并按电气原理图上的符号，在各电气元件的醒目处，贴上符号标志。

（5）所有的控制开关、安装的控制设备和各种保护电气元件，都应垂直安装或竖直放置，断路器和电磁启动器以及插入式熔断器等应装在振动不大的地方。

（6）板前布线工艺的注意事项

1）布线通道尽可能少，同路并列的导线按主、控电路分类集中，单层密排，紧贴安装元器件布线。

2）同一平面导线不能交叉，非交叉不可时只能在另一导线因进入接点而抬高时，从其下空隙穿越。

3）布线要横平竖直，弯成直角，分布均匀和便于检修。

4）布线次序一般是以接触器为中心，由里向外，由低至高，先控制线路后主电路，控制回路上下层次分明，以不妨碍后续布线为原则。

（7）接头、接点处理的要求

1）给剥去绝缘层的线头两端套上标有与原理图编号相符的号码套管。

2）不论是单股线还是多股线的芯线头，插入连接端的针孔时，必须插入到底。多股导线要绞紧，同时导线绝缘层不得插入接线板的针孔，而且针孔外侧导线裸露不能超过芯线外径。螺钉要拧紧不可松脱。

（8）线头与平压式接线柱连接的注意事项

1）单股芯线头连接时，将线头按顺时针方向弯成平压圈（俗称羊眼圈），导线裸露不超过导线芯线外径。

2）软线头绞紧后以顺时针方向，围绕螺钉一周后，回绕一圈，端头压入螺钉。外露裸导线，不超过所使用导线的芯线外径。

3）每个电气元件上的每个接点不能超过两个线头。

（9）控制板与外部连接的注意事项

1）控制板与外部按钮、行程开关、电源负载的连接应穿护线管，且连接线用多股软铜线。电源负载也可用橡胶电缆连接。

2）控制板或配电箱内的电气元件布局要合理，这样既便于接线和维修，又能保证

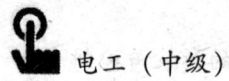

安全和规整好看。

2. 板后网式布线安装工艺规定

(1) 布线工艺上，复杂的电气控制板（箱）可采用板后布线方式，一般是用专用的绝缘穿线板，由板后穿到板前，接到电气控制设备、电气元件的接线柱上。

(2) 板后布线采用网式布线就是根据两个接线柱的位置决定走线方式，只要求导线拉直即可。

(3) 从板后穿到板前部分的导线，要求线路路径横平竖直，弯成直角。导线根据设计要求使用软线或单股硬线均可。

(4) 接头、接点工艺处理均按板前布线安装要求。

3. 塑料槽板布线工艺规定

(1) 较复杂的电气控制设备还可采用塑料槽板布线，槽板应安装在控制板上，并保证安装位置能保证整个控制板规整好看。

(2) 槽板拐弯的接合处成直角，并要结合严密。

(3) 将主、控回路导线自由布放到槽内，将接线端的线头从槽板侧孔穿出至电气控制设备、电气元件的接线柱，布线完毕后将槽盖板扣上，槽板外的引线也要力求完美、整齐。

(4) 导线选用应根据设备容量和设计要求，采用单股芯线或多股软芯线均可。

(5) 接头、接点工艺处理均按板前布线安装的要求。

4. 线束布线工艺规定

(1) 较复杂的电气传动控制设备，按主、控回路线路路径分别排成线束。

(2) 线束中每根导线两端分别套上线路中的同一编号。

(3) 从线束中布线至各接线柱，均应横平竖直，弯成直角，接头、接点工艺处理均按板前布线安装的要求。

五、控制电路通电测试

1. 线路检查

线路检查一般用万用表进行，先查主回路，再查控制回路，分别用万用表测量各电器与电路是否正常。

2. 控制电路操作试车

经上述检查无误后，检查三相电源，断开主电路的熔断器，按一下对应的启动、停止按钮，各接触器等应有相应的动作。

3. 正转试车

在控制电路操作试车后，将电源开关断开，插上熔断器，然后合上电源开关，按一下启动按钮，电动机应正方向运转，然后按一下停止按钮，电动机应断电停车。

4. 正、反转试车

在控制电路操作试车后，将电源开关断开，插上熔断器，然后合上电源开关，按一下启动按钮，电动机应正方向运转，然后按一下反转按钮，电动机应反方向运转。

六、电动机控制回路的故障排除方法

1. 控制回路的故障类型

电动机控制回路的故障大致有控制回路断线（断路）、短路、接地及误动等类型。

2. 控制回路故障的查找方法

控制回路的故障查找可以使用万用表和试灯的检查方法进行，下面简单介绍两种方法查找故障的步骤。

（1）万用表检测法

1）测量电压。使用万用表测量电压主要是测量控制回路中各种电气元件输出端电压（动作状态），以判断其工作状态是否正常。下面以使用交流接触器直接启动的笼型异步电动机控制线路为例，说明其测量检查的操作步骤。

①将万用表挡位开关置于交流 500 V 量程挡（依据控制回路的电源电压确定挡位，如果是直流电压应使用直流电压挡）。

②先断开主电路（电动机电源回路），接通控制线路电源。

③首先检查电源电压，将黑笔接到图 3—35a 中的端点 1 上（如果是直流电则接在电源负极公共地线上，俗称接地），用红笔去测量端点 2。若端点 2 无电压或电压不正常，就说明电源部分有故障，不是熔断器熔断就是电源回路断路，可进一步检查电源回路和熔断器。如果端点 2 电压正常，则可以进行控制回路的检查了。

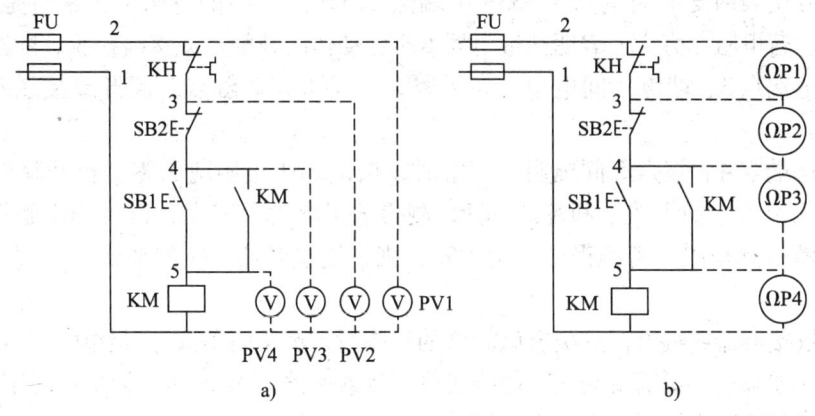

图 3—35　用万用表测量电压、电阻

a）测量电压　b）测量电阻

④按下启动按钮 SB1，若接触器 KM 能正常吸合并自保持，就说明控制回路无故障，故障可能出在主电路（如接触器触点、热继电器等），应检查主电路。若 KM 不能吸合或自锁，则说明控制回路有故障。

⑤用红笔测量端点 3，若无电压或电压不等于电源电压，可能是主电路中的热继电器动作，或其他原因使热继电器的动断触点 KH 不能闭合或接触不良，可检查热继电器并排除故障。如果热继电器没有问题，那就是控制回路中这一部分的接线断路或接线端接触不良。

⑥用红笔测量端点 4，若电压不正常，说明停止按钮 SB2 存在机械卡阻，触点不能闭合或触点接触不良，或者端点 3 至端点 4 的连线断线或接触不良。

⑦按住 SB1 测量端点 5，若无电压，就可能是 SB1 的触点接触不良或接线松脱断线；若电压正常，故障就可能是接触器 KM 线圈接线松脱或者线圈本身断路。

若各端点电压均正常，接触器 KM 可以吸合但不能自保持，则说明接触器 KM 的辅助动合触点由于机械卡阻不能闭合或接触不良。

测量控制线路的电压寻找故障时，要掌握以下几点：

在正常情况下，主令电器的动合触点出线端应无电压，动断触点出线端电压应与电源电压相一致。若有外力使触点动作，则测得电压情况与未动作状态下的电压情况相反。接触器和继电器的控制触点在前面电路导通的情况下，其动合触点出线端电压值应和主令电路的出线端电压值一致，而动断触点则相反。对于导电元件（如电磁线圈），仅测量电压还不足以说明其故障原因。

2）测量电阻。测量电阻可以准确地反映控制回路的通断情况，测量导电元件电阻可以较准确地反映它是否存在故障。一般测量电阻时，应断开被测控制回路的电源，并断开与其并联的其他回路，避免并联电路对其产生影响。

①将万用表挡位开关置于电阻挡（Ω挡）的适当量程上（一般使用 $1 \times k\Omega$ 挡，测量电气元件，可按被测元件额定值确定）。

②断开被测电路的电源，断开与被测回路并联的其他回路。

③用万用表两支笔测量图 3—35b 中端点 2、端点 3 间的电阻，正常时是导通的，电阻为零。若电阻无穷大，表明热继电器 KH 已动作断开触点或接线松脱、断路。

④测量端点 3、端点 4 间电阻，如无穷大，表明 SB2 触点已断开或接线断线、松脱。

⑤测量端点 4、端点 5 间电阻，正常时，按下 SB1 电阻应为零，松开释放 SB1 时电阻应为无穷大。如果按下和释放 SB1，测得电阻均为无穷大，说明 SB1 触点复位不良或接线断线、松脱；若测得电阻均为零，则说明接触器 KM 的辅助动合触点粘连未断开。

⑥测量接触器或继电器这类电磁元件的线圈时，测得阻值应与其铭牌上标明的直流阻值相符；如果过大说明线圈内部接线接触不良或断路，如果偏小或为零，则说明线圈内部存在匝间短路或线圈完全击穿短路。

（2）试灯检测法。所谓试灯（俗称通灯）检测法，是用灯泡的"亮"与"不亮"来检测电路的通断情况。

这种方法简单而直观，即取 2~4 节干电池和一个 3~6 V 的手电筒用小灯泡，用导线把电池和灯泡都串联起来，并把它们捆扎在一起。在电池的负极引出一根较长的导线，灯泡末端与电池正极连接的一端也引出一根导线（为了便于接触探测电路的测试点，引线最好用硬一点的单股粗铜导线，做成与万用表的的两支触笔相似的两根引线）。试灯制作如图 3—36 所示。

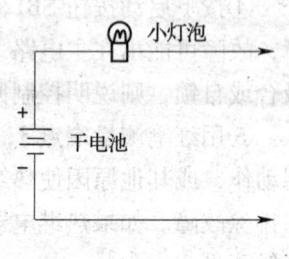

图 3—36 试灯的制作

使用试灯测量控制电路的方法步骤与使用万用表测量电阻的方法步骤一样，先断开被测回路相并联的其他回路。然后用试灯的两根引线分别接触被测回路段的两端，如果试灯"亮"，表明所测的这一段回路是导通的，如果"不亮"或灯光暗淡，则表明这段回路开路或接触不良。

3．电动机控制线路的故障排除和处理

对于电动机控制线路的故障，查找出来后，可以采用下列方法来排除和处理。

（1）接线错误，应对照图纸予以更正。

（2）接线导线断线或者绝缘破损、老化，应按原规格导线重新更换。

（3）接线端松脱，应重新拧紧；接线端锈蚀或因灰尘，油垢造成接触不良或短路，可以用小刀刮净或用细砂纸打磨干净，然后重新紧固。

（4）触点锈蚀或因灰尘，油垢造成接触不良或粘连，可以使用无水酒精清洗（注意需待酒精挥发干净后方可通电），或用细砂纸仔细研磨干净。

（5）触点熔焊，烧毛，可以用小刀或旋具将其分开，然后用细砂纸仔细研磨平整，如果熔焊严重，则应更换新触点。

（6）触点弹簧压力不足，可以调整。

（7）触点发生机械卡阻，可以仔细修理，若无法修理，则应更换电气元件。

（8）电气元件性能变坏，应更换新元件。

（9）电气元件整定参数不对，应根据技术要求重新计算整定。

（10）接触器、继电器及其他电器的电磁线圈断路，内部短路或绝缘老化、击穿，烧毁，可以按照参数（如漆包线型号和规格、匝数、绝缘要求等）重新绕制或更换同样型号规格的新线圈。

单元测试题

一、单项选择题（下列每题的选项中，只有 1 个是正确的，请将其代号填在横线空白处）

1．在电动机的规格代号中，S 表示＿＿＿＿机座。
   A．长　　　　　　B．中　　　　　　C．短

2．异步电动机的型号为 Y355M2—4，数字 4 代表＿＿＿＿。
   A．中机座　　　B．4 号铁心长度　　C．4 极　　　D．设计序号

3．三相异步电动机转子的转速＿＿＿＿磁场转速。
   A．低于　　　　　B．高于　　　　　C．等于

4．通常，异步电动机额定转差率的范围是 $s_N = $＿＿＿＿。
   A．0.02～0.06　　B．0～1　　　　C．12　　　　D．−1～0

5．电动机铭牌上的接法标注为 380 V/220 V，Y/△，说明当电源电压为 380 V 时，电动机就接成＿＿＿＿。
   A．Y　　　　　　B．△　　　　　　C．Y/△　　　　D．△/Y

6．大容量的异步电动机＿＿＿＿直接启动。

A. 可以无条件的采用　　　　　　　　B. 完全不能采用
C. 笼型转子可以直接启动，绕线转子不能
D. 在电动机的额定容量不超过电源变压器额定容量的 20%～30% 的条件下可以

7. 启动时可在绕线转子异步电动机转子回路中串入电阻器是_____。
　　A. 为了调节电动机的速度　　　　　B. 为了减少运行电流
　　C. 为了增大启动电流　　　　　　　D. 为了减小启动电流和启动转矩

8. 清洗拆卸下的电动机轴承时，应使用_____。
　　A. 甲苯　　　　B. 绝缘漆　　　　C. 清水　　　　D. 煤油

9. 在套电动机轴承时，不允许用铁锤在轴承周围敲打，可采用特制的钢管套，钢套一端镶一个_____后，再敲打套装轴承。
　　A. 不锈钢圈　　B. 铜圈　　　　C. 木圈　　　　D. 胶圈

二、判断题（下列判断正确的打"√"，错误的打"×"）

1. 三相异步电动机铭牌上的额定功率是指从电源吸收的电功率。（　　）
2. 三角形联结的三相异步电动机若误接成星形，当负荷转矩不变时，则电动机转速将会比三角形联结时稍有增加或基本不变。（　　）
3. 额定功率相同的三相异步电动机，转速低的转矩大，转速高的转矩小。（　　）
4. 三相异步电动机有三种制动方法：机械制动、反接制动和能耗制动。（　　）
5. 安装电动机的轴承时应将有型号的一面朝内，以方便维修和更换。（　　）

三、计算题

1. 有一台三相异步电动机，接法为△，额定电压为 380 V，功率为 8 kW，功率因数为 0.85，效率为 0.9，求线电流的额定值。
2. 有一台三相异步电动机，铭牌上表明频率 f 为 50 Hz，极对数 P 为 1 对极，转差率为 0.03，问该电动机在额定运行时转速是多少？

四、简答题

1. 三相异步电动机由哪几部分构成？
2. 简单说明三相异步电动机的工作原理。
3. 什么是转差率？转差率与电动机的转速之间有什么关系？
4. 怎样选择电动机？
5. 简述三相异步电动机的拆卸顺序。
6. 安装电动机包括哪些步骤？
7. 三相异步电动机常用的减压启动方法有哪些？各有什么特点？
8. 异步电动机控制电路的安装包括哪些步骤？
9. 异步电动机控制电路通电测试的内容有哪些？
10. 画出笼型异步电动机正反转控制线路原理图，分析电路工作原理。

五、技能题

第1题　三相异步电动机的拆装

1. 操作准备

序号	名称	型号与规格	单位	数量	备注
1	三相异步电动机	—	台	1	—
2	拉模	—	台	1	—
3	油盘	—	台	1	—
4	活动扳手	—	台	1	—
5	锤子	—	把	1	—
6	旋具	—	把	1	—
7	紫铜棒	—	根	1	—
8	钢套筒	—	把	1	—
9	毛刷	—	把	2	—
10	油盆	—	个	2	—
11	棉布、柴油、润滑脂	—	—	适量	—

2．操作要求

（1）拆卸带轮或轴承时，要正确使用拉模。

（2）电动机解体前，要打好记号，以便组装。

（3）端盖螺钉的松动与紧固必须按对角线上下左右依次旋动。

（4）不能用锤子直接敲打电动机的任何部位，只能用纯铜棒在垫好木块后再进行敲击。

（5）抽出转子或安装转子时动作要小心，一边送一边接，不可擦伤定子绕组。

（6）清洗轴承时，一定要将陈旧的润滑脂排出洗净，再适量加入牌号合适的新润滑脂。

（7）电动机装配后，要检查转子转动是否灵活，有无卡阻现象。

（8）电动机试车前，应做绝缘检查。

（9）拆装过程的有关数据记录填入下表横线上。

3．操作时限

60 min。

4．拆装过程记录及评分标准

序号	考核项目	考核内容	配分	评分标准
1	拆装前的准备	（1）拆卸地点选择 （2）拆卸前做记号 联轴器或带轮与轴台的距离____mm；端盖与机座间做记号于____位置；前后轴承记号的形状____；机座在基础上的记号____	10	拆卸地点选择不当，扣5分；记号不符要求，每处扣2分

续表

序号	考核项目	考核内容	配分	评分标准
2	电动机本体的拆卸	拆卸过程工具的选择、步骤及工艺要点	20	工具选择不当,每次扣5分;步骤不正确,每处扣5分;零部件损坏,每处扣2分
3	拆卸带轮或联轴器	拆卸过程工具的选择及工艺要点	10	同上
4	拆卸轴承	拆卸过程工具的选择及工艺要点	5	同上
5	拆卸端盖	拆卸过程工具的选择及工艺要点	4	同上
6	检测数据	(1) 定子铁心内径____mm;铁心长度____mm (2) 转子铁心外径____mm;铁心长度____mm;转子总长____mm (3) 轴承内径____mm;外径____mm (4) 键槽长____mm;宽____mm;深____mm	9	数据测量错误每项扣1分
7	用兆欧表检查绝缘电阻(MΩ)	(1) 对地绝缘 U相对机壳:____;V相对机壳:____;W相对机壳:____ (2) 相间绝缘 U、V相间:____;W、V相间:____;U、W相间:____	24	测试项目每项不合格扣3分
8	用万用表检查各相间绕组直流电阻(Ω)	R_U = ____;R_V = ____;R_W = ____	9	同上
9	检查空载电流(A)	I_U = ____;I_V = ____;I_W = ____	9	同上
		合　计	100	

第2题　三相异步电动机的正反转控制

1. 操作准备

序号	名称	型号与规格	单位	数量	备注
1	小型三相异步电动机	—	台	1	—
2	配电板	—	个	1	—
3	电源开关	—	个	1	—
4	复合按钮	—	个	1	—
5	熔断器	—	个	1	—

续表

序号	名称	型号与规格	单位	数量	备注
6	交流接触器	—	个	1	—
7	热继电器	—	个	1	—
8	兆欧表	—	块	1	—
9	万用表	—	块	1	—
10	电工常用工具	—	套	1	—
11	导线	—	米	适量	—

2. 操作要求

（1）电气元件的选用应符合要求、元件布置合理，安装牢固、美观。

（2）导线敷设整齐、接线端压接牢固规范；线号标注准确清晰。

（3）正确使用仪表和工具、安全文明操作。

（4）用明（线槽）配线方式根据图3—37连接控制电路。要求用不同颜色的导线区分主电路和控制电路。

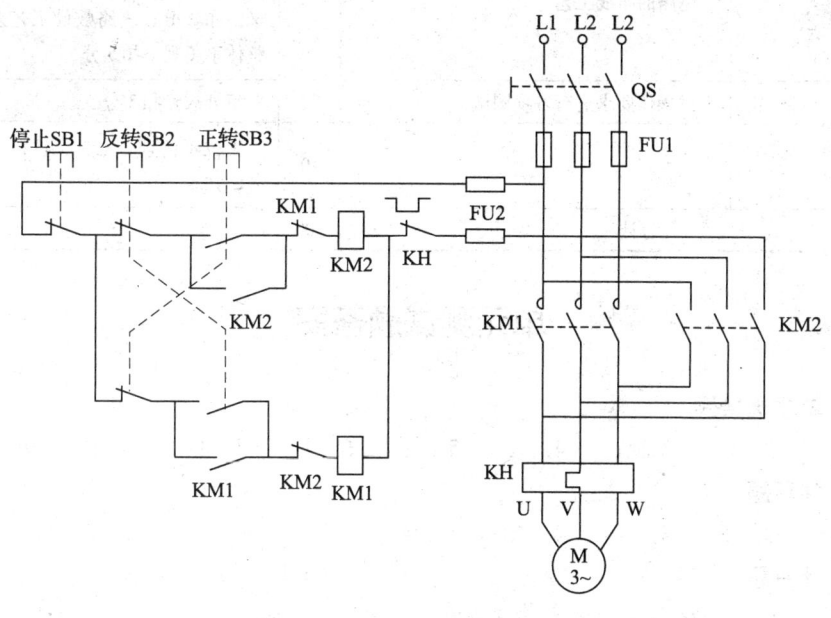

图3—37　笼型异步电动机正反转的控制线路原理图

（5）调试明（线槽）配线控制电路。用万用表对电气元件和线路进行测量，观察静态时电路中关键点的通断关系是否正确；主电路不连接电动机，闭合电源总开关。按动正转按钮、观察正转接触器是否吸合，动作是否灵活，有无机械卡阻，有无过大噪声，线圈有无过热现象。按动反转按钮、观察正转接触器是否复位，反转接触器是否吸合，动作是否灵活，有无机械卡阻，有无过大噪声，线圈有无过热现象。按动停止按钮，观察接触器的复位情况。

（6）空载试验。

（7）互锁作用的测试。断开总电源，将SB2、SB3的常闭触点短接，注意不可错将常开触点短接。按动SB2、SB3、SB1，观察电路的控制功能有何不同。

3. 操作时限 120 min。

4. 配分及评分标准

序号	考核项目	考核内容	配分	评分标准
1	操作准备	工具、材料及各元器件的准备	10	准备不齐全，扣3分
2	元器件位置的选择与安装	安装位置合理、牢固	20	主、控回路导线选错，扣5分；元件选错一个，扣2分；元件布置不合理、不整齐或安装松动，扣3分
3	电路的连接	根据原理图正确接线且符合接线工艺要求	20	与原理图接线都不符，每处扣8分；导线压接松动、线芯裸露过长、压绝缘层、损伤线芯、有毛刺，每处扣2分
4	电路的布线工艺	电路的布线工艺	20	导线走向不合理，每处扣2分；主控回路导线不分开、跨越不当或有交叉，扣3分；线路敷设工艺差、布线整体不美观，扣5分
5	通电试验	按操作要求进行各项测试	20	每处故障扣3分
6	安全文明生产		10	工位不清理，工具、材料摆放不整齐，扣5~10分
	合计		100	

单元测试题答案

一、单项选择题

1. C   2. C   3. A   4. A   5. A   6. D   7. D   8. D   9. B

二、判断题

1. ×   2. ×   3. √   4. √   5. ×

三、计算题

1. 解：$I = \dfrac{P}{\eta\sqrt{3}U\cos\varphi} = \dfrac{8 \times 1\,000}{0.9\sqrt{3} \times 380 \times 0.85} = 15.89$ （A）

答：线电流的额定值为15.89 A。

2. 解：$n_1 = \dfrac{60f}{p} = \dfrac{60 \times 50}{1} = 3\,000$ r/min

$n = (1-s)\,n_1 = (1-0.03) \times 3\,000 = 2\,910$ r/min

答：该电动机在额定运行时转速是2 910 r/min。

四、简答题

答案略。

第4单元

电能计量装置的安装与接线检查

- 第一节 三相四线制电路电能计量装置/98
- 第二节 电能计量装置的选择/108
- 第三节 电能计量装置的安装与接线检查/116

电能已经成为现代社会中不可缺少的二次能源，发电单位发了多少电卖给供电企业，供电企业又将多少电卖给用户，这中间就存在一个电能计量的问题。电能表、计量用电压互感器、电流互感器以及互感器到电能表之间的二次回路称为电能计量装置。电能计量装置的安装和接线直接影响计量的准确度。

第一节 三相四线制电路电能计量装置

→ 掌握三相四线有功电能表、无功电能表的工作原理和用途
→ 掌握电流互感器和电压互感器的工作原理和用途

一、三相四线感应式有功电能表

1. 结构

三相四线感应式有功电能表的基本结构包括驱动组件、转动组件、制动组件三大部件。

三相四线感应式有功电能表有三组电磁驱动组件，它们共享一个转动机构，铝盘直径比单相电能表大，其他部件与单相电能表一致，根据铝盘数量分为双转盘式和三转盘式两种，如图4—1所示。

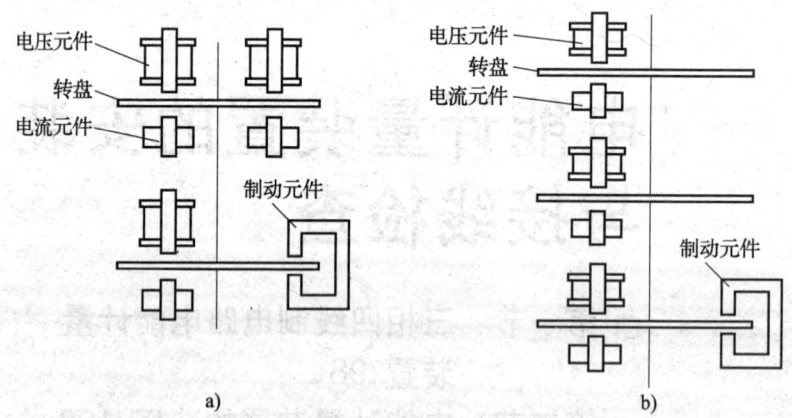

图4—1 三相四线感应式有功电能表驱动元件位置示意图
a) 双转盘式结构 b) 三转盘式结构

如图4—1a 所示为双转盘式三相四线感应式有功电能表的结构示意图，其结构特点是：两组电磁驱动组件共用一个转盘，第三组电磁驱动组件单独使用一个转盘；三组电磁驱动组件共同作用在一个转轴上；驱动力矩取决于三组电磁组件产生的驱动力矩的代数和。由于两组电磁组件作用在一个转盘上会引起相互干扰，这就要求各组电磁组件与转盘相对位置尽可能对称，电磁组件本身工作气隙应保持一致，以减少相对误差。

如图 4—1b 所示为三转盘式三相四线感应式有功电能表的结构示意图，其结构特点是：每组电磁驱动组件单独作用于一个转盘，三个转盘共用一个转轴，这样就减少了各相之间的电磁干扰及潜动力矩。它的缺点是：外形尺寸大，材料浪费多；转动组件的质量大，下轴承的摩擦力矩增加，导致驱动力矩增大，缩短了电能表的使用寿命。装配时也要求各组电磁组件与转盘相对位置保持对称。

2. 工作原理

在三相四线电路中，可用三个单相感应式电能表分别测量各相有功电能，也可将三者组合起来，组成三相四线感应式有功电能表，其工作原理与单相电能表完全相同。

三相四线感应式有功电能表是通过将有功功率对时间积分的方式测量有功电能的仪表，用于计量用户使用的有功电能。它是利用三个不同空间和相位的磁通建立起来的交变的移进磁场，根据楞次定律，在这个磁场的作用下，转盘上产生了感应电流（涡流），这个感应电流在磁场的作用下将产生作用力，使转盘朝一个方向旋转，转盘的转动经蜗杆传递到计度器，累计转盘的转数，达到计量电能的目的。

3. 铭牌及技术参数

三相四线感应式电能表的铭牌包括商标、计量单位、计度器（也称积算机构）、名称、基本参数、常数、准确度等级、计量许可标志等内容。具体的表示如图 4—2 所示。

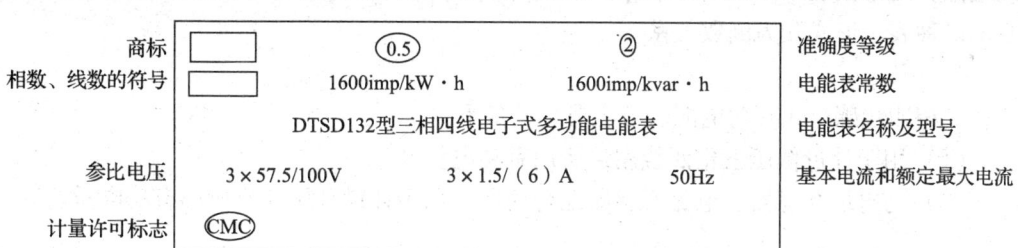

图 4—2 三相四线电能表铭牌

（1）商标。各厂家生产的电能表都有自己的商标，商标是产品的品牌。

（2）相数、线数的符号。单相电能表和三相电能表所用的符号见表 4—1。

表 4—1 电能表相数、线数的符号

电能表名称	符号	电能表名称	符号
单相二线有功电能表	∣	三相四线有功电能表	Y
三相三线有功电能表	V	三相四线无功电能表	⋆
三相三线无功电能表	△		

（3）参比电压。参比电压指的是确定电能表有关特性的电压值，以 U_N 表示。三相三线电能表参比电压以相数乘以线电压表示，如 3×380 V；三相四线电能表参比电压则以相数乘以相电压/线电压表示，如 $3 \times 220/380$ V。如果电能表通过测量用互感器接入，并且在常数中已考虑互感器变比时，应标明互感器变比，如 $3 \times 6\,000/100$ V。

(4)基本电流和额定最大电流。基本电流(旧标准称标定电流)是确定电能表有关特性的电流值,以 I_b 表示;额定最大电流是仪表能满足其制造标准规定准确度的最大电流值,以 I_{max} 表示。在单相电能表的铭牌上,基本电流和额定最大电流写在中间位置,基本电流写在前面,额定最大电流写在后面的括号内。如1.5(6)A,即电能表的基本电流值为1.5 A,额定最大电流为6 A。对于三相电能表,还应在基本电流前面乘以相数,如3×5(20)A。

(5)准确度等级。电能表的准确度等级以记入圆圈中的数字表示。如①,表示电能表的准确度等级为1.0级。无标志时,电能表的准确度视为2级。

(6)电能表的名称及型号。电能表的名称及型号通常位于铭牌中部最显眼的地方,以便使用者一目了然。

(7)计量许可证标志(CMC)。计量许可证标志一般位于铭牌的左下角或左上角。计量许可证标志由技术监督部门审批后签发。无计量许可证标志的电能表不能作为贸易结算测量电能计量仪表使用。

(8)电能表常数。电能表常数指的是电能表记录的电能和相应圆盘转数或脉冲数之间的关系。有功电能表的常数以 kW·h/r(imp)或 r(imp)/kW·h 形式表示;无功电能表的常数以 kvar·h/r(imp)或 r(imp)/kvar·h 形式表示。显然,电能表常数的两种表示形式互为倒数关系。

4. 用途

三相四线感应式有功电能表的主要用途如下:

(1)用于计量低压三相四线用户所用有功电量。

(2)与电压互感器、电流互感器配合使用,用于计量高压用户所用有功电量。

二、机电一体式电能表

将感应式电能表配以光电脉冲转换装置,即在电能表表体的下部加装一块电路板,安装脉冲处理电路、单片机、数字显示电路等,即构成机电一体化电能表。

1. 结构

机电式电能表主要由感应式测量机构、光电转换器和分频器、计数器三大部分组成。其中,光电转换器是机电式电能表的关键部分。

(1)感应式测量机构的主要作用是将电能信号转变为转盘的转数,具体结构前面已介绍。

(2)光电转换器的作用是将正比于电能的转盘转数转换为电脉冲,此脉冲数也正比于被测电能。

经过简单的光电转换得到的初始电能脉冲信号,由于波形不理想不能直接送至计数器计数或微处理器处理,还必须先经过整形放大、限幅限宽等一系列处理,如图4—3所示。

图4—3 光电转换器的工作原理框图

根据光电转换器的不同，机电式电能表可分为单向脉冲式和双向脉冲式两种类型。光电转换器是机电式电能表的重要组成部分，它是连接电能计量功能单元与数据处理单元的纽带。

（3）计数器用于显示用户所用电量。

2. 工作原理

机电式电能表的工作原理与感应式电能表大致相同。都由固定线圈电流与导电可动组件（一般是圆盘）感应的电流相互作用，产生驱动力矩。导电可动组件的转动圈数与被测电能成正比。机电式电能表的工作原理框图如图4—4所示。

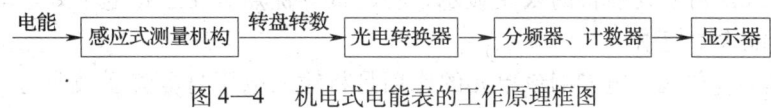

图4—4　机电式电能表的工作原理框图

3. 用途

（1）积极作用。机电式电能表作为感应式和电子式的过渡产品，在电能计量的发展历史中，起到了重要的衔接作用。

1）基表技术成熟，性能可靠。

2）加入电子部件，实现了数字化，具有防窃电等功能。

3）电子部分损坏时，机械部分仍能显示数据。

（2）退出市场的原因。但随着全电子式电能表的发展和完善，机电式电能表逐渐退出了市场，主要原因是：

1）功能单一，无法实现多功能。是在全电子式电能表的功能不全时的替代过渡产品。

2）该表具有机械和电子两套数据显示（上窗口计度器为感应式字轮式，下窗口计度器为电子式液晶），随着运行时间的延长，基表通常会越走越慢，误差加大。上窗口比下窗口要少计电量，导致抄表员和用户的计量混乱。

3）小电流时电能表不计数，难以达到高精确度，且寿命有限。

4）无RS-485接口，不能适应电力负荷管理系统的需要。

三、全电子式电能表

1. 结构和工作原理

各种类型的电子式电能表基本上由电测量部分、电源部分、显示部分、中央处理单元（单片机）、输出及通信单元共五部分组成，其基本结构如图4—5所示。

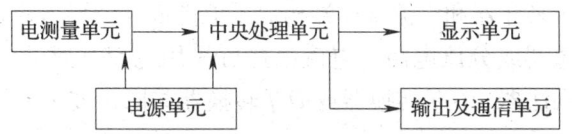

图4—5　电子式电能表工作原理框图

（1）电源单元。电子式电能表交流供电通常有工频电源（即变压器降压）、阻容电源（电阻和电容降压）、开关电源三种方式。电源单元用来向表内的单片机、测量单元、接口和时钟等电路供电。电源一般由 AC/DC 电源和后备电源两部分构成。交流电经电源变压器降压，再经整流、滤波、稳压，输出稳定的直流低电压，向表内电路供电，同时将交流电网与表内电子电路隔离开来。外部断电时，电源电路立即产生"停电"信号并转入后备电源供电。备用电源由后备电池（锂电池）和储能电容构成，正常工作情况下处于"充电"状态；故障期间投入运行，保证实时时钟计时的连续性和不丢失重要数据。

（2）显示单元。将电能量及其他信号显示出来。一般有数码管 LED、液晶显示器 LCD 及机电计数器三种方式。LED 主要在价格较低的单相电子式电能表和单相复费率表中使用。LCD 由于其独特的汉字显示、功耗低等优点，在三相电子式电能表和多功能电子式电能表中使用。

（3）电测量单元。电能测量单元的作用是将输入电压与电流变换成与功率成一定比例关系的脉冲信号，送至分频器和计数器。它是电子式电能表的心脏，其测量精度直接决定电能表的精度和准确度。其中乘法器又是该单元的核心组成部分。乘法器可分为模拟乘法器和数字乘法器两类。目前的电子式电能表以数字乘法器为主。

模拟乘法器型电子式电能表的工作原理如图 4—6 所示。被测电压 U、电流 I 经电压和电流采样转换后送至乘法器 M，完成电压和电流瞬时值相乘，输出一个与一段时间内的平均功率成正比的直流电压 U_0，然后利用 U/f 转换器将 U_0 转换成相对应的脉冲信号 f，一路送单片机处理计数，显示相应的电能，另一路再由分频器分频输出供检定用。

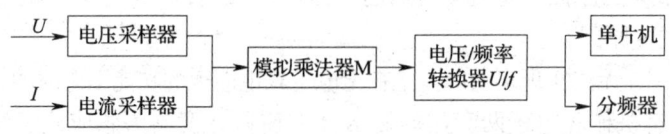

图 4—6　模拟乘法器型电子式电能表工作原理框图

数字乘法器型电子式电能表的工作原理如图 4—7 所示。其工作原理与模拟乘法器不同的是，采样电压、采样电流经数字乘法器 M 输出的是一个与功率成正比的数字量，这个数字量经 D/f 转换器转换成相应的脉冲频率信号。

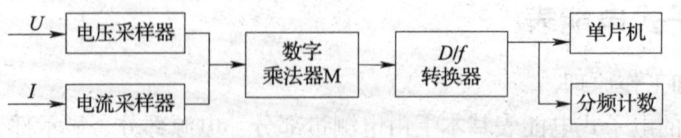

图 4—7　数字乘法器型电子式电能表工作原理框图

上两图中的电压采样器和电流采样器构成了电能表计的输入级，电子式表计的电压采样可采用电压互感器或分压电阻，电流采样可采用电流互感器或分流器。电流采样器、电压采样器与乘法器、U/f 转换器或 D/f 转换器共同构成了电子式电能表的核心部分——电能测量单元。

（4）输出及通信单元。电子式电能表的输出及通信单元，常见的有 RS - 485 接口、RS - 232 接口、IC 卡接口、红外通信、电力线载波通信、光纤通信等。其中电能脉冲输出形式有两种：一种是有源输出，电压幅值 5 ± 0.5 V，脉宽 40 ~ 80 ms，与电能计数器有电气公共节点，用于电能表校验；另一种是无源输出的开关信号即数据通信接口，与外界没有电气连接，是通过光电耦合隔离的，适合长距离传送。用来与其他设备进行数据交换，如抄表、编程等。

（5）单片机（中央处理单元）。电子式电能表的发展方向是多功能、智能化。作为一种智能仪表，其计量、时段切换、费率控制、通信集成都是由内部智能控制单元，即通常所指的单片机来完成的。单片机实际上是一种高度集成、速度较快、内存较小但接口电路很齐全的微型计算机。其结构原理框图如图4—8所示。

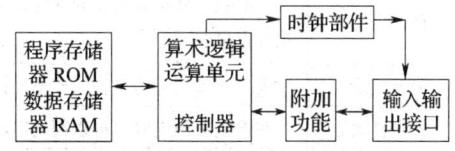

图4—8　单片机工作原理框图

2. 用途

电子式电能表与机械式电能表相比有明显优势。例如防窃电能力强、计量精度高、负荷特性较好、误差曲线平直、功率因数补偿性能较强、自身功耗低，计量参数灵活性好、派生功能多等。单片机的应用也给电能表注入了新的活力，这些都是一般机械电能表难以做到的。

随着技术进步，电子式多功能电能表所能实现的功能已相当繁多。但在实际应用中并非功能越多越好，因为功能多可靠性就会下降，因此选择电能表功能应本着实用且适当满足发展要求的原则。现将多功能电能表到目前为止所能实现的功能较全面地列举于表4—2。

表4—2　　　　　　　　　　多功能电能表的功能

功能	具体说明
电能计量功能	一块表能同时计量正向有功、反向有功及四象限无功电量。这就是所谓的"一表四"，即一块电能表多个菜单，等于四块传统意义的感应式电能表
功率计量功能	需量、最大需量、1 min功率及当前功率计量
提供瞬时参数	总电压、电流和分相电压、电流值，也可提供零序电流，电流、电压精度等级单独标定
时段控制功能	复费率功能。可灵活地进行费率、时区、时段、节假日等参数的组合设置，为实行峰谷、丰枯、节假日电价政策提供了充裕的计量技术储备
	负荷曲线记录功能
	电量冻结功能。即将一个特定时间的电量存起来
参数预置功能	时区、时段、冻结日、清需量日、清需量方式、滑差步进时间、时段功率限额、时段费率、报警限额、跳闸延时、用户级别、循环显示方式、表号等参数均可通过红外抄表口、RS-485口等进行预置
监控功能	具有超功率限额报警，超功率时间大于设定值时给出跳闸信号、线路失压显示等功能
数据显示	不同厂家、不同类型的多功能电能表其显示方式和内容是不同的
数据传输	红外抄表；通过RS-232接口或RS-485接口在一定的通信规约下进行本地或远程通信；通过专用介质如电钥匙或IC卡与外界数据交换
脉冲输出	光学电子线路输出、继电器触点输出、电子开关组件输出等

续表

功能	具体说明
存储功能	存储月用电资料以便于抄表、电费结算,同时提高成本核算、线损计算的准确度;存储负荷曲线,这是多菜单的一种扩展功能
事件记录功能	电能表某些参数出现异常时,记录下发生异常情况的时间、异常状态等以备分析异常原因,追补电量
失压记录	失压记录功能为追补失压电量提供了更多、更有效的技术手段
停电抄表	在电能表断电时,可以利用电池使电能表CPU继续正常工作

四、电流互感器与电压互感器

电力系统要安全经济运行,必须装设一些测量仪表,以测量电路中各种电气量,如电压、电流、功率、电能等。为了更方便更正确地获得这些被测量的数值,必须使用电流互感器和电压互感器。

1. 电流互感器

(1) 工作原理和特点。电流互感器的工作原理与普通变压器相似,但使用方法与变压器不同。电流互感器的一次绕组匝数很少,使用时一次绕组串联在被测线路里;二次绕组匝数较多,与测量仪表和继电器等电流线圈串联使用,如图4—9所示。

电流互感器正常运行时有以下特点:

1) 电流互感器一次绕组匝数很少(一匝或几匝),并且串联在被测电路中。因此,一次绕组的电流就是被测电路的负荷电流,而与二次负荷电流无关,所以电流互感器能测量一次电流,且有一定的准确度。

2) 电流互感器二次回路所接负荷(仪表、继电器等)的电流线圈阻抗很小,所以正常运行时,

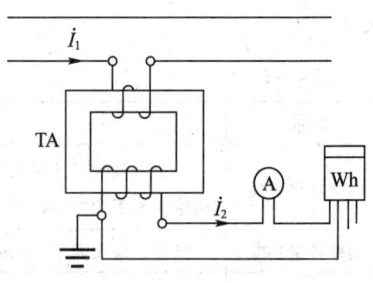

图4—9 电流互感器工作原理图

电流互感器在接近于短路状态下工作,这是它与变压器的主要区别。

3) 电流互感器在工作中,二次侧不准开路。因为电流互感器正常工作时,互感器接近工作在短路状态,所以在二次绕组中产生的电动势也不大,这表明电流互感器正常工作时铁心内的主磁通量很小。当二次绕组开路后,相当于负载阻抗变为无穷大,二次电流及二次去磁的磁动势均为零,而一次电流的大小又不随二次开路而变小,则很大的一次磁动势将在铁心内产生很大的主磁通,使二次绕组中出现很高的电压,其峰值可达几千伏甚至上万伏,这将对工作人员和二次回路中的设备造成威胁。且铁心磁感应强度剧增,将使铁心过热,损坏线圈的绝缘。

(2) 用途

1) 将一次侧大电流变为二次侧小电流(5 A)。

2) 使测量二次回路与一次回路高电压和大电流之间形成电气隔离,以保证测量工作人员和仪表设备的安全。

3）采用电流互感器后可使仪表量扩大程,不必按被测电流大小来设计仪表,使仪表制造标准化、小型化。

电流互感器根据绝缘方式可分为干式、浇注式、油浸式等。下面简单介绍一些电流互感器的用途,见表4—3。

表4—3　　　　　　　　部分电流互感器的用途

分类	互感器型号	结构特点	用　途
浇注式	LZZB 型电流互感器	体积小,质量轻,适宜于任何位置、任何方向安装	用于户内,环氧树脂全密封浇注成型,全工况型产品,已使用于中置式开关柜中,也适用于其他开关柜,额定频率为 50 Hz,在额定电压为 10 kV 及以下的电力系统中作电流、电能测量和继电保护用
干式	LM 型电流互感器	铁心系用硅钢片卷ành,二次线圈均匀绕在铁心上。无一次母线,也不附有固定母线的装置,整个铁心用两个夹件紧固	系小型母线式电流互感器,供 50 Hz, 500 V 及以下的户内装置用,作为测量电流、电能及继电保护用
气体绝缘式	SF_6 电流互感器	以六氟化硫为主绝缘介质的电磁式电流互感器	适用于设备最高电压 252 kV 和 126 kV,额定频率为 50 Hz 的电力系统中,供电气测量和电气保护用
油浸式	LCW35 系列油浸式户外型	一次绕组呈"U"形,电气绝缘强度很高,系全密封结构。配合一次绕组的串、并联,可获得多种电流变比	适用于额定电压 35 kV 及以下线路中,供电流、电能和功率测量及继电保护使用

2. 电压互感器

（1）工作原理和特点。电压互感器的工作原理与电力变压器相似,同样是由相互绝缘的一、二次绕组绕在公共的闭合铁心上组成的,如图4—10所示为电压互感器的工作原理图。其一次绕组与被测负载并联,二次绕组与测量仪表的电压线圈并联。二次负荷（电压线圈的阻抗）很大,因此电压互感器相当于开路运行的变压器。

电压互感器正常运行时有以下特点：

1）电压互感器一次侧电压即为电网运行电压,不受互感器二次侧负荷的影响,二次侧负荷一般情况下是恒定的。

2）电压互感器二次侧负荷是测量仪表、继电器的电压线圈,其阻抗很大,通过电压互感器二次回路的电流很小,所以电压互感器正常工作时接近于空载状态。

3）电压互感器在工作中,二次侧不允许短路。

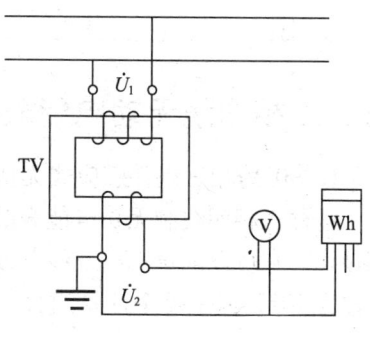

图4—10　电压互感器工作原理图

由于电压互感器内阻抗很大,正常运行时二次侧相当于开路,电流很小。当二次短路时,阻抗接近于零,二次电流急剧增加,相应一次电流会增加很多,使铁心严重饱和,严重的会造成一次绝缘破坏,从而造成电压互感器损坏,影响电力系统的安全运行。因此,电压互感器运行时,应绝对避免二次侧短路。

(2) 用途

1) 将高电压变为统一的低电压 (100 V),以扩大测量仪表的量限。

2) 将工作人员或测量仪表与高电压相隔离,保证人身与设备的安全。

3) 统一测量仪表的规格。

电压互感器根据其绝缘方式可分为干式、浇注绝缘式和油浸式等。油浸式电压互感器又有普通结构和串级式两种。部分型号电压互感器的用途见表4—4。

表4—4　　　　　　　　部分型号电压互感器的用途

分类		互感器型号	结构特点	用途
干式		JDG型和JDGJ型电压互感器	质量轻,无着火和爆炸的危险	只用于电压为6 kV及以下的空气干燥的屋内配电装置中
油浸式	普通式	JDJ-10型自冷式单相双绕组电压互感器和JSJW-10型三绕组电压互感器	铁心和绕组浸在充有变压器油的油箱中,绕组的引出线通过绝缘套管引出	用于3~35 kV系统
	串级式	JCJ-110型	铁心和绕组装在充油的绝缘外壳内,设有套管绝缘子。其绝缘均匀分布于各组成单元,每一组成单元只处于装置的一部分电压之下,因此可以大量节约绝缘材料	用于110 kV及以上系统
浇注绝缘式		JDZ-10型和JDZJ型电压互感器	JDZ-10型为单相双绕组环氧树脂浇注绝缘式电压互感器,其原绕组额定电压为使用系统的线电压。JDZJ为单相三绕组环氧树脂浇注绝缘式电压互感器,其原绕组额定电压为使用系统的相电压	供3~35 kV户内使用

五、三相四线无功电能表

1. 90°跨相三组件感应式无功电能表

这种三相四线制无功电能表的结构与三相四线制有功电能表完全相同,区别在于内部接线。它可以测量三相三线制或三相四线制电路的无功电能。其内相角与有功电能表一样为90°,但是每个计量组件上电压、电流配对是不一样的。第一组件:$\dot{U}_{VW}$、$\dot{I}_U$。第二组件:$\dot{U}_{WU}$、$\dot{I}_V$。第三组件:$\dot{U}_{UV}$、$\dot{I}_W$。某组件流过哪相电流,电压就取的是另外两相,即所谓"跨相"之意,并且电压中的超前相接电压线圈的首端。90°跨相三组件感应式无功电能表的内部接线如图4—11所示。

2. 三相四线正弦式无功电能表

与三相四线有功电能表的接线方式不同,三相四线正弦式无功电能表电流线圈采用反极性连接,电压线圈串联电阻 R_U,电流线圈并联电阻 R_I。采用这些措施的目的是使感应式无功电能表可动部分转盘上的驱动力矩与无功功率成正比。它的接线方式如图4—12所示。

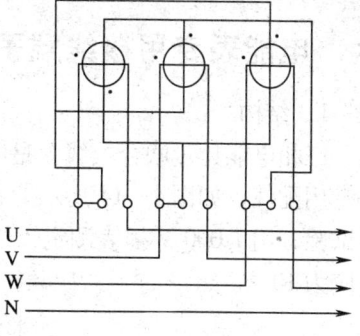

图4—11 90°跨相三组件感应式无功电能表的内部接线

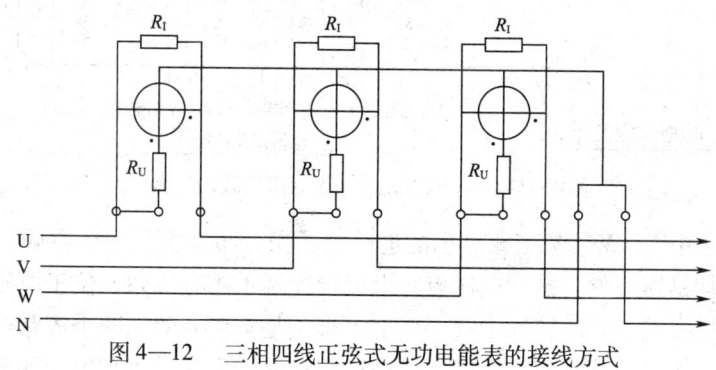

图4—12 三相四线正弦式无功电能表的接线方式

3. 带"-90°移相器"的电子式无功电能表

目前使用中的90°跨相法无功电能表基本上是通过改变接线方式来实现测量目的。用这种接线方式做成的标准无功电能表准确度等级不高,尤其是负载不对称时附加误差较大,使无功电能表的鉴定质量始终得不到保证。

随着电子技术的发展,已出现了新的无功电能测试思路,其中之一的原理框图、相量图如图4—13所示。

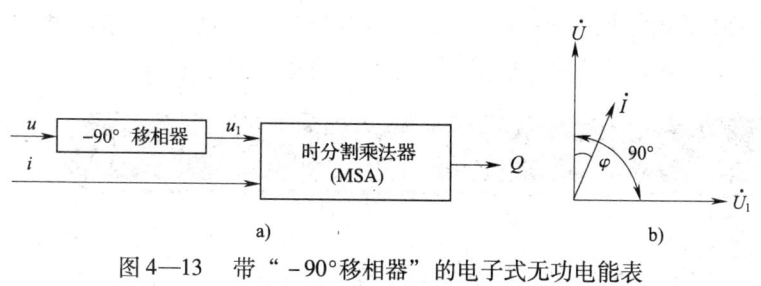

图4—13 带"-90°移相器"的电子式无功电能表
a) 原理框图 b) 相量图

如图4—13所示是三相中的一相,它由一个硬件"-90°移相器"和另一个硬件时分割乘法器(MSA)组成,其输出量 Q 正比于线路消耗的无功功率,再将 Q 通过脉冲形成电路及单片机对时间积分测得无功电能。把三个这样的无功电能测量单元按三相四线有功计量相同的方式接线,就可以测量三相四线电路的无功电能。

六、电能表专用接线端子盒

1. 结构

三相电能计量联合接线盒是电气设备测量、保护二次回路及电能计量屏中必不可少的专用配件,如图4—14所示。各端子间应能承受交流电压2 500 V并持续1 min的耐压试验;用1 000 V摇表测定,绝缘电阻不小于30 MΩ;电流回路短路连接片的通流容量应为10 A。

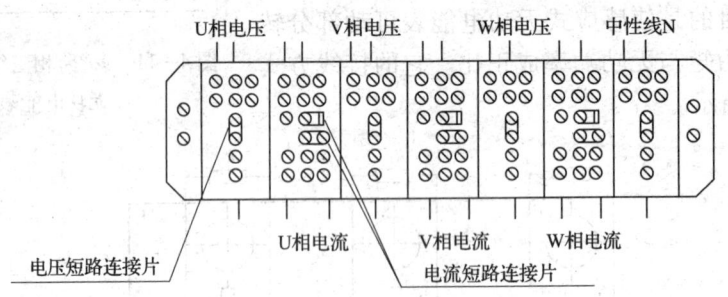

图4—14 三相四线电能表专用接线端子盒

在图4—14中U、V、W三相电压的进线端子排分布在左、中、右侧,上下各端子在正常情况下均是连通的,是同电压点;电流接线端子排有三列,位于电压端子排的中间,电流回路进出端子排的接线中有一路上下端子是不对齐的,两个短路连接片平时在正常运行时一个常开一个常闭。短路片的作用是在电能表现场校验串接标准电能表的电流回路时先可靠短接电流互感器二次侧,标准电能表的电流回路串联完成后再将其中一个短接连接片打开。校验结束后拆除标准电能表的电流回路之前,也要先用短路片可靠短接电流互感器二次侧。

2. 用途

利用电能表专用接线端子盒可以在带负荷的情况下安装、调换、检验、拆除各种指示仪表、继电器等。Ⅲ类及以上计量装置的二次回路中,宜安装能加封的电能表专用接线端子盒,安装位置应便于现场带电工作。其性能要求是阻燃、不漏计电量、耐压强度高、绝缘电阻高、通流容量大、热稳定性能好、可用铅封防窃电。

第二节 电能计量装置的选择

→ 能够正确选择电能表
→ 能够正确选择电流互感器
→ 能够正确选择二次回路导线截面

电能计量装置按其所计量电能量的多少和计量对象的重要程度分为Ⅰ、Ⅱ、Ⅲ、Ⅳ、Ⅴ类。

Ⅰ类电能计量装置用于计量月平均用电量 500 万 kW·h 及以上或变压器容量为 10 000 kV·A 及以上的高压计费用户。

Ⅱ类电能计量装置用于计量月平均用电量 100 万 kW·h 及以上或变压器容量为 2 000 kV·A 及以上的高压计费用户。

Ⅲ类电能计量装置用于计量月平均用电量 10 万 kW·h 及以上或变压器容量为 315 kV·A 及以上的计费用户。

Ⅳ类电能计量装置用于计量负荷容量为 315 kV·A 以下的计费用户，也是发配电企业内部经济技术指标分析、考核用的电能计量装置。

Ⅴ类电能计量装置用于计量单相供电的电力用户计费。

一、电能表的选择

1. 感应式电能表的选择

（1）电能表种类的选择。电能表种类较多，如有单相电能表、三相（有功及无功）电能表、分时电能表及最大需量电能表等。可根据用户的供电和计量方式，结合现场实际需要加以选择：如高供高量选择三相三线电能表；高供低量选择三相四线电能表；低供低量选择三相四线电能表等。

（2）电能表额定电压的选择。电能表的额定电压应与供电线路电压相适应，否则将无法正确计量。根据供电系统确定电能表的参比电压，如低压电能表的参比电压为 $3\times220/380$ V、高压电能表的参比电压为 10 kV/100 V 等。

（3）电能表容量的选择。电能表的容量应根据用户实际负荷的大小来确定，选用过大，会引起计量不准；选用过小，可能烧坏表计。因此，首先要计算出各种用电设备负载电流的大小及每相电流值，其次兼顾到实际负载电流的变化范围、用电设备的功率因数及用电的同时率与需用率，然后按下述原则确定电能表的容量（用标定电流 I_b 表示）。

用电设备负载电流的上限不超过电能表额定电流的 1.5~2.0 倍；用电设备负载电流的下限不应小于额定电流的 5%（$\cos\varphi=1.0$）或 10%（$\cos\varphi=0.5$）。

1）直接接入式电能表容量的选择。电能表的超载倍率应根据负荷的变动范围或一次设备的规划容量来确定。用电设备实际负荷电流达到额定最大电流的 30% 以上的，宜选用超载 2 倍及以上的电能表；用电设备实际负荷电流低于额定最大电流的 30% 的，应选用超载 4 倍及以上的电能表。

2）经互感器接入式电能表容量的选择。电流互感器额定二次电流一般为 5 A 和 1 A 两种。前者，5 A 的 30% 为 1.5 A，且电能表最大额定电流应为 5 A 的 120% 即 6 A，可选择 1.5（6）A 或 3（6）A 的电能表；同理 1 A 应选择 0.3（1.2）A 的电能表。

Ⅰ、Ⅱ类计量装置可选用宽负荷 S 级电能表，S 级电能表能在 1% I_b 时保证误差要求，而普通级表只在 5% I_b 时才能保证误差要求。

应务必保证，用户实际最大负荷电流不应超过电能表额定最大电流；经常性负荷电流不应低于电能表标定电流的 20%。

(4) 电能表准确度的选择。根据计量的电能量、用电设备容量、贸易结算或内部考核确定电能表的准确度等级是 0.5 级、1 级或 2 级，使用场合与电能表准确度的选择见表 4—5。

表 4—5　　　　　　　　使用场合与电能表准确度选择

按接通电源性质分	按用途分	名称	准确度等级	负荷范围 I_b（%）
交流类	工业与民用电能表	单相电能表	1.0, 2.0	5~200
		三相三线有功电能表	0.5, 1.0, 2.0	5~150
		三相四线有功电能表	1.0, 2.0	5~150
		三相无功电能表	2.0, 3.0	5~150
	特殊用途电能表	最大需量电能表	1.0, 2.0	
		记录式多路需量电能表	1.0	10~120
		三相打字式记录电能表	1.0	10~120
		总损耗电能表	2.0	20~120

(5) 电能表检验结果的选择。根据对电能表实物检验的结果进行选择，即机械要求、适应的气候条件、电气要求、电磁兼容性、准确度五个方面。

2. 电子式电能表的选择

(1) 电子式电能表的种类、额定电压、容量、准确度的选择，参见感应式电能表。

(2) 根据特殊需求，选择电子式电能表的特殊功能。对于具有正、反向电力的计量点，宜装设 2 只有功、无功的多功能电能表。1 只计量正向有功和正向感性、容性无功的电能；另一只计量反向有功和反向感性、容性无功的电能。也可只装设 1 只多功能电能表，同时计量正、反向有功和感性、容性无功的四象限电能。

对受电容量在 100 kV·A 及以上用户，应装设无功电能表，实行功率因数调整电费；对装设有无功补偿装置的用户，应采用装设有逆止装置的无功电能表。

对受电容量在 315 kV·A 及以上用户，应装设负荷管理装置，选用带 RS-485 接口的电能表。

对计量终端用户的电能表应选择具有电能质量检测、供电事故记录、多费率及多时段电量记录、公用传输信道等功能的电能表。

对计量电网联络线电能量交换的电能表应选择具有联络线的网损考核功能、计费系统数据采集功能、专用通信通道等功能的电能表。

在经济允许的情况下，尽量选用宽负荷、高灵敏度、高准确度、长寿命的新型电能表，满足在小负荷电流下的准确计量。

二、电流互感器的选择

1. 电流互感器主要参数的选择

(1) 额定变流比的选择。额定变流比是指电流互感器一、二次额定电流之比。电流互感器二次额定电流已标准化为 5 A 和 1 A 两种，故选择额定变流比，实际上是选择一次额定电流。电流互感器一次额定电流，一般按长期通过电流互感器的最大工作电流来选择。同时，应保证其在正常运行中的实际负荷电流达到额定电流值的 60% 左右，且不小于 30%。

国家标准 GB 1208—2006《电流互感器》对一次额定电流进行了系列化规定，从 1 A 到 25 000 A 有多种规格可供选择。

额定二次电流必须与电能表的额定电流值相吻合。当额定电压为 330 kV 及以上时，选用额定二次电流为 1 A 的电流互感器，其他电压等级，则选用额定二次电流为 5 A 的电流互感器。

（2）额定容量的选择。电流互感器的额定容量是指二次额定电流 I_{2N} 通过二次额定负载 Z_{2N} 时所消耗的视在功率 S_{2N}。选择电流互感器的额定容量应满足以下要求：

$$0.25 \times S_{2N} \leq S \leq S_{2N}$$

式中　S——电流互感器的二次总负荷视在功率；
　　　S_{2N}——电流互感器的额定容量。

即电流互感器实际二次负荷应在 25%~100% 额定容量范围内，额定二次负荷的功率因数应为 0.8~1.0。

（3）额定电压的选择。电流互感器的额定电压是指其一次绕组对地或对二次绕组长期承受的最大绝缘电压的有效值，而不是指一次绕组两端所加的电压。电流互感器的额定电压等级应与电网的额定电压等级是一致的，故所选电流互感器的额定电压大于或等于系统电压即可。

（4）准确等级的选择。对第Ⅰ、第Ⅱ类计量对象，其互感器应采用 0.2 级；对第Ⅲ、第Ⅳ、第Ⅴ类计量对象，其互感器应采用 0.5 级。

DL／T 447—3—2000《电能计量装置技术管理规程》规定的各类计量装置的准确等级标准见表 4—6。

表 4—6　　　　　　　　各类计量装置的准确等级

电能计量装置类别	准　确　等　级			
	有功电能表	无功电能表	电压互感器	电流互感器
Ⅰ	0.2S 或 0.5S	2.0	0.2	0.2S 或 0.2*
Ⅱ	0.5S 或 0.5	2.0	0.2	0.2S 或 0.2*
Ⅲ	1.0	2.0	0.5	0.5S
Ⅳ	2.0	3.0	0.5	0.5S
Ⅴ	2.0	—	—	0.5S

＊0.2 级电流互感器仅在发电机出口电能计量装置中配用。

2. 电流互感器接线方式的选择

电流互感器的接线方式主要有两种，如图 4—15 所示，其特点及适用场合各不相同，应根据实际情况加以选择。现对两种接线方式分别叙述如下：

（1）两相星形接线。此种接线方式常用于 6~35 kV 中性点不接地系统中，它的优点是节约导线，可利用接线方法取得第三相电流 [一般为 V 相，$\dot{I}_V = -(\dot{I}_U + \dot{I}_W)$]。如图 4—15a 所示。其缺点是：实际二次负荷与运行不一致，给现场单相法校验电能表带来困难；当两组电流互感器中一组极性接反时，公共线电流变成差电流，使接线错误几率相对增多。

（2）三相星形接线。此种接线适用于 380/220 V 三相四线制系统、110 kV 及以上中性点接地系统，它的优点是：现场校验与运行时负荷相同；接线错误的几率小。其缺点是：电流回路的公共线若断开，会产生计量误差，如图 4—15b 所示。

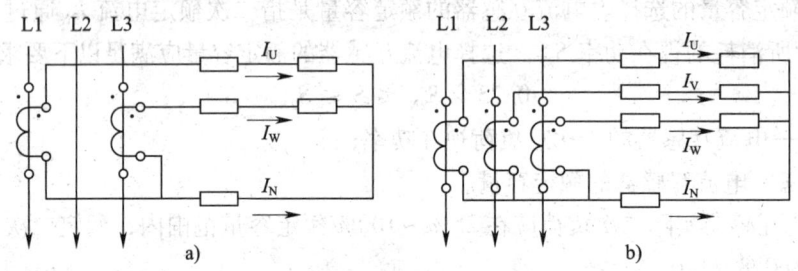

图 4—15　电流互感器的接线方式
a）两相星形接线　b）三相星形接线

三、计量二次回路导线截面的选择

如果采用分体电能计量方式，需要有足够长的连接导线来连接互感器和计量柜，而连接导线截面的大小直接影响到互感器的实际二次负荷，进而影响到计量装置的准确度，所以，为满足计量准确度的要求，必须合理选择互感器的二次导线截面。

1. 电压互感器二次回路导线截面的选择

计量仪表端电压和电压互感器二次端电压之间的数值差和相位差，将影响计量仪表感受到的比误差和角误差。电压互感器与负荷的接线方式不同，连接导线上产生的电压降也不相同，且连接线越长，电压降越大。

对不同的接线、不同准确等级的计量仪表，可求出不同负荷下的给定导线允许截面或给定导线允许长度条件下必须的导线截面积。目前广泛采用的电子式多功能电能表，其功耗约为 4~6 V·A，考虑正、副表配置，计量装置二次电压回路负荷约为 10 V·A 左右，在导线长度 50~100 m 范围内，即使只用 1 套计量装置，所需铜芯导线截面也应为 1.5~2.5 mm²。显然，采用母线式电压互感器的接线方式，母线上所接组件越多，导线截面越大。当电压互感器距电能表距离超过 100 m 时，电压互感器二次导线截面的选择将是很困难的。

电能表套数（有功、无功各 1 只）与导线截面和允许距离的关系数值列于表 4—7。

表 4—7　　　电能表套数与导线截面和距离的关系（$\Delta u = 0.2\%$）

电能表套数＼导线截面（mm²）＼允许距离（m）	2.5	4	6	8	10
50	2	3	3	4	—
100	1	1	2	3	3
150	0	1	1	2	2
200	0	0	1	1	2

2．电流互感器二次回路导线截面的选择

电流互感器的实际二次负荷包括计量仪表串联线圈负荷和二次导线负荷，电流互感器二次铜芯导线最小截面不宜小于 4 mm²。

表 4—8 列出了直接接入式电能表根据负荷电流选择的导线截面。

表 4—8　　　　　　直接接入式电能表导线截面选择

负荷电流（A）	铜芯导线截面（mm²）	负荷电流（A）	铜芯导线截面（mm²）
20 及以下	4.0	60～80	7×2.5
20～40	6.0	80～100	7×4.0
40～60	7×1.5		

四、低压电能计量箱（柜）的选择

1．低压电能计量箱的选择

低压电能计量箱主要用于单相 220 V/三相 380 V 客户端电能计量，是城镇居民用电的主要计量装置。这类电能计量装置是面向城市或农村的个体住户，因而数量大、容量小、品种多。

（1）根据安装场所选择电能计量箱

1）安装于户内的低压电能计量箱选择户内式；安装于户外的选择户外式。

2）安装于过道的低压电能计量箱，可选择嵌入式或半嵌入式；安装于专用配电间的可选择悬挂式。

3）一般环境要求的可选择金属类电能计量箱；有特殊环境要求（例如防爆、防潮）的可选择非金属类（玻璃钢、工程塑料等）。

（2）根据用途选择电能计量箱

1）单相照明用户选用单相式电能计量箱；照明总表、动力用户选用三相式电能计量箱。

2）单个用户选择单表位式电能计量箱；多用户集中计量应选择多表位式（二位以上）；二十位以上建议拆分为两台电能计量箱。主要根据用户户数的需要选择。

（3）根据用电容量选择电能计量箱的主要技术参数。用电容量在 4 kW 以内的小户,选择 5(20)A 电能表;用电容量在 5~8 kW 的中户,选择 10(40)A 电能表;用电容量在 9~10 kW 的大户,选择 20(80)A 电能表;超过 10 kW 的特大户,可选择三相电能表计量。

低压电能计量箱的主要技术参数见表 4—9。

表 4—9　　　　　　　　低压电能计量箱的主要技术参数

项目	参数	项目	参数
额定工作电压	400 V	额定电流(单户)	大户 60 A;中户 40 A;小户 20 A
额定绝缘电压	660 V	额定短时耐受电流	$\geq nI_n$(安),n——表位数,I_n——单表额定电流(A)
额定频率	50 Hz	额定工作制	不间断工作制
绝缘电阻	≥4 MΩ	介电强度	单相:主回路对地,2 kV,1 min; 三相:主回路对地,相间:2.5 kV,1 min

(4)低压电能计量箱额定电流的选择。低压电能计量箱内的电器组件应满足规定条件下长期持续运行的要求,并满足短路情况下动、热稳定的要求。其额定电流按表 4—10 数值选取。

表 4—10　　　　　　　低压电能计量箱额定电流选取值

容量(kW)	额定负荷电流(A)/户	电能表标定电流(A)	计量箱额定电流(A)
4	18/20 或 32	5(20)	20×n
5~8	36/40	10(40)	40×n
9~10	54/60	20(80)	60×n

注:n 表示计量的居民用户数量。

(5)低压电能计量箱的计量及防窃电功能的选择。低压电能计量箱是城镇居民用电的主要计量装置,其计量及防窃电功能比较重要。合格的计量箱可从以下几方面选择:

1)选用有"计量器具生产许可证"的生产厂家生产的符合供电企业计量标准的电能计量箱。

2)选用计量单元为独立的、隔离的、专用的电能计量箱。

3)选用用户标志清晰、观察和抄读电能表指示数值方便的电能计量箱。

4)选用防窃电功能完善的、设专用门锁及铅封的电能计量箱。

5)选用箱内布局合理、表计布置便于维护的电能计量箱。

6)对高层建筑或有远程抄表要求的计量箱,应选择带远程抄表系统的电能计量箱。

(6)低压电能计量箱的安全性选择。低压电能计量箱大多安装于公共场所,直接面对广大居民用户,其安全性极其重要。安全的计量箱可从以下几方面选择:

1)选用有"CCC"安全认证的生产厂家生产的电能计量箱。

2)选用能耐受一定机械、电气和热应力的计量箱,以保证在正常操作力及短路电流电动力作用下,不发生变形而影响计量箱的正常工作。

3）选用具有耐热性、抗老化、阻燃性和绝缘性材料制造的计量箱，以保证计量箱的安全性。

4）箱内母线排，应采用绝缘支撑件牢固固定，母线之间、母线与其他部件之间应具有足够的安全距离。详情见表4—11。

表4—11　　　　　　　　　　电气间隙和爬电距离

额定电流（A）	电气间隙（mm）		爬电距离（mm）	
	单相计量箱	三相计量箱	单相计量箱	三相计量箱
≤63	5	8	6	10
>63	6	10	8	12

5）计量箱应根据所在系统的接地方式，选用配套的 TT、TN—C—S 或 TN—S 接地方式。TT 系统电源有一个接地点，负荷侧电气装置的外露导电部分连接的接地极和电源的接地极无电气联系；TN—C—S 系统电源有一个直接接地点，负荷侧装置的外露导电部分用保护线与该接地点相连，且整个系统中有一部分中性线和保护线合一；TN—S 系统电源有一个直接接地点，负荷侧装置的外露导电部分用保护线与该接地点相连，且整个系统中的中性线和保护线分开。

6）户外型应选择箱体防护等级不低于 IP33 的计量箱，户内型应选择防护等级不低于 IP2X 的计量箱。

7）选择具有良好触电保护措施的计量箱（直接触电的保护，可依靠产品本身的结构来保证；间接触电的保护，可采用装设保护电路的措施来完成）。

2. 低压电能计量柜的选择

计量用电负荷在 35 kV·A 以上，315 kV·A 以下，计量点在变压器 0.38 kV 侧的Ⅳ类用电设备的电能计量装置，通常使用低压电能计量柜。需要时，低压电能计量柜也可用于 500 kV·A 的用电设备上。

低压电能计量柜一般为整体柜，即将开关设备、计量设备和计量附件集于一体的计量柜；对于较大的用户，也可选用分体式计量柜。

（1）根据用户负荷选择低压整体式电能计量柜

1）当用户负荷很小，选用带进线开关和馈线开关的计量柜，不再配设其他配电柜，计量柜独立安装（单柜）。

2）当用户负荷较小，选用内设进线开关的计量柜，同时配设出线用的馈线柜，计量柜布置在第一柜，构成计量柜和馈线柜组合（双柜）。

3）当用户负荷较大，必须设独立的进线柜及馈线柜，则选择只带计量装置的计量柜，计量柜应布置在进线柜之后的第二柜，构成进线柜、计量柜和馈线柜组合（三柜）。

4）需要时可加设电容补偿柜，构成进线柜、计量柜、馈线柜和补偿柜组合等。

（2）根据一次额定电流选择低压整体式电能计量柜。低压电能计量柜的一次额定电流主要有 100 A、125 A、160 A、200 A、250 A、315 A、400 A、500 A、630 A 等，可根据实际需求选择相匹配的计量柜，低压电能计量柜的主要技术参数见表4—12。

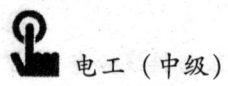

表4—12　　　　　　　　　　低压电能计量柜的主要技术参数

项目	参数	项目	参数
额定工作电压	400 V、660 V	额定工作电流	水平母线：630～3 150 A；垂直母线：600 A
额定绝缘电压	660 V	额定短时耐受电流	水平母线：800 kA/s；垂直母线：50 kA/s
额定频率	50 Hz	额定工作制	不间断工作制
绝缘电阻	≥4 MΩ	额定峰值耐受电流	水平母线：175 kA；垂直母线：105 kA

第三节　电能计量装置的安装与接线检查

→ 能够安装电能计量装置
→ 能够正确选择三相四线制电能表的接线方式
→ 能够检查三相四线制电能表的接线

电能计量装置的安装接线是供电企业报装工作的最后一步，这之后，用户与供电企业之间通过电能表建立稳定的供需关系。而这些已安装好的电能计量设备就是各用电单位每月交付电费的依据。因此，保证电能计量装置的安装牢靠，接线正确、整齐美观，是确保准确无误地计收电费的关键。

一、电能计量装置的安装

1. 三相四线电能表的安装要求

（1）三相四线电能表的安装场所要求

1）电能表应安装在干燥及不受震动，且便于进行安装、试验和抄表工作的场所，其周围环境温度应在 -10～50℃，相对湿度不超过85%。

2）电能表安装地点周围环境应干净明亮，无腐蚀性气体、无强磁场存在。

3）高供低计的用户，计量点至变压器低压侧的电气距离不宜超过20 m，对加热系统的距离不得少于0.5 m。

4）电能表原则上装于室外的走廊、过道或公共的楼梯间；高层住宅一户一表，宜集中安装于位于一二楼的专用配电间内。

5）电能表应安装在定型的开关柜、配电盘、电能表箱内，箱门开有窥视孔，与电能表表窗对应，以便抄表。

（2）三相四线电能表安装高度要求

1）对计量屏而言，应使电能表水平中心线距地面0.6～1.8 m。

2）安装在墙壁上的计量箱，应使电能表水平中心线距地面高为1.8～2.0 m。

3）装设在高层住宅专用配电间内的表箱底部对地面的垂直距离不得少于0.8 m；电能表的空间距离及表与表之间的距离均不应小于10 cm。

(3) 电能表安装接线要求

1) 电能表进线的最小截面不得小于 2.5 mm², 并规定应采用铜芯导线, 不得采用铝芯导线。

2) 电能表进线应敷设在电能表左侧, 电能表出线应敷设在右侧, 不可装反; 若用管线敷设时, 电能表的出线不准穿入电能表进线的管子内, 应另设出线管, 以免混淆不清和发生短路时影响电能表的正常运行。

3) 安装在电能计量柜（箱）内的电能表应垂直, 不得前后、左右倾斜; 每只表除挂表螺钉外, 至少还有一只定位螺钉; 电能计量柜（箱）壳体倾斜不得超过3°, 电能计量表倾斜不超过1°。

4) 安装电能表时, 应先将接线盒的接线压线螺钉松开, 然后剥皮将电线头插入接线桩孔内, 先拧紧上面的压线螺钉后, 向外拉一下导线, 证明牢靠后, 再拧紧下面的压线螺钉。

5) 安装时要认准相线和中性线, 电能表零线必须与电源中性线直接连通, 严禁采用接地或接金属屏外壳等方式代替。注意电流互感器的极性, 看清电能表的接线及端子的标志。

6) 安装在绝缘板、木板上的电能表、开关等设备的金属外壳, 应可靠接地或接零。

(4) 三相四线电能表安装时的注意事项

1) 工作时应使用有绝缘柄的工具, 并戴好绝缘手套和安全帽; 必须穿长袖衣工作。

2) 登高作业应戴好安全帽, 系好安全带, 防止高空坠落; 使用梯子作业时, 应有专人扶护, 防止梯子滑动, 造成人员伤害。

3) 临时接入的工作电源须用专用导线, 并装设有漏电保护器; 电动工具外壳应接地。

2. 电流互感器的安装

(1) 电流互感器的安装

1) 电流互感器二次回路标有"K1"或"＋"的接线柱, 要与电能表电流线圈的进线柱连接, 标有"K2"或"－"的接线柱, 要与电能表电流线圈的出线柱连接; 电流互感器的初级（即一次回路）标有"L1"或"＋"的接线柱, 应接电源进线, 标有"L2"或"－"的接线柱, 应接电源出线, 如图4—16所示。

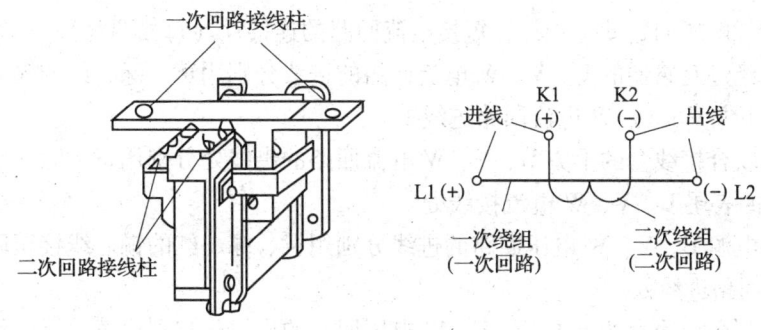

图4—16 电流互感器接线柱

2) 电流互感器的"K2"或"-"接线柱、外壳和铁心都必须可靠接地。

3) 电流互感器应安装在电能表的上方,以便于检查及更换。

4) 穿心式电流互感器的一次绕组多于 1 匝时,必须使用绝缘导线绕制,并且在互感器铁心上均匀分布,以避免产生附加误差。

5) 电流互感器极性接线螺钉应拧紧,严防松动。

6) 同一组电流互感器应按同一方向安装,以保证该组电流互感器一次及二次回路电流的正方向一致,也易于观察铭牌。

7) 电流互感器自身有一定的质量,安装时应选用合适的螺栓将其牢靠地固定在配电板上。

(2) 电流互感器安装接线注意事项

1) 电流互感器极性连接要正确,二次侧不允许开路运行。

2) 电流互感器二次回路应设保护性接地点,且接地点只允许有一个;而低压三相四线制有功电能表如按电压线和电流线共享方式接线,TA 二次侧决不能接地。

3) 工作中若因更换电能表等原因,确实需要带电拆开电流互感器二次连接线时,应先通过试验端子排或直接将 K1、K2 端用短路片连接好,再拆开二次线。

4) 三相三线计量,其两台电流互感器二次绕组与电能表之间宜采用四线连接;三相四线制计量,三台电流互感器与电能表之间宜采用六线连接,最好不采用公共回线,以减少接错线的几率。

3. 计量专用接线盒的安装

计量专用接线盒的安装固定如图 4—17 所示,其接线步骤如下:

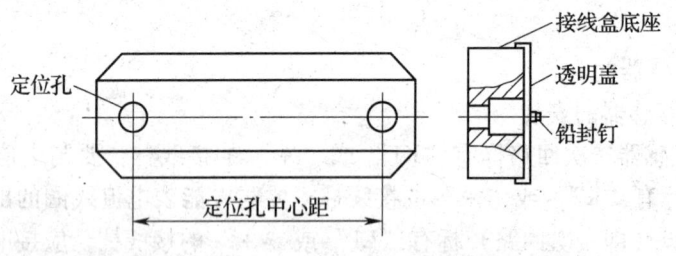

图 4—17 计量专用接线盒的安装固定

(1) 断开电压回路的连接片,短接电流回路的连接片(每相两片)。

(2) 将经过互感器的 U、V、W 电流回路的进线分别用黄、绿、红的铜芯线接至联合接线盒的下方 U、V、W 电流回路进线处。

(3) 从联合接线盒的上方 U、V、W 电流回路的出线处分别用黄、绿、红的铜芯线引至电能表的表尾 U、V、W 电流接线处。

(4) 将电源 U、V、W 电压回路的进线分别用黄、绿、红的铜芯线接至联合接线盒的下方电压回路进线处。

(5) 从联合接线盒的上方 U、V、W 电压回路的出线处分别用黄、绿、红的铜芯线引至电能表的表尾 U、V、W 电压接线处。

(6) 检查接线正确后,短接联合接线盒中的三个电压连接片。

(7) 根据联合接线盒中电流回路的实际接线,分别断开电流回路的短接片,如图4—18 所示。

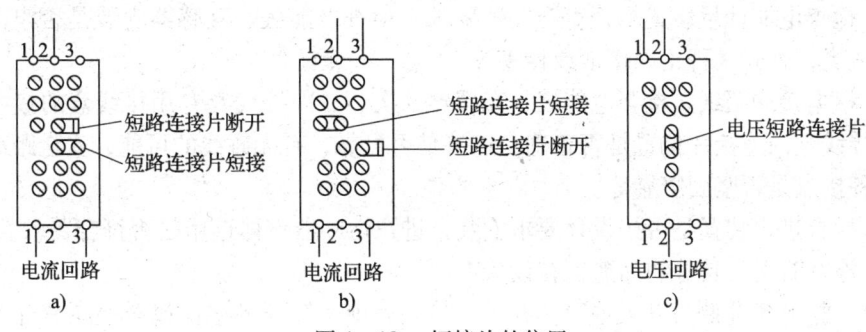

图 4—18　短接片的位置

注意:低压计量装置的电压线宜单独接入,不与电流线共享;母线上的电压接线点和电流互感器一次线圈接线点间不得有任何断口,禁止在两段母线之间的连接螺钉上引出电压。

4．带计量专用接线盒及低压电流互感器的三相四线有功表及无功表的安装

(1) 电能计量装置安装前的准备工作。装表接电人员接到装表接电工作单后,应核对工作单中所列的计量装置是否与用户的供电方式和申请容量相适应;凭工作单到表库领用电能表、互感器,并核对所领用的电能表、互感器是否与工作单一致。

检查电能表的校验封印、接线图、检定合格证、资产标记是否齐全,校验日期是否在 6 个月以内,外壳是否完好,圆盘是否卡住;检查互感器的铭牌、极性标志是否完整、清晰,接线螺钉是否完好。

检查所需的材料及工具、仪表等是否佩带齐全。

电能表在运输途中要注意防振,在路面不平、振动较大时,应放入专用防振箱内。

(2) 选择确定电能表、电流互感器、计量专用接线盒的安装位置。

(3) 安装固定电流互感器,注意按同一方向安装,以保证电流互感器二次接线柱极性排列方向一致。

(4) 安装计量专用接线盒。

(5) 根据负荷需要选择一次导线截面,按所需长度锯断或剪断导线,并剥削导线线头,压接线鼻子。

(6) 进行电流互感器到计量专用接线盒之间的二次回路敷设,并拧紧所有接线螺钉。

(7) 悬挂有功电能表。

(8) 用二次导线正确连接计量专用接线盒和电能表之间的接线,并拧紧所有接线螺钉。

(9) 检查并清理工作现场,确认工作现场无遗留的工器具、材料等物品。

(10) 进行送电前检查

1) 核对客户的电能计量方式是否合理；核对计量器具型号、规格、计量法定标志、出厂编号等是否与计量检定证书和技术资料的内容相符；检查产品外观、质量应无明显瑕疵和受损。

2) 检查电能计量装置是否符合安装要求，检查电能表、互感器安装是否牢固，位置是否适当，外壳是否正确接地或接零等。

3) 根据接线图纸，检查电能表、互感器一次、二次接线及专用接线盒的接线是否正确，接线盒内连接片位置是否正确，连接是否可靠，有无碰线的可能，安全距离是否足够，各接点是否坚固牢靠等。

4) 检查进户装置是否按设计要求安装，进户熔断器熔体选用是否符合要求。

5) 检查有无工具等物品遗留在设备上。

(11) 拉开负荷侧总开关或隔离开关，接入表前熔断器的熔体或合上隔离开关与断路器。

(12) 接通接户线电源（先搭中性线，后搭相线）或者送上配电变压器高压熔断器。

(13) 进行带电试验检查（包括合上负荷开关，带负荷检查）

1) 检查二次回路中间触点、熔断器、试验接线盒的接触情况；用万用表在电能表端钮盒内测量电压是否正常（相电压和线电压）；用试电笔核对相线和中性线，观察其接触是否良好。

2) 检查接线的正确性；用相序表核对相序，引入电源相序应与计量装置相序标志一致；带上负荷后观察电能表运行情况；用相量图法核对接线的正确性并对电能表进行现场检验。

3) 对计量电流互感器、电压互感器按规程进行现场误差及二次负荷等试验。

4) 对最大需量表应进行需量清零，对多费率电能表应核对时针是否准确，各个时段是否整定正确。

(14) 抄录电能表底度及电流互感器铭牌等相关数据，填写装表接电工作票各项内容，并要求用户签字认可。

(15) 对电能表和电流互感器接线端子加装封铅、封印，并进行封印、封铅完整性登记，并要求用户签字认可。

二、三相四线制电能表的接线

1. 三只单相有功电能表联合使用的接线方式

在实际工作中，三相四线制供电网络，可将三只单相电能表联合使用，分别接在"U"相、"V"相、"W"相上，分别计量每相负荷消耗的电量。这种方式也可用一只三相四线电能表替代计量，具体接线如图4—19所示。

单相电能表的接线端子有四个，从左至

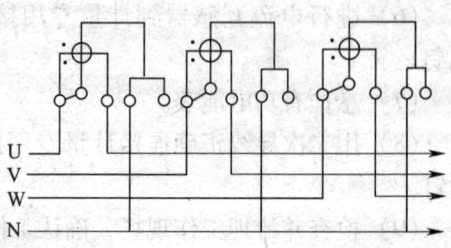

图4—19 三只单相电能表直接接入接线图

右分别为 1、2、3、4 号端子，其中 1、3 号端子接电源进线，2、4 号端子接电源出线。具体接线方法如下：

从电源接来的三根相线（火线）分别接入三只单相电能表的进线端子，从三只单相电能表的出线端子引出三根相线，同设备总开关的三个进线端子连接，如图 4—20a 所示。

三只单相电能表的另一个进线端子，即中性线端子用一根塑包铜线连接后与电源中性线连接，如图 4—20b 所示。

单相电能表接线盒内的电压、电流连片应连好，不能拆开。

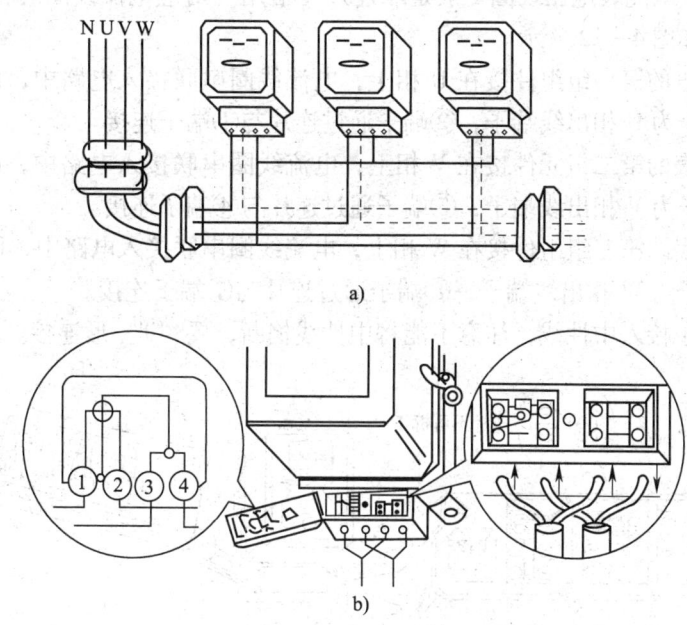

图 4—20　三只单相电能表代替三相四线电能表计量的接线示意图

注意：三只单相电能表的组合安装方式只允许有两种，即按"一"字形排列或按"品"字形排列，要求水平方向需两表中心间距不小于 200 mm，垂直方向需两表中心间距为 250 mm 左右。

2. 三相四线电能表直接接入式的接线方式

电能表的测量接线方法，不同的制造厂及不同时期的产品有所不同，应按电能表出厂说明书的测量接线图进行接线。无论何种电能表，都明确标注了电压、电流线圈的首、尾端，接线时不可将其接反，否则会造成计量错误。

三相四线电能表有三组电磁组件，即三个电压线圈和三个电流线圈。在外观上看，三相四线电能表共有 11 个端子，从左至右的编号分别为①、②、③、④、⑤、⑥、⑦、⑧、⑨、⑩、⑪，如图 4—21a 所示。其中①、④、⑦端子是电流回路 U、V、W 相线的进线端子，用来连接从电源引来的 U、V、W 三根相线（火线）；③、⑥、⑨是电流回路 U、V、W 相线的出线端子，U、V、W 三根相线从这里引出后，分别接到总开关的三个进线端子上，⑩接入电源的中性线，如图 4—21b 所示。

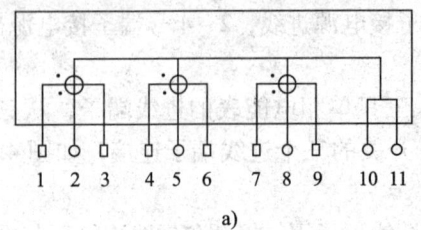 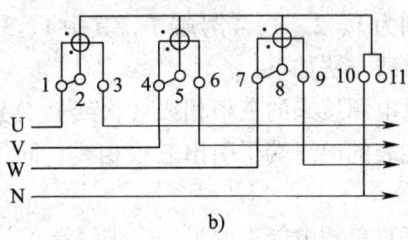

图4—21 三相四线电能表直接接入接线法
a）电能表进线盒端子编号 b）接线圈

直接接入式电能表电压线圈一般是靠连片"借用"对应电流线圈的相电压连接的，具体接线方法如图4—22所示。

（1）电能表的第一组组件接在U相上，电流线圈串联接入电路中，即①端子接U相进线，③端子为U相出线端子，②端子通过连片与①端子连接。

（2）电能表的第二组元件接在V相上，电流线圈串联接入电路中，即④端子接V相进线，⑥端子为V相出线端子，⑤端子通过连片与④端子连接。

（3）电能表的第三组组件接在W相上，电流线圈串联接入电路中，即⑦端子接W相进线，⑨端子为W相出线端子，⑧端子通过连片与⑦端子连接。

（4）⑩端子接入中性线，注意不能将中性线掐断，要"T"形连接。

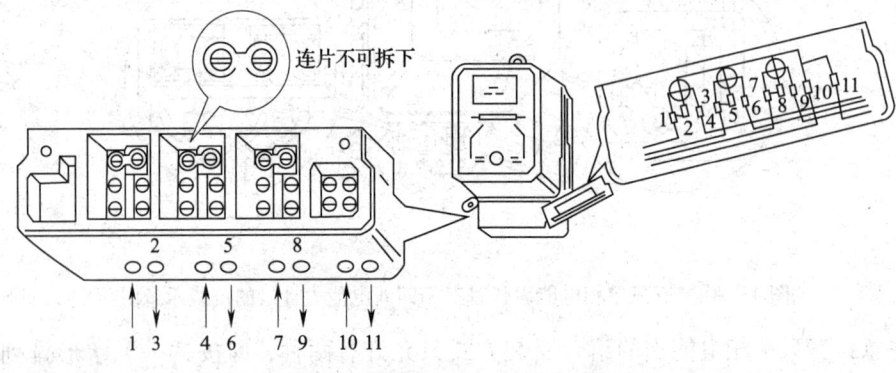

图4—22 三相四线电能表直接接入的接线方式示意图

通过以上连接可知，三相四线电能表第一组组件的电流线圈接U相电流，电压线圈接U相电压；第二组组件的电流线圈接V相电流，电压线圈接V相电压；第三组组件的电流线圈接W相电流，电压线圈接W相电压。

3．三只单相有功电能表经电流互感器接入的接线方式

在三相四线制供电网络中，为扩大电能表量程，可用三只单相电能表经电流互感器接入电路，接线原理如图4—23所示。注意：这种接线，抄读电量时，要将三只电能表各自读数乘以电流互感器的比率，然后再相加。

4．三相四线有功电能表经电流互感器接入的接线方式

三相四线电能表经电流互感器接入电路中，一般要配用规格相同、变比适当的三只单相电流互感器，以扩大电能表的量程。三相四线有功电能表经三台电流互感器计量低压三相四线有功电能的接线方式如图4—24所示。

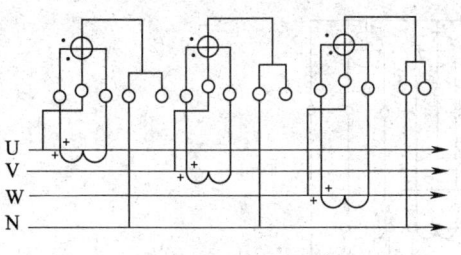
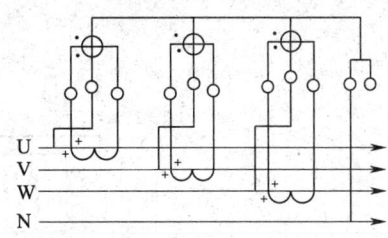

图 4—23　三只单相电能表经电流互感器接入的接线方式

图 4—24　三相四线有功电能表经三台电流互感器计量低压三相四线有功电能的接线方式

接线时把从总熔丝盒下接线柱引来的三根相线，分别与三只电流互感器一次侧的"＋"接线柱连接，同时用三根绝缘导线，从这三个"＋"接线柱引出，穿过钢管后分别与电能表②、⑤、⑧三个接线柱连接；接着用三根绝缘导线，从三只电流互感器二次侧的"＋"接线柱引出，穿过另一根钢管与电能表①、④、⑦三个进线柱连接；然后用一根绝缘导线穿过后一根保护钢管，一端连并三只电流互感器二次侧的"－"接线柱，另一端连并电能表的③、⑥、⑨三个出线柱，并把这根导线接地；最后用三根绝缘导线，把三只电流互感器一次侧的"－"接线柱分别与总开关三个进线柱连接起来，并把电源中性线穿过前一根钢管与电能表⑩进线柱连接，接线柱⑪是用来连接中性线的出线柱。接线时，应先将电能表接线盒内的三块连片都拆下。实际接线如图 4—25 所示。

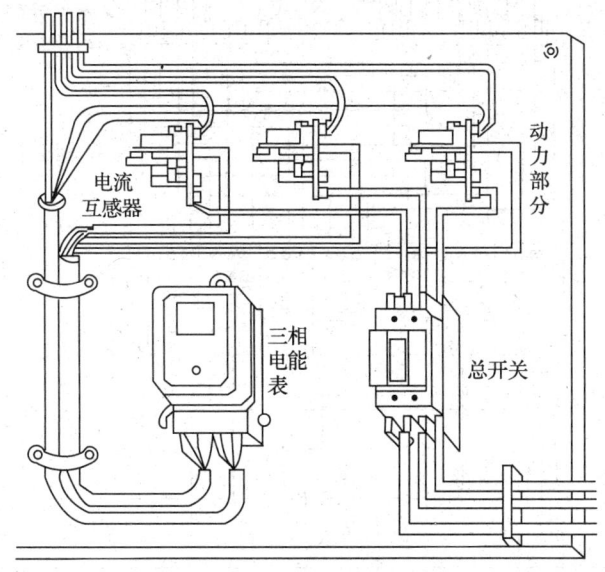

图 4—25　三相四线电能表经电流互感器接入的接线方式示意图

5．三相四线有功电能表经电流互感器、电压互感器接入的接线方式

三相四线有功电能表经电压互感器（接成星形）和 3 台电流互感器计量中性点直接接地系统和高压三相系统有功电能的接线图，如图 4—26 所示。

6．三相四线制电能表联合接线方式

三相四线制电路中常用的有功电能表和无功电能表的联合接线方式有：
（1）低压计量有功及无功电能、电流分相接线方式，如图 4—27 所示。

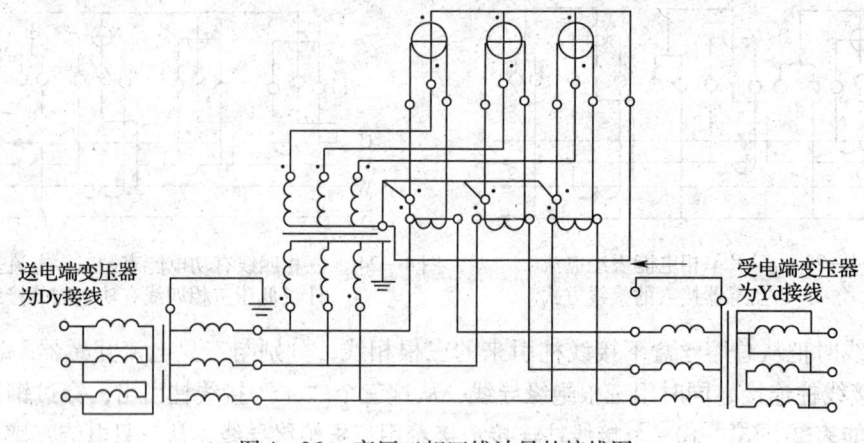

图4—26 高压三相四线计量的接线图

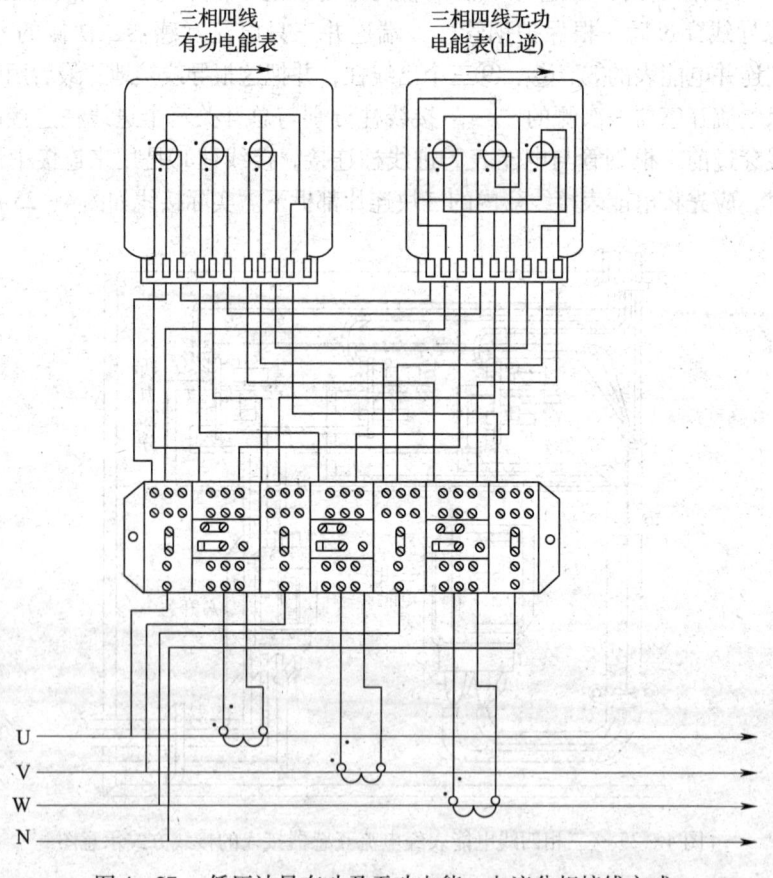

图4—27 低压计量有功及无功电能、电流分相接线方式

(2) 有效接地系统高压计量有功及感性、容性无功电能分相接线方式，如图4—28所示。

经电流互感器接入的低压三相四线电能表，其电压引入线应单独接入，不得与电流线共享，电压引入线的另一端应接在电流互感器一次电源侧，并在电源侧母线上另行引出，禁止在母线连接螺钉处引出。电压引入线与电流互感器一次电源应同时切断或闭合。

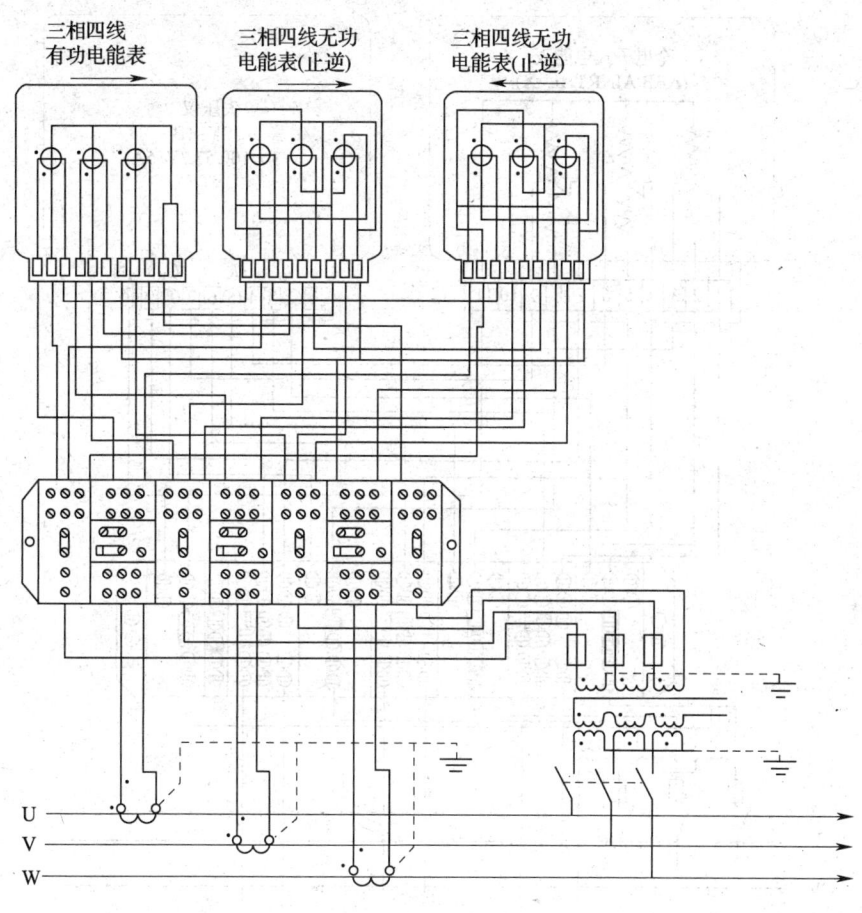

图4—28 有效接地系统高压计量有功及感性、容性无功电能分相接线方式

(3) 全电子式电能表的接线图，如图4—29所示。

7. 接线时应注意的事项

(1) 电流互感器、电压互感器的二次接线柱到电能表进线柱间的二次电流回路、电压回路应专设；高压计量点的互感器二次回路必须有保护接地，35 kV以下计量点的互感器二次回路可不接地（不要装设熔断器、切换开关等）。

(2) 互感器二次回路中应安装计量专用接线盒，使带电状态下拆表、装表和实际负荷校表方便安全。

(3) 二次接线安装时，严格按U、V、W三相以黄、绿、红颜色区分；电压二次回路铜芯导线截面不应小于2.5 mm^2，电流二次回路导线截面不应小于4 mm^2；两组件电流互感器用四线连接，三组件电流互感器用六线连接，取消公共电流出线，以减少错误机会；最好将电流互感器的两根或三根电流出线，统一换成黄黑、绿黑、红黑色线，实现与电流进线的区分，把接地线换成绿白或绿黄线，中性线换为黑线，实现颜色区分；有功、无功计量联合接线时，可将进出接线盒的线头按上层、中层、下层实现电流进线、电压进出线、电流出线分布。

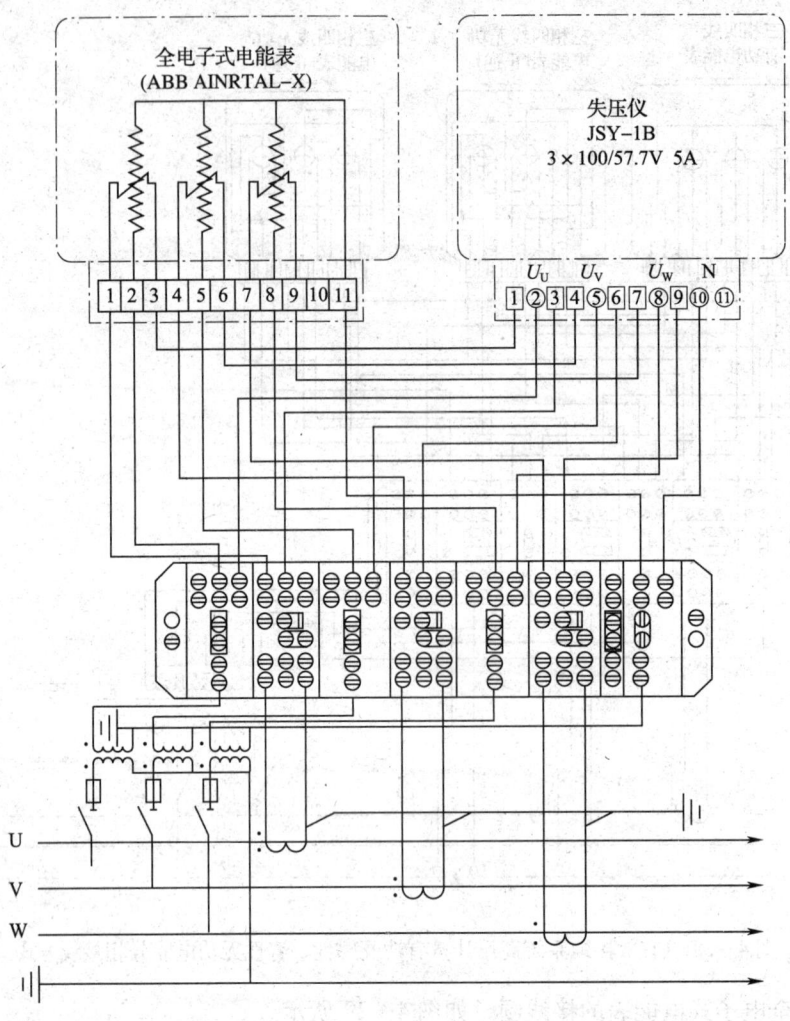

图 4—29　全电子式电能表的接线图

(4) 二次接线安装要求各走线整齐、竖直、平行、绝少交叉、固定良好；走线进计量专用接线盒时，不允许留有余量，以免用户私自改线。

(5) 未并列运行的两个及两个以上线路不允许共享一组电压互感器；如需要在一组互感器的二次回路中安装多块电能表（包括有功电能表、无功电能表、最大需量表、多费率电能表等）时，必须遵循以下原则：每块电能表仍按本身的接线方式连接；各电能表中同相位的电压线圈并联，电流回路的电流线圈串联；总阻抗不超过电流互感器的二次额定阻抗值；电压回路从母线到每个电能表端子盒之间的电压降，不应超过额定电压的 0.5%。

三、三相四线制电能计量的接线检查

电能计量接线检查分为两个方面：一种是不带电情况下的检查，即停电检查；另一种是在电能表运行中检查。对新装或更换互感器后的计量装置，都必须在不带电的情况下检查接线,停电检查是一种可靠的检查方法。而对运行中的计量装置,必须通过观察现场的现象、试验来判断计量是否正确。电能表出现计量异常时,可能的故障范围包括电能表、互感器以及它们之间的二次回路接线。下面介绍带电检查判断的步骤。

1. 电流互感器的接线检查

(1) 带电检查电流互感器的开路或短路。三相四线电能表有三个电流互感器,如果人为断开其中某个元件的电压进线,使它失去作用,观察电能表的转速,就可以判断剩下的电流互感器是否短路。例如:同时断开两相的电压进线,观察剩下的一相,如电能表转速是原来的1/3,说明剩下的一相电流互感器接线正常。

(2) 电流互感器的接地线检查。检查电流互感器二次回路电流线是否接地,可用一根短接导线一端接地,另一端依次与电能表的两个电流端子相碰,能使电能表转速变慢(或闪速)的电流端子则没有接地。因为人为造成电流线圈短路,无变化的电流端子两端均为对地零电位,是接地的。正确的接地点应是 K2 端。

(3) 电流互感器极性检查。平衡负载下,用钳形电流表进行电流值测量,正确接线下合并每两根电流进线的测量指示值应等于单相的电流值;合并三根电流进线的测量指示值应接近于零(即 $\dot{I}_\mathrm{U} + \dot{I}_\mathrm{V} + \dot{I}_\mathrm{W} = 0$)。若有一个 TA 二次线圈(如 U 相)接反,合并三根电流进线的测量值会等于单相测量值的 2 倍;若两相同时接反,则合并三根电流进线的测量值也会是单相测量值的 2 倍;但三相同时接反,这种检测方法则测不出结果。

2. 电能表的接线检查

检查电能表接线的方法现在普遍采用相量图法,相量图法不仅可以判断接线正确与否,还可用于追补电量。现以三相四线有功电能表经电流互感器接线为例说明。

相量图法是根据 U、V、W 三相电流滞后于对应相电压一定感性角度或超前对应相电压一定容性角度来绘制的,根据相量图能够判断错误的接线方式,进而准确地追补电量。其判断步骤如下:

(1) 测量电压值。用万能表或相位伏安表的电压挡,测量电能表进线盒电压端子②、⑤、⑧分别与中性线之间的相电压并做好记录。三相电压值如接近相等,约为 220 V,则说明三相电压正常;若有数值为零,则说明电压回路存在断线或接触不良故障。

(2) 测量电流值

1) 测量三相电流值。用电流表或相位伏安表的电流挡分别测量由电流互感器引至电能表接线盒六根导线的电流值。其目的是检查 TA 是否有极性接错、开路或短路故障。如三相电流值接近相等,则说明 TA 接线完好;如三相电流值差别较大甚至接近零,则说明有断线或短路故障;如有某线电流是其两相电流的$\sqrt{3}$倍,则说明表尾有一相电流反接,具体状况有待下一步检查相位后确定。

2) 核对电流互感器的变比。对于 380 V 供电的低压用户可用钳形电流表直接测量一次电流值加以比较。高供高计的则用钳形电流表测量变压器出口总电流通过换算后加以比较;对于无法通过直接或间接测量电流互感器一次电流的高压电流互感器,其变比可通过单独做电流互感器变比试验确定;如果已知其他有关电流互感器的实际变比,可通过测量有关电流互感器的二次电流经换算后比较确定。

例如，检查110 kV/10 kV 变压器的110 kV 侧的电流互感器变比，当已知其10 kV 侧电流互感器变比时，则可通过测量其10 kV 侧电流互感器的二次电流，然后换算成110 kV 侧一次电流及其二次电流，再与110 kV 侧电流互感器的二次电流的实测值比较。

(3) 测定三相电压的排列顺序

1) 用相位伏安表，以 $\dot{U}_{12}$ 为参考相量（见图4—30）测出 $\dot{U}_{32}$ 相对于 $\dot{U}_{12}$ 的相位差，若落后300°，则三相电压为正相序排列，若落后60°，则三相电压为反相序排列。

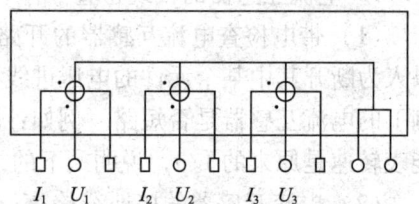

图4—30　电能表表尾电压、电流编号

2) 用相序表，将相序表的黄、绿、红三条导线分别对应接在电能表电压端子②、⑤、⑧，测出相序。

同时根据电源 U 相电压引出的电压参考点，分别测量电能表电压端子②、⑤、⑧（见图4—21）与电压参考点的电位差，可以确定三相电压的排列顺序。例如所测相序为正相序，且已测定电能表接线盒⑤号端子与电压参考点 U 相的电位差是零，则可认为三相电压是 W、U、V。

(4) 测定三相电流的相位差。用相位伏安表，测量电能表表尾三相进线电流 $\dot{I}_1$、$\dot{I}_2$、$\dot{I}_3$（见图4—30）与电压 $\dot{U}_{12}$ 之间的相位差，如图4—31所示为正确接线时的相电压与相电流的相量图。

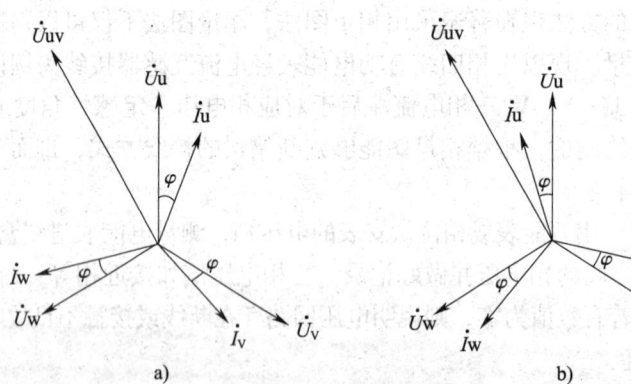

图4—31　正确接线相量图
a) 感性元件功率因数（滞后）　b) 容性元件功率因数（超前）

(5) 根据测得的数值画出错误接线时的相量图

1) 电能表表尾电压端子②、⑤、⑧在画相量图时记作 $\dot{U}_1$、$\dot{U}_2$、$\dot{U}_3$，以 $\dot{U}_{12}$ 为基准，画出 $\dot{I}_1$、$\dot{I}_2$、$\dot{I}_3$ 相对于 $\dot{U}_{12}$ 的相位差。

2) 根据步骤(3) "测定三相电压的排列顺序"判断出 $\dot{U}_1$、$\dot{U}_2$、$\dot{U}_3$ 分别与 $\dot{U}_U$、$\dot{U}_V$、$\dot{U}_W$ 中的对应关系。

3) 根据负载的特点和相电压、相电流之间功率因数角的关系判断出 $\dot{I}_1$、$\dot{I}_2$、$\dot{I}_3$ 是哪一相的电流。

(6) 写出错误接线的结论,即电能表的三个组件分别通入的实际电压与电流。

(7) 根据结论画出错误接线时的接线图,以便纠正。

(8) 导出错误接线时的功率表达式,计算更正系数,更正系数 $G_x = \dfrac{P_{正确}}{P_{错误}}$,正确计量方式下的 $P_{正确}$ 是固定不变的:

1) 三相四线三组件有功计量:$P_{正确} = 3U_{相} I_{相} \cos\varphi$

2) 三相四线三组件 90°跨相法无功计量:$P_{正确} = \sqrt{3} \times \sqrt{3} U_{线} I_{线} \sin\varphi$

另外还有以下规律存在:

$G_x > 1$,表明装置少记电量;

$G_x = 1$,表明装置计量正确;

$0 < G_x < 1$,表明装置多记电量;

$G_x < 0$,表明装置表盘反转。

完成上述八项检查测量工作后,对已查出的错误接线或故障应通过停电检查进一步确诊,然后着手校正并做记录,画出错误接线图和更正的接线图,并观察校正前后电表的转向,重复上述八项检测确认无误后完成电能表计量检查工作。

3. 三相四线有功电能计量装置的错误接线综合分析

例题:某三相四线供电用户是感性负载,功率因素 $\cos\varphi = 0.8$,电流互感器变比 200/5 A。

(1) 测量电压、电流值

1) 用万能表或相位伏安表的电压挡,测量电能表进线盒电压端子②、⑤、⑧分别与中性线之间的相电压并做好记录。用电流表或相位伏安表的电流挡测量由电流互感器引至电能表接线盒六根导线的电流值。测得的数值见表 4—13。

表 4—13　　　　　　　　测量电压、电流值

TA 二次电流（A）		电压（V）	
I_1	4.02	U_1	219.98
I_2	3.98	U_2	220.05
I_3	4.05	U_3	220.08

三相电压值接近相等,约为 220 V,说明三相电压正常。三相电流值接近相等,且同为 4 A 左右,说明 TA 接线正确完好(需要后面的相位检查,来确定是否表尾反接)。

2) 核对电流互感器的变比。对于 380 V 供电的低压用户可用钳形电流表直接测量一次电流值,测得一次侧电流 160 A。已知 TA 的二次电流 4 A,一、二次侧电流比 160/4 = 40,符合电流互感器 200/5 = 40 的变比,由此可以判断电流互感器的变比正确。

(2) 测定三相电压的排列顺序

1) 用相位伏安表,以 $\dot{U}_{12}$ 为参考相量,测出 $\dot{U}_{32}$ 相对于 $\dot{U}_{12}$ 的相位差,落后 300°,说明三相电压为正相序排列。

2) 用相序表,将相序表的黄、绿、红三条导线分别对应接上电能表电压端子②、⑤、⑧,测出相序表沿正相序方向转动。

3）根据电源 U 相电压引出的电压参考点，分别测量电能表电压端子②、⑤、⑧与电压参考点的电位差。测定电能表接线盒②号端子与电压参考点 U 相的电位差是零，可确定 $\dot{U}_1 = \dot{U}_U$，再结合正相序可判定三相电压是 U、V、W。

（3）测定三相电流的相位差。用相位伏安表测量电能表表尾进线三相电流 $\dot{I}_1$、$\dot{I}_2$、$\dot{I}_3$ 与电压 $\dot{U}_{12}$ 之间的相位差，测量结果见表 4—14。

表 4—14　　　　　　　　测定三相电流的相位差

	相位差（°）		相位差（°）
$U_{12}I_1$	178	$U_{12}I_3$	117
$U_{12}I_2$	239		

（4）根据测得的数值画出错误接线时的相量图

1）电能表表尾电压端子②、⑤、⑧在画相量图时记作 $\dot{U}_1$、$\dot{U}_2$、$\dot{U}_3$。在画相量图时，以 $\dot{U}_{12}$ 为基准，画出 $\dot{I}_1$、$\dot{I}_2$、$\dot{I}_3$ 相对于 $\dot{U}_{12}$ 的相位差，如图 4—32 所示。

2）根据步骤（2）"测定三相电压的排列顺序"判断出 $\dot{U}_1$、$\dot{U}_2$、$\dot{U}_3$ 分别与 $\dot{U}_U$、$\dot{U}_V$、$\dot{U}_W$ 对应，如图 4—33 所示。

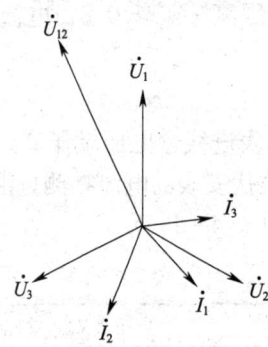

图 4—32　错误接线时相量图

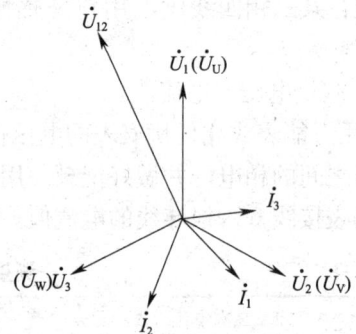

图 4—33　判断出 $\dot{U}_1$、$\dot{U}_2$、$\dot{U}_3$

3）根据感性负载的特点和功率因数 $\cos\varphi = 0.8$，判定相电流滞后于相电压 27°～29°，判断出 $\dot{I}_1$、$\dot{I}_2$、$\dot{I}_3$ 是哪一相的电流，如图 4—34 所示。

先判断 $\dot{I}_1$，$\dot{I}_1$ 滞后于 $\dot{U}_{12}$ 178°，从图中看出 $\dot{U}_2$ 滞后于 $\dot{U}_{12}$ 30° + 120° = 150°，则 $\dot{I}_1$ 滞后于 $\dot{U}_2$ 178° − 150° = 28° ≈ φ，符合相量规律。因为 $\dot{U}_2 = \dot{U}_V$，所以 $\dot{I}_1 = \dot{I}_V$。

再判断 $\dot{I}_2$，$\dot{I}_2$ 滞后于 $\dot{U}_{12}$ 239°，根据相电流滞后于相电压 27°～29°，$\dot{I}_2$ 无法找到与

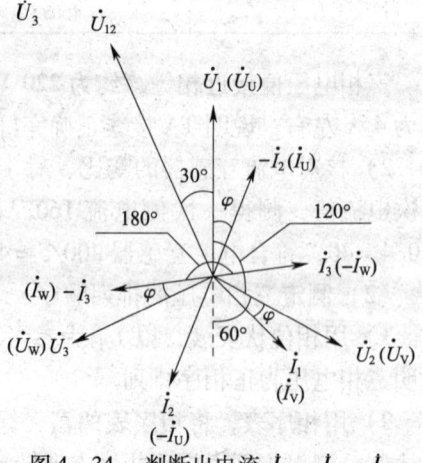

图 4—34　判断出电流 $\dot{I}_1$、$\dot{I}_2$、$\dot{I}_3$

它对应的电压,只能将 $\dot{I}_2$ 反相后再判断。$\dot{I}_2$ 与 $-\dot{I}_2$ 夹角 180°,反相后的 $-\dot{I}_2$ 正好滞后于 $\dot{U}_1 239° - 30° - 180° = 29° \approx \varphi$,符合相量规律。已知 $\dot{U}_1 = \dot{U}_U$,因此 $-\dot{I}_2 = \dot{I}_U$,$\dot{I}_2 = -\dot{I}_U$。

最后判断 $\dot{I}_3$,$\dot{I}_3$ 滞后于 $\dot{U}_{12} 117°$,根据相电流滞后于相电压 27°~29°,$\dot{I}_3$ 无法找到与它对应的电压,只能将 $\dot{I}_3$ 反相后再判断。$\dot{I}_3$ 与 $-\dot{I}_3$ 夹角 180°,$\dot{U}_{12}$ 滞后 $\dot{U}_3 90°$,反相后 $-\dot{I}_3$ 正好滞后于 $\dot{U}_3 117° + 90° - 180° = 27° \approx \varphi$,符合相量规律。已知 $\dot{U}_3 = \dot{U}_W$,因此 $-\dot{I}_3 = \dot{I}_W$,$\dot{I}_3 = -\dot{I}_W$。

(5) 写出错误接线时的结论,即电能表的三个组件分别通入的实际电压与电流,见表 4—15。

表 4—15　　　　　　　　错误接线时的结论

第一组件	$\dot{U}_U$　$\dot{I}_V$
第二组件	$\dot{U}_V$　$-\dot{I}_U$
第三组件	$\dot{U}_W$　$-\dot{I}_W$

(6) 根据结论画出错误时的接线图,以便纠正,如图 4—35 所示。

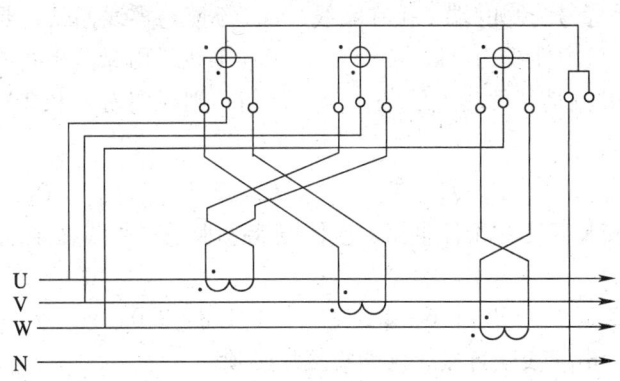

图 4—35　错误的接线图

(7) 导出错误接线时的功率表达式,计算更正系数。图 4—34 中 $\dot{U}_1$ 与 $\dot{U}_2$ 间相位差为 120°,再加一个 φ 角,$\dot{U}_1$ 与 $\dot{I}_1$ 间相位差为 120° + φ;$\dot{I}_1$ 与 $\dot{I}_2$ 间相位差为 60°,再加一个 φ 角,$\dot{U}_2$ 与 $\dot{I}_2$ 间相位差为 60° + φ;$\dot{I}_3$ 与 $-\dot{I}_3$ 夹角 180°,再加一个 φ 角,$\dot{U}_3$ 与 $\dot{I}_3$ 间相位差为 180° + φ,所以更正系数为:

$$G_x = \frac{3U_{相}I_{相}\cos\varphi}{U_{相}I_{相}[\cos(120°+\varphi)+\cos(60°+\varphi)+\cos(180°+\varphi)]}$$

$$= \frac{3\cos\varphi}{(\cos120°\cos\varphi - \sin120°\sin\varphi)+(\cos60°\cos\varphi - \sin60°\sin\varphi) - \cos\varphi}$$

$$= \frac{3\cos\varphi}{-2 \times \frac{\sqrt{3}}{2}\sin\varphi - \cos\varphi} = \frac{3}{-\sqrt{3}\tan\varphi - 1}$$

单元测试题

一、单项选择题（下列每题的选项中，只有1个是正确的，请将其代号填在横线空白处）

1. 三相四线电能表直接接入式的接线方式，下列说法正确的是：_____。
   A. 在与互感器配合使用时，接线盒内电压、电流的连片应连好，不能拆开
   B. 在接线盒内电压、电流的连片不能拆开
   C. 电压、电流的连片无论断开与否都不影响电量的正确计量
   D. 不能用三只单相电能表代替接入电路计量

2. 三相四线电能表有三个组件，如果人为断开其中一个组件的电流进线或将表尾短接，使它失去作用，那么电能表的转速应是原来的_____。
   A. 1/2   B. 2/5   C. 2/3   D. 1/3

3. 电能计量中电压回路并联后的总负荷应在相应电压互感器等级时额定容量的_____范围内。
   A. 50%~60%   B. 40%~100%   C. 25%~70%   D. 25%~100%

4. 三相四线电能表表尾端子接入中性线，以下哪一个说法是正确的_____。
   A. 应该是标号为⑨的端子接在零线   B. 不能将零线掐断，要"T"形连接
   C. 接或不接中性线均可以   D. 零线是用绿白相间的线表示

5. 当有某线电流是其两相电流的_____倍，则说明有一只 TA 一次侧或二次侧反接。
   A. $\sqrt{3}/2$ B. $\sqrt{3}$ C. $\sqrt{3}/3$ D. 2

6. 电能表的安装高度对于计量箱，应使电能表水平中心线在距地面_____ m 的范围内。
   A. 1.5~2.2   B. 1.6~2.3   C. 1.8~2.0   D. 1.4~2.0

7. 在工作时，电能表联合接线盒的短接片必须_____。
   A. 电压回路短接片短接，电流回路短接片一片短接、一片断开
   B. 电压回路短接片断开，电流回路短接片两片全部短接
   C. 电压回路短接片短接，电流回路短接片两片全部短接
   D. 电压回路短接片短接，电流回路短接片两片全部断开

8. 对于跨相90°三组件感应式无功电能表，以下说法正确的是：_____。
   A. 某组件流过哪相电流，电压就取的是另外两相，即所谓"跨相"之意。并且电压中的超前相接电压线圈的首端
   B. 某组件流过哪相电流，电压就取的是另外两相，即所谓"跨相"之意。并且电压中的滞后相接电压线圈的首端
   C. 某组件电压取的是哪两相，电流就取第三相，即所谓"跨相"之意。并且电压中的超前相接电压线圈的首端
   D. 某组件电压取的是哪两相，电流就取第三相，即所谓"跨相"之意。并且

电压中的滞后相接电压线圈的首端

二、多项选择题（下列每题的选项中，至少有2个是正确的，请将其代号填在横线空白处）

1. 电流互感器额定二次电流一般为_____A。
   A. 5　　　　　　B. 2　　　　　　C. 1
   D. 4　　　　　　E. 6　　　　　　F. 1.5

2. 下列关于低压电能计量箱的技术要求，正确的是_____。
   A. 计量箱应分成若干彼此独立的单元，各单元之间以隔板隔离
   B. 安装电能表的计量单元，应加设门锁并实施铅封；安装用户操作开关的用户单元，应设置供用户开闭的门锁装置
   C. 箱体及箱内产品或零件，应使用能耐受一定的机械、电气和热应力的材料制造，以保证在正常操作力及短路电流的电动力作用下，不发生变形而影响计量箱的正常工作。同时，不应因运输、安装等影响箱内元器件的电气性能
   D. 绝缘材料应具有耐热性、抗湿热性、抗老化、抗过热性、阻燃性和良好的绝缘性
   E. 户外型计量箱的箱体防护等级应不低于IP2X，户内型箱体防护等级应不低于IP33

3. 对于电流互感器的安装位置的要求，以下说法正确的是_____。
   A. 电流互感器应安装在电能表的上方，应便于检查及更换
   B. 穿心式电流互感器的一次绕组多于1匝时，必须使用绝缘导线绕制，并且在互感器铁心上均匀分布，以避免产生附加误差
   C. 对双二次电流互感器只用一个二次回路时，另一个次级短接或不短接均可
   D. 电流互感器的"K2"或"－"接线柱、外壳和铁心都必须可靠接地
   E. 电流互感器二次侧不允许短路
   F. 电流互感器自身有一定的质量，安装时应选用合适的螺栓将其牢靠地固定在配电板上

4. 以下关于机电一体式电能表说法正确的是_____。
   A. 在表体的下部有一块电路板，安装有脉冲处理电路、单片机、数字显示电路等
   B. 导电可动组件的转动圈数与被测电能成正比的电能表，叫机电式电能表
   C. 机电式电能表主要由感应式测量机构、光电转换器和分频器、计数器三大部分组成
   D. 光电转换器的作用是将正比于电能的转盘转数转换为电脉冲，此脉冲数也正比于被测电能
   E. 初始电能脉冲信号由于波形不理想，还必须先经过整形放大、限幅限宽等一系列处理
   F. 根据光电转换器的不同，机电式电能表可分为单向脉冲式和双向脉冲式两

种类型

5. 低压电能计量箱按安装方式选择_____。
   A. 悬挂式　　　B. 半嵌入式　　　C. 单相式
   D. 嵌入式　　　E. 单表位式　　　F. 三相式

三、判断题（下列判断正确的打"√"，错误的打"×"）

1. 三相三线无功电能表的符号是▽。　　　　　　　　　　　　（　　）
2. 校验结束后拆除标准电能表的电流回路之前，要先用短路片可靠短接 TA。
   　　　　　　　　　　　　　　　　　　　　　　　　　　（　　）
3. 三相四线电能表经电流互感器接入电路中，可以配用规格不同、变比适当的三只单相电流互感器，以扩大电能表的量程。（　　）
4. 工作中若因更换电能表等原因，确实需要带电拆开电流互感器二次连接时，应先通过试验端子排或直接将 K1、K2 端用短路片连接好，再拆开二次线。（　　）
5. 电压互感器的用途之一是取出零序电流分量供反应接地故障的继电保护装置使用。（　　）
6. 互感器颜色分开的目的是：查线时只要看装置各相相应端子导线的颜色，就可知接线是否正确。（　　）

四、简答题

1. 说明三相四线电能表的安装位置。
2. 简述电流互感器各主要参数的选择。
3. 说明电流互感器极性检查的方法。

五、画图题

画出三相四线有功电能表经电流互感器的接线图。

六、技能题

第1题　三相四线制电能计量装置的安装接线

1. 操作准备

序号	名称	型号与规格	单位	数量	备注
1	万用表	500 V	只	1	—
2	十字形旋具	—	把	1	—
3	一字形旋具	—	把	1	—
4	活动扳手	—	把	1	—
5	尖嘴钳	—	把	1	—
6	老虎钳	—	把	1	—
7	剥线钳	—	把	1	—
8	安全帽	—	个	1	—
9	工作服	—	套	1	—

2. 操作要求

（1）在电能计量安装模拟盘柜上操作。

（2）不带电作业。

3. 操作时限

40 min。

4. 配分及评分标准

序号	考核项目	考核内容	配分	评分标准
1	准备	材料准备齐全	10	（1）材料准备错、漏一项，扣1分/项。 （2）工作服、安全帽、绝缘鞋不符合要求，扣2分/处
2	安装计量装置	组件布置合理、整齐、牢固、匀称，安装符合规定	20	（1）电能表、互感器安装不牢固，扣2分/处 （2）电能表、互感器布置不合理，扣2分/处 （3）电能表、互感器布置不整齐，扣2分/处
3	布线、接线工艺要求	1. 选料正确、下料适当	5	（1）U、V、W、N相色线选择错，扣2分/处 （2）下料长度超5 cm，扣0.5分/处
		2. 线头弯圈、转向合理	20	（1）弯圈直径比螺栓直径大0.5~1.0 mm，扣1分/处 （2）剥绝缘伤金属线，扣1分/处 （3）弯圈有开口、碰到绝缘、转向错误扣1分/处
		3. 接线正确、走线合理	20	（1）接线错误或漏接，扣2分/处 （2）导线转弯不符合规范，扣0.5分/处 （3）布线、走线不合理，扣2分/处
		4. 扎线工艺符合要求	10	（1）漏扎扎带，扣0.5分/处 （2）扎带间距（50~100 mm）及与转弯处距离不符合规定，扣0.5分/处
		5. 布线整体对称美观	10	不美观扣1分/处
	安全文明生产	正确选择、使用工器具。完工后工器具、材料、场地收拾干净	5	（1）未正确选择、使用工器具，扣0.5分/处 （2）组件损坏，扣2分/处 （3）工器具、材料未整理，场地未收拾干净，扣2分/处
		合计	100	

第2题 三相四线制有功电能表的接线检查

1. 操作准备

序号	名称	型号与规格	单位	数量	备注
1	相序表	500 V	只	1	—
2	钳形相位伏安表	—	只	1	—
3	旋具	—	把	1	—
4	验电笔	低压	支	1	—
5	第二种工作票	—	张	若干	—
6	手套	—	副	1	—
7	安全帽	—	个	1	—
8	工作服	—	套	1	—

2. 操作要求
（1）在电能计量柜上带电检查计量错误。
（2）个人单独完成。

3. 操作时限
40 min。

4. 配分及评分标准

序号	考核项目	考核内容	配分	评分标准
1	准备工作	（1）根据工作任务和现场实际情况正确填写第二种工作票 （2）穿着规范 （3）工作前，应先对计量装置柜体进行验电，验电步骤正确	5	（1）工作任务、地点、人员、时间等填写错误或缺漏，扣1分/项；安全措施填写不规范，扣1分，不正确，扣2.5分 （2）着装及穿戴不规范（帽、衣服、裤子、鞋子），扣1分/处 （3）工作前，未对计量装置柜体进行验电，扣2分；验电步骤不正确，扣1分
2	检查步骤	（1）检查电压、电流接线	10	（1）仪表或量程选择错误，扣2.5分/次；测量方法错误，扣2.5分/次；测量不准确或小数位保留不够，扣1分/类；单位符号错误或缺漏，扣1分/类 （2）记录表填写错误或缺漏，扣2分/处
		（2）使用相序表正确测定相序	5	相序测定错误或记录表填写错误，扣2分

续表

序号	考核项目	考核内容	配分	评分标准
2	检查步骤	（3）测定电压、电流的相位角	10	（1）未正确检查，扣1分/项 （2）仪表选择错误，扣2分/次；测量接线错误，扣2分/次；测量不准确，扣2分/类；单位符号错误或缺漏，扣1分 （3）记录表填写错误或缺漏，扣2分/处
		（4）根据测定的电压、电流相位角，正确画出相量图	15	（1）电压、电流相量缺漏，扣3分/处 （2）相量、相位角及其下标标注错误或缺漏，扣2分/类 （3）相量符号不规范，扣1分/项 （4）相量角度偏差超过5°，扣1分/处
		（5）根据相量图分析判断，写出错误接线的接线方式、判断结论	10	（1）错误接线的接线方式、判断结论描述错误或缺漏，扣2分/类 （2）符号标注不正确或不完整，扣1分/项
		（6）根据错误接线判断结论，画出电能表电压、电流互感器及一、二次接线的错误接线图	15	（1）未画出错误接线图，扣12分 （2）电能表及电压互感器、电流互感器等画图错误或缺漏，扣3分/处 （3）一、二次接线图连接错误或缺漏，扣3分/处 （4）相别、极性、电源电流方向、高压熔断管、接地标志等漏标注或标注错误，扣2分/类
		（7）根据相量图和错误接线判断结论，正确写出错误接线功率表达式，并化简	10	（1）表达式未写或错误，扣10分 （2）公式推导过程错误，扣3分 （3）公式未化简，扣2分 （4）符号标注不正确或不完整，扣1分/处
		（8）正确列出更正系数计算公式，正确化简计算公式，准确计算更正系数	10	（1）未写公式，扣2分 （2）无分组件错误功率表达式，扣5分；功率表达式错误，扣10分 （3）无代简过程，扣2分；化简错误，扣2分 （4）计算结果错误，扣2分；计算结果保留有效位数不正确，扣1分 （5）符号标注不正确或不完整，扣1分/类

续表

序号	考核项目	考核内容	配分	评分标准
3	安全文明生产	（1）不能出现可能损坏仪器、工具的操作 （2）电流互感器二次回路严禁开路，电压互感器二次回路不得短路 （3）不得出现严重危及人身安全的操作 （4）工作完毕，应清理现场	10	（1）出现可能损坏仪器的操作，扣2.5分/次；工具掉落地面，扣1分/次 （2）电流互感器二次回路开路或电压互感器二次回路短路，扣10分 （3）出现严重危及人身安全的操作，扣10分 （4）工作完毕，未清理现场，扣2.5分
	合计		100	

单元测试题答案

一、单项选择题

1．B　2．C　3．D　4．B　5．B　6．C　7．A　8．A

二、多项选择题

1．AC　2．ABCD　3．ABDF　4．ABCDEF　5．ABD

三、判断题

1．√　2．√　3．×　4．√　5．×　6．√

四、简答题

1．答：（1）低压三相供电的计量装置表位应在屋内进门后3 m范围内。

（2）凡城市规划指定的主要道路两侧，表计应装设在屋内。

（3）基建工地和临时用电户电能计量装置的表位应设计在屋外，装设在固定的建筑物上或变压器台架上。

2．答：

（1）额定变流比的选择。　　（4）准确等级的选择。

（2）额定容量的选择。　　　（5）对动稳定性和热稳定性的要求。

（3）额定电压的选择。　　　（6）对准确度的要求。

3．答：平衡负载下，用钳形电流表进行电流值测量，正确接线下合并每两根电流进线的测量指示值应等于单相的电流值；合并三根电流进线的测量指示值应接近于零（即 $\dot{I}_U + \dot{I}_V + \dot{I}_W = 0$）。若有一个TA二次线圈（如U相）接反，合并三根电流进线的测量值会等于单相测量值的2倍；若两相同时接反，则合并三根电流进线的测量值也会是单相测量值的2倍；但三相同时接反，这种检测方法测不出结果。

五、画图题

如图4—36所示。

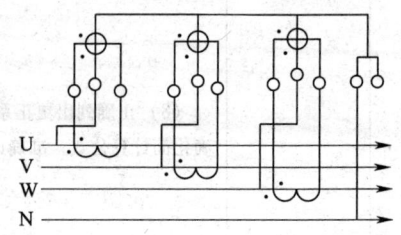

图4—36　三相四线有功电能表经电流互感器的接线图

第5单元

高压开关电器的操作与维护

- 第一节　高压隔离开关／140
- 第二节　高压负荷开关／147
- 第三节　高压断路器／150
- 第四节　高压熔断器／159
- 第五节　高压开关柜的运行维护／163

高压开关电器主要有断路器、隔离开关、负荷开关及熔断器等。高压开关电器的品种虽然很多，但都是由开断元件、支撑绝缘件、传动元件、基座及操动机构五个基本部分组成。开断元件是高压开关电器的核心部分，开关设备的控制、保护及安全隔离等任务，都是由开断元件来完成。其他组成部分都是配合开断元件，为完成上述任务而设置的。

高压开关电器应能分断、接通正常电路和故障电路，隔离高压电源，起控制、保护和安全隔离三个方面的作用。为保证电力系统安全、可靠和经济运行，对高压开关电器的接通和分断提出了具体操作要求，对高压开关电器的运行情况应时刻监视，定期检修。本单元将根据这些作用和要求，对上述电气设备进行分析。

第一节 高压隔离开关

→ 能够进行高压隔离开关的操作和维护

一、高压隔离开关的结构及作用

1. 高压隔离开关的结构形式

高压隔离开关主要由底座、支柱绝缘子、操作绝缘子及导电部分组成。其结构形式分水平断口和垂直断口两大类。

（1）水平断口的结构形式主要有闸刀式、闸刀水平旋转的双柱式、闸刀水平旋转的三柱式、闸刀垂直旋转的双柱式、闸刀垂直旋转的三柱式、瓷柱转动的伸缩插入式、瓷柱摆动的伸缩插入式和瓷柱移动的伸缩插入式。

（2）垂直断口的结构形式主要有闸刀式、偏折的伸缩式和对称折的伸缩式。

2. 高压隔离开关的主要分类和特点

（1）按安装地点不同，可分为户内式和户外式。户外式须适应恶劣的气候条件，包括在覆冰时仍能顺利断开、闭合闸。而户内式则无此要求。

（2）按闸刀的极数不同，可分为单极和三极两种。

（3）按使用特性，可分为一般用、快断用和变压器中性点接地用三类。一般用的隔离开关，又有输配电用和发电机母线用之分，后者电压不高但电流很大；快断用的隔离开关，通常用分闸弹簧使之在0.5 s内自动快速分闸；变压器中性点接地用的隔离开关，为单极结构，其断口一端接变压器中性点，另一端直接或经电流互感器接地。

（4）按断口两端有无接地装置及附装接地刀的数量不同，分为不接地（无接地刀闸）、单接地（一把接地刀闸）和双接地（两把接地刀闸）。

3. 高压隔离开关的作用和结构要求

（1）高压隔离开关的作用。高压隔离开关是一种没有专门灭弧装置的开关设备，在闭合闸状态能可靠地通过正常的负荷电流和故障短路电流，在断开状态有明显可见的断口。隔离开关的主要作用有：

1）隔离电源。使需要检修或分段的电路与带电部分可靠隔离。高压隔离开关有时还附有接地装置，供检修时接地，以保证安全。

2）倒换母线操作。在断口两端接近等电位的条件下，可进行转移负荷电流的闭合、断开，以变换双母线或并联短线路的接线方式。

3）闭合、断开无电流或小电流电路。

(2) 高压隔离开关的结构要求。鉴于上述作用，高压隔离开关在结构上应满足下列要求：

1）具有可见的明显断开点，以便鉴别停电设备是否与带电部分确实隔离。

2）断口之间应具有可靠的绝缘，以保证在恶劣气候、过电压或相间闪络等情况下，不致击穿而危及人身安全。

3）在故障短路电流作用下，要有足够的热稳定性和电动稳定性，尤其不应在电动力作用下自行断开。

4）结构简单，动作可靠。

5）带接地刀的隔离开关必须有联锁装置，以保证停电时，先断开隔离开关，后闭合接地刀；送电时，先断开接地刀，再闭合隔离开关。

二、常用的高压隔离开关

1. 户内式高压隔离开关

户内式高压隔离开关一般为闸刀式，有单极和三极两种类型，其动触头（闸刀）与支持绝缘子的轴垂直装设，动、静触头之间多为线接触。

(1) GN8-10系列隔离开关。GN8-10系列隔离开关为10 kV户内式隔离开关，其额定电压为10 kV，额定电流有200 A、400 A、600 A、1 000 A。其结构如图5—1所示。

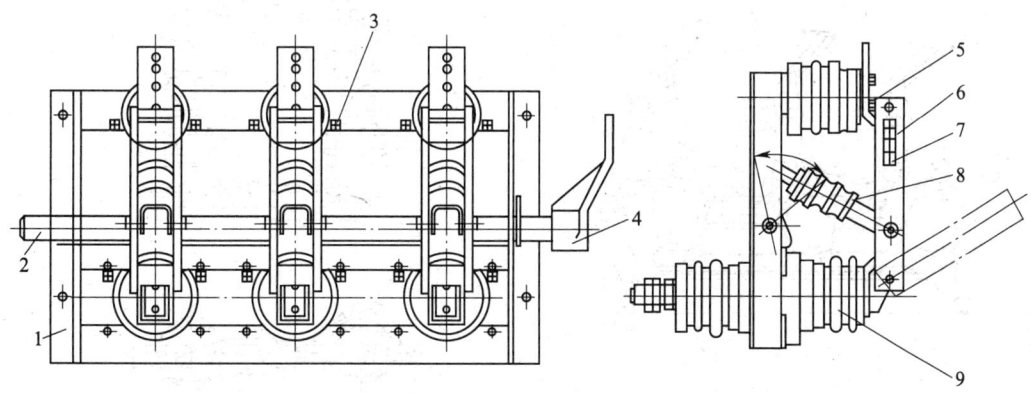

图5—1 GN8-10系列户内隔离开关结构
1—底座 2—主轴 3—压力弹簧 4—主拐臂 5—静触头
6—动触头刀片 7—钢片 8—操作绝缘子 9—支柱绝缘子

它的每相动触头为两根平行矩形铜条制成的导电闸刀（动触头刀片），由压力弹簧紧夹在静触头两侧形成线接触。

动触头刀片依靠操作绝缘子转动,操作绝缘子的一端与动触头刀片铰接,另一端与主轴上的小拐臂铰接。主轴上装有主拐臂和三个小拐臂(每相一个)。闭合、断开时,由主拐臂驱动主轴及小拐臂旋转,从而使操作绝缘子带动动触头刀片进行闭合、断开。三极隔离开关有专门的操动机构,通过其连杆与主拐臂连接,以控制隔离开关的闭合、断开。

这种高压隔离开关的电流通路为:外电路→静触头→动触头刀片→动触头出线套管(支柱绝缘子)的导电杆→另一侧外电路。

这种高压隔离开关结构的优点是,由于流过两刀片的电流方向相同,将产生向内的电动力,电流越大,触头的夹紧力也越大,以保证正常工作或短路时,有足够的电动稳定度。为了增大夹紧力,还在两刀片的外侧各贴上一块钢片,形成磁锁作用,以进一步提高电动稳定度。

(2) GN2-10系列隔离开关。GN2-10系列户内隔离开关的基本结构与GN8-10系列相似,所不同的是在刀片的两侧没有钢片,不形成磁锁作用,其结构如图5-2所示。

除上述两种型号外,常用的GN系列隔离开关还有很多,如GN6、GN10、GN19等,其额定电压有6 kV、10 kV、35 kV等,它们的基本结构大致相同,区别在于额定电流、外形尺寸、布置方式和所配操动机构等不同。

2. 户外式高压隔离开关

户外式高压隔离开关的工作条件比较复杂,所以绝缘性能和机械强度要求较高,尤其在结冰情况下操作,其动作过程要有破冰功能,且不损坏支柱绝缘子。户外式高压隔离开关有单柱式、双柱式和三柱式三种。

(1) GW4-35系列隔离开关。GW4-35系列户外式隔离开关,其额定电压为35 kV,额定电流为630~2 000 A。这种开关为双柱式结构,一般制成单极形式,既可单相使用,也可借助连杆组成三相联动使用,如图5-3所示。

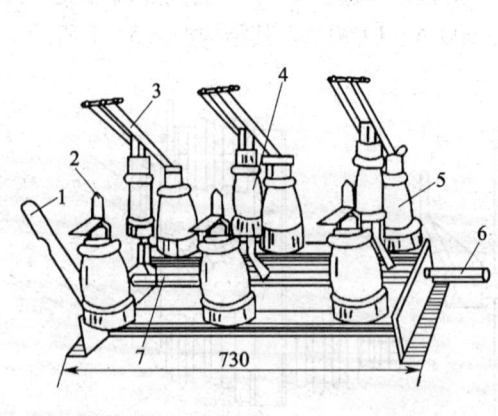

图5-2 GN2-10系列户内隔离开关
1—转动杠杆 2—静触头 3—动触头
4—拉线绝缘子 5—支持绝缘子
6—转动轴 7—拉杆

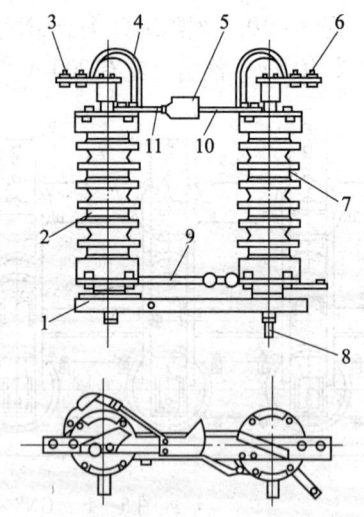

图5-3 GW4-35系列户外隔离开关(一相)
1—底座 2—支柱绝缘子 3—接线端子 4—软接线
5—触头防护罩 6—接线端 7—支柱绝缘子 8—轴
9—交叉连杆 10—右闸刀 11—左闸刀

由图可知，其基本结构由底座、支柱绝缘子和导电部分组成。两个支柱绝缘子分别装在底座两端的轴承上，并用交叉连杆连接，可以水平转动。导电闸刀分成左、右两段，分别固定在两个瓷柱顶端，指形触头藏在防护罩中，以防雨水、冰雪及灰尘对触头的侵蚀。电流通路为：左侧接线端→左软接线→左闸刀→触头盒中的触头→右闸刀→右软接线→右侧接线端。

GW4隔离开关可配用手动或其他操作机构，由操作轴通过连杆传动机构带动两侧支柱绝缘子棒式瓷柱及左、右闸刀沿水平的相反方向各回转90°，实现闭合、断开。接线端与支柱绝缘子之间制成活动的，以避免操作时引起母线摆动。

（2）GW5-35系列隔离开关。GW5-35系列户外隔离开关，其额定电压、额定电流与GW4-35相同。这一系列隔离开关属于双柱结构，每极有两个实心棒式支持绝缘子成50°夹角V形布置，故又称为V形隔离开关。在现场用三个单极借助连杆组成三相联动的隔离开关，如图5—4所示。

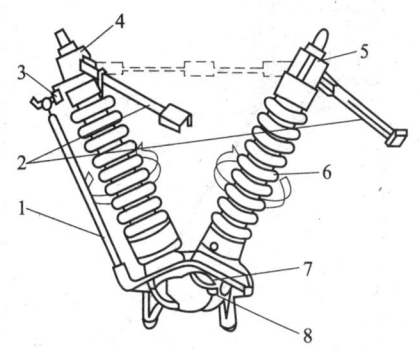

图5—4　GW5-35系列户外隔离开关
1—接地闸刀　2—主闸刀　3—接地静触头
4—出线座　5—导电带　6—支持绝缘子
7—轴承座　8—伞齿轮

由图可见，开关的两个支柱绝缘子固定在底座中的轴承座及伞齿轮上，操作时连杆带动伞齿轮及两个支柱绝缘子向相反方向各转动90°，实现闭合、断开。

GW5隔离开关有不带接地闸刀、带单接地闸刀和带双接地闸刀三种。接地闸刀的作用是在主闸刀分开后，用它与出线侧接地，以保证检修工作安全。

GW4-35、GW5-35系列隔离开关的优点是：结构简单，尺寸及占地空间小，质量轻；闸刀长度短，使导电系统稳定，破冰能力强；大部分零件可以通用。缺点是：闭合时瓷柱受弯折力，所以机械强度要求高；极间距离较大。

三、高压隔离开关的操作

1. 高压隔离开关的操作机构

高压隔离开关使用操作机构进行操作，既提高安全性又使操作简化、省力；若在隔离开关操作机构与断路器操动机构之间装上联锁装置，还可防止带负荷断开隔离开关。

高压隔离开关操作机构的类型很多，大致可分为手动杠杆式、手动涡轮式、电动式和气动式。下面介绍几种常用的操作机构。

（1）CS6型手动杠杆式操作机构。这种操作机构，结构简单、价格低廉，广泛应用于300 A及以下的户内高压隔离开关上。其构造及动作原理如图5—5和图5—6所示。

在前轴承7的轴O_1上，装有硬性连接的手柄1和杆9；在后轴承8的轴O_2上，装有彼此硬性连接的杆5和杆6。杆6、杆9与杆10分别铰接于c和d。在图5—5中，杆10的一部分和杆9看不到，它们被装在操动机构内部。杆6做成扇形，边缘有一排孔，可用螺栓穿入某一孔内，将杆5与扇形杆作不同角度的硬性连接，以便调整。

杆5利用牵引杆3两端的接头2和隔离开关轴O_3上的拐臂4相铰接。

在连杆系统9—10—6中（见图5—6），杆9是引动的，杆10是传动的，扇形杆6是被引动的环节；在连杆系统5—3—4中（见图5—6），杆5是引动的，杆3是传动的，杆4是被引动的环节。

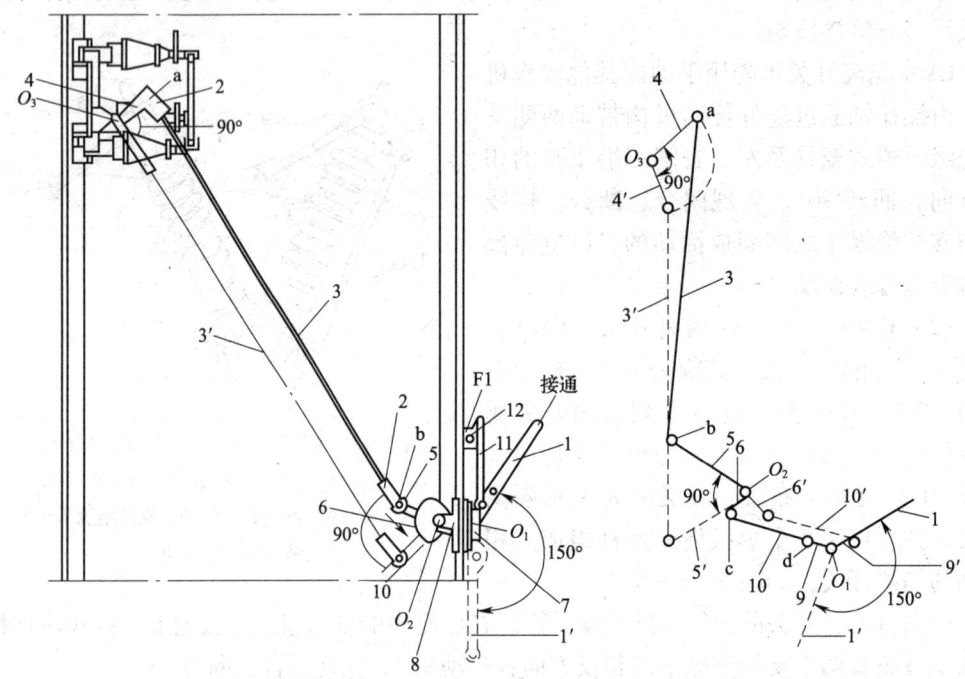

图5—5　CS6型手动杠杆操动机构　　　图5—6　CS6型连杆机构工作原理图

图5—6中实线表示隔离开关的闭合位置，虚线则表示隔离开关的断开位置，箭头表示隔离开关断开时，手柄1和连杆5转动的方向。当手柄向下转过150°，杆9也转过150°，而杆5随扇形杆6只转过90°，拐臂4也只转过90°。

隔离开关在闭合位置时，拐臂4与牵引杆3之间的夹角接近90°，因而在闭合过程结束时，或断开过程开始时，能使隔离开关轴上的操作力矩接近最大值。

在闭合位置时，引动杆9和引动杆5与相应的转动杆10和转动杆3处于靠近死点位置，这样，可防止闸刀因故障短路电流的电动力而自动断开。

(2) CY2型电动液压操作机构。这种操作机构只要容量不大的交流电源即可实现远距离操作，也可以在现场手动操作，可供操作各类隔离开关。同时它还具有体积小、出力大、结构简单、操作平稳等优点。

CY2型电动液压操作机构的结构原理如图5—7所示。其动作原理为：由电动机驱动齿轮油泵，产生高压油流推动油缸中的活塞，再由与活塞成硬性连接的齿条作直线运动，通过齿轮带动机构主轴作回转运动，实现闭合、断开。

CY2型电动液压机构的电气原理如图5—8所示，其合闸操作原理如下：按下合闸按钮1SB1，正转接触器线圈1KM通电，接通电动机电路，使电动机转动。并由本身触点1KM自保持，直至合闸终了。此时，由主轴上的凸轮使辅助开关中的合闸终端分断接点1SQ分开，1KM断电，电动机电路被切断，合闸操作完毕。

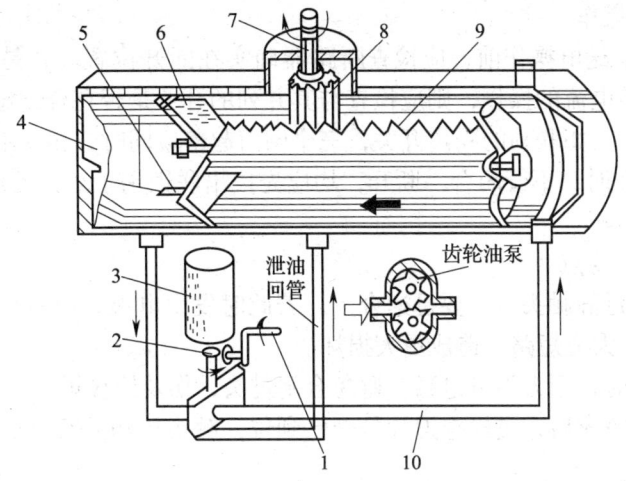

图 5—7 CY2 型电动液压操动机构的结构原理图

1—摇手把 2—伞齿轮 3—电动机 4—油缸 5—逆止阀
6—活塞 7—主轴 8—齿轮 9—齿条 10—主油管

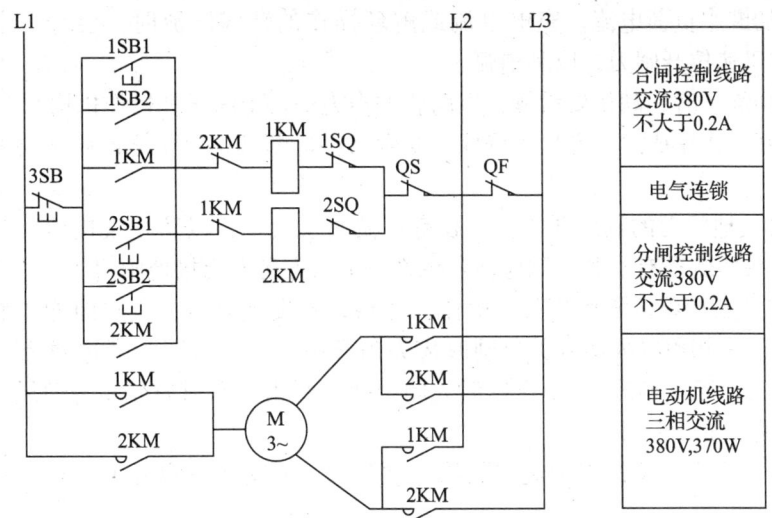

图 5—8 CY2 型电动液压操动机构的电气原理图

1SB1—合闸按钮 1SB2—远方合闸按钮 2SB1—分闸按钮
2SB2—远方分闸按钮 3SB—停止按钮 1KM—正转接触器 2KM—反转接触器
QS—接地刀闸机构中的信号接点（联锁用） QF—断路器机构中的信号接点（联锁用）
2SQ—分闸终端分断接点 1SQ—合闸终端分断接点

分闸操作时，按下分闸按钮 2SB1，其动作原理与合闸情况相同。

（3）CS9 型手动涡轮操作机构。这种操作机构主要用来操作额定电流 3 000 A 及以上的户内式重型隔离开关，一般配电装置少用。

（4）电动操作机构。这种操作机构适用于远距离操作，因其机构复杂且价高，所以主要用在操作户内式重型隔离开关及额定电压 110 kV 及以上的户外式隔离开关，一般配电装置少用。

2. 停、送电操作

（1）执行停、送电操作前，应检查断路器确实在断开位置。若是执行倒换母线或闭合、解环等转移电流的操作，则应检查与其并列的开关是否在合闸位置，以免带负荷断开、闭合闸刀。三相联动的隔离开关，三个闸刀起落应同时，相差不大于 3 mm。

（2）手动操作时，不管闭合、断开，均应先拔出联锁销子，开始操作要慎重缓慢，之后则应迅速果断。

（3）合闸操作要点

1）当刀片接近静触头时，要迅速合上。若此时发生电弧，应一合到底，禁止往回拉闸，以免弧光扩大成短路，造成更大损坏。

2）合闸终了时，用力不可过猛，避免合闸过头，伤及绝缘子。

3）合闸操作完成后，应检查刀片是否已到位，触头接触是否良好，联锁销子是否已插好。

（4）分闸操作要点

1）当刀片刚离开静触头时，若因误操作而发生电弧，应立即将隔离开关重新合上，并停止操作。如果隔离开关已完全拉开，则不允许将该开关再合上。

2）在切断小负荷电流、充电电流或解环操作的转移电流时，会有一定的电弧发生。此时应迅速拉开闸刀，以利消弧。

3）拉闸终了时，动作要缓慢，以防止冲击力伤及绝缘子和操作机构。

4）分闸操作完成后，应检查确保三相闸刀都已断开，触头之间距离合格，联锁销子已插好。

（5）带接地闸刀的隔离开关，均装有机械闭锁装置，以防止误接地。若在隔离开关动、静触头两侧都有电源，则应在各侧都停电后方可合上接地闸刀。

（6）户外三相单极隔离开关，操作一相后，若发现有误，应立即停止操作，并汇报等候处理。三相单极隔离开关分闸时应先断开中间相，后断开旁边两相（有风时先断开背风相，后断开迎风相）。合闸时先闭合旁边两相（有风时先闭合迎风相，后闭合背风相），最后闭合中间相。

（7）除在隔离开关作用中规定的操作项目外，严禁用隔离开关闭合、断开负荷电流和故障短路电流。

四、高压隔离开关的运行监视及维护

1. 高压隔离开关投入使用前的检查与维护

（1）检查零件有无损坏、刀闸及触头有无变形。

（2）用 0.05 mm 塞尺检查可动闸刀与静触头的接触情况。对接触表面为线接触的，接点应塞不进去塞尺；对接触表面宽度为 50 mm 及以下的面接触，其塞入深度应不超过 4 mm；对接触表面宽度为 60 mm 及以上的面接触，不应超过 6 mm。

（3）检查刀片的中心线并校正进入刀口的刀片。刀片进入刀口应无侧击；刀片与刀口的中心线应重合。如有偏差，可稍微扳正刀片或微调绝缘瓷瓶上的刀口。

（4）检查触头弹簧及其压力。从刀口拉出刀片，拉力应符合规定值，压力可通过调整固定螺母的松紧来实现。

(5）清扫和润滑隔离开关及操作机构

1）接触部分的清扫。先用软钢丝刷进行清扫，清扫后的零件用浸汽油的抹布和砂布进行清擦。

2）操作机构的润滑。当温度为0℃及以上时，用凡士林油或润滑脂润滑；当温度低于0℃时，用专用的防冻油进行润滑。

3）接触部分的润滑。使用中性凡士林油或导电脂润滑。

2. 高压隔离开关的运行监视

运行中的高压隔离开关应监视的内容：

（1）电流不得超过额定值。

（2）各部分温度不得超过70℃，尤其是引线接头和刀片触头处，一般用变色漆或示温蜡片监视（黄、绿、红三种蜡片熔化温度分别为60℃、70℃、80℃），也可采用红外线测温仪定期巡测。

3. 高压隔离开关的检查与维护

（1）检查绝缘套管及支持绝缘子，应清洁，表面无裂纹、无破损、无电晕或放电痕迹。

（2）检查操作机构的操作连杆及各机械部分，外表应无破损、不锈蚀，各部件连接紧固，位置正确，无歪斜、松动、脱落等不正常现象。

（3）检查闭锁装置应良好，在拉开隔离开关后，电磁锁或机构闭锁的销子应插牢，辅助接点应正确。

（4）刀片和刀嘴（尤其是消弧角处）应无脏污和氧化锈蚀、无发热变形或烧伤痕迹；弹簧无折断、铜辫线无断股现象。

（5）检查触头，触头处应接触紧密良好，没有发热现象；闭合、断开过程应无卡湿，触头中心要校准；三相同时接触。

（6）当隔离开关通过较大负荷电流时，应注意检查合闸状态的隔离开关应接触严密，无弯曲、发热、变色等异常现象。

（7）母线连接处无松动、脱落现象。

（8）接地线良好。

第二节 高压负荷开关

→ 能够进行高压负荷开关的操作和维护

一、高压负荷开关的结构和作用

1. 高压负荷开关的作用

高压负荷开关，具有简单的灭弧装置，灭弧能力较弱，所以主要用于闭合、断开负荷电流及不太大的过负荷电流;有时也用来闭合、断开空载变压器、空载线路和电容器组。但它不能闭合、断开短路电流。若要实现短路保护必须与熔断器串联配合使用,由熔断器负责切断短路电流。

2. 高压负荷开关的分类

按使用场所可分为户内式和户外式负荷开关;按灭弧方式可分为油浸式、产气式、压气式、真空式和六氟化硫式负荷开关。

3. 压气式高压负荷开关的结构和工作原理

(1) 结构。压气式高压负荷开关的结构如图5—9所示,框架的左右两侧安装有两个绝缘子,左侧的支持绝缘子为实心结构,右侧的支持绝缘子被制成空心的,中间形成汽缸,顶部装有与右出线板相连接的金属喷口。右出线板左侧往上弯曲90°形成主触头的静触头,高压负荷开关的动触头系统安装在左出线板上,主闸刀末端是主触头的动触头。主轴上连有3个拐臂,一个控制活塞的上下运动,一个驱动四连杆机构组成的传动系统,第三个控制分闸弹簧的拉伸(储能)和收缩(释放能量)。

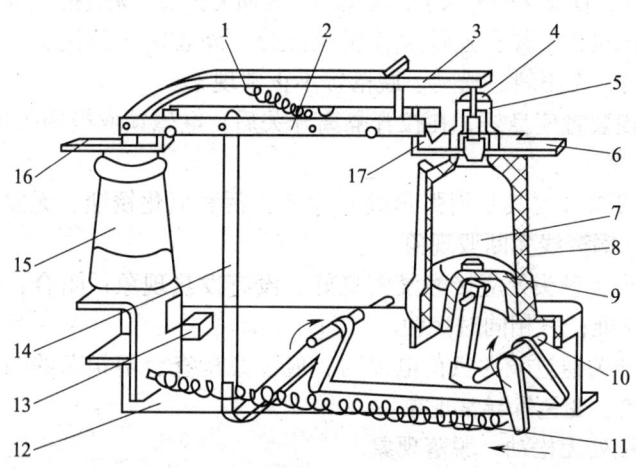

图5—9 压气式高压负荷开关结构(开关处于合闸位置)
1—弹簧 2—主闸刀 3—弧闸刀 4—弧触头 5—喷口 6—右出线板
7—汽缸 8—支持绝缘子 9—活塞 10—主轴 11—分闸弹簧 12—框架
13—分闸缓冲器 14—绝缘拉杆 15—支持绝缘子 16—左出线板 17—主触头

(2) 工作原理。分闸时,操动机构脱扣,在分闸弹簧的作用下,主轴顺时针旋转,一方面通过曲柄滑块机构使活塞向上运动压缩气体,另一方面通过两套四连杆机构组成的传动系统,使载流用的主闸刀先行打开,然后推动弧闸刀使弧触头打开,汽缸中的压缩空气通过喷口吹灭电弧。合闸时,操作机构通过主轴及传动系统,使主闸刀和弧闸刀同时顺时针旋转,弧触头先闭合,主轴继续转动,使主触头随后闭合。在合闸过程中,分闸弹簧同时储能。

二、FN16-10RT型真空负荷开关

1. 结构

FN16-10RT型真空负荷开关主要由底架、真空灭弧室、隔离开关、接地开关、熔

断器、脱扣器及操作机构组成。隔离开关通过上下绝缘子固定于底架上。真空灭弧室通过绝缘子紧固于上下支架间，上下支架间加装有绝缘柱支撑，以增强机械稳定性。熔断器上端固定于真空灭弧室的下支架上，下端通过接触座固定于绝缘子上。接地开关安装在真空灭弧室下端、熔断器的上端。弹簧操纵机构装于底架的右侧，机械闭锁装置在底架的左侧，如图5—10所示。

2. 操作

（1）真空灭弧室的操作。该系列开关真空灭弧室的操作方式采用人力弹簧储能，操作同一手柄可实现储能、合闸、分闸三种功能。操作手柄向下，合闸弹簧储能；操作手柄向上抬，可实现合闸；再向下压则实现分闸。

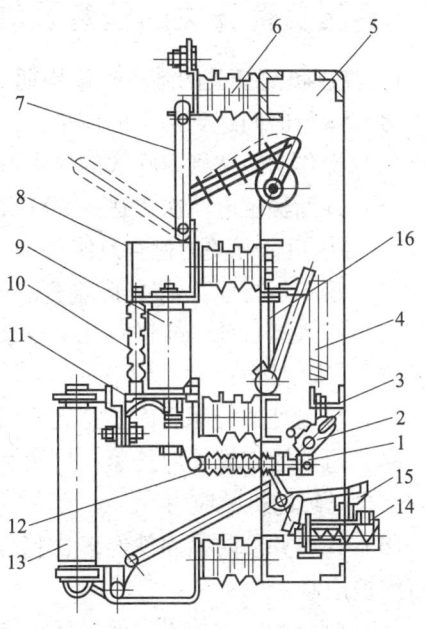

图5—10　FN16-10RT型真空负荷开关—熔断器组合电器断面图
1—滑套　2—弹簧拉杆　3—分闸缓冲垫
4—分闸弹簧　5—底架　6—绝缘子
7—隔离刀　8—上支架　9—真空灭弧室
10—绝缘柱　11—下支架　12—绝缘拉杆
13—熔管　14—螺杆　15—螺母
16—接地开关

（2）隔离开关、接地开关的闭合、断开操作。通过机构闭锁装置的定位，隔离开关只能在真空灭弧室分闸后，才可以进行闭合、断开操作，接地开关只有在隔离开关分闸后，才能进行闭合、断开操作。

（3）熔断器分闸。处于合闸位置的负荷开关，当故障短路电流或较大的过负荷电流流过主回路时，熔断器的熔体一相或几相熔断，撞击器动作，快速撞击组合电器的脱扣机构，使真空灭弧室在分闸弹簧的作用下快速分闸。

三、高压负荷开关的操作注意事项

（1）高压负荷开关只能切断和闭合规定的负荷电流，不允许在短路的情况下操作。

（2）高压负荷开关的操作一般比较频繁，因此在运行期间应保持各运动部件的润滑良好，防止生锈。注意检查并预防紧固零件经多次操作后松动。当操作次数达到规定限度时，必须检修。

（3）由于负荷开关不能断开故障短路电流，故它与熔断器组合使用时，继电保护应按如下要求整定：当故障短路电流大于负荷开关的开断能力时，必须保证熔断器先熔断，然后负荷开关才能分闸；当故障短路电流小于负荷开关的开断能力时，则由负荷开关断开，熔断器不动作。

（4）开关外壳或底架应可靠接地。

四、高压负荷开关的检查及维护

1. 高压负荷开关的维护检修周期

（1）运行时间达到两年的应进行维护；达到20年的应进行检修。

（2）操作次数达到500次的应进行维护；达到1 000次的应进行检修。

（3）开断额定电流次数达到500次的应进行检修。

2. 高压负荷开关的检查及维护

（1）投入运行前，绝缘子应擦干净，各转动部分应涂上润滑油。

（2）投入运行前，应进行几次空载闭合、断开操作，触头系统和操作机构应无任何呆滞、卡阻现象。

（3）接触处的接触表面要打光，以保证接触良好。

（4）母线固定螺栓应拧紧，同负荷开关的连接母线要配置合适，不应使负荷开关受到来自母线的机械应力。

（5）检查并预防紧固件经多次操作后松动，当操作次数达到规定的限次时，必须进行维护检修。

（6）触头受电弧的影响而损坏时要进行检修，若损坏严重则要将其更换。

（7）当负荷开关与熔断器串联使用时，应保证高压熔件整定符合继电保护要求。

（8）产气式负荷开关在检修以后，要按规定调整行程和闸刀张开角度。

（9）对油浸式负荷开关要经常检查油面。缺油时要及时注油，以防操作时引起爆炸。

（10）检查开关外壳或底架的接地性能。

第三节 高压断路器

 → 能够进行高压断路器的操作和维护

一、高压断路器的功能和类型

1. 高压断路器的作用

高压断路器是高压电路中的重要电气元件，是在正常或故障情况下接通或断开高压电路的专用电器。高压断路器的作用主要体现在对电路的控制和保护上。所谓控制作用，就是正常运行时，靠它接通或断开电路；所谓保护作用，就是电网发生故障时，在继电保护作用下迅速断开电路，切除故障线路。在特殊情况下（如送电合闸或自动重合闸在故障线路时）还能可靠地接通后又断开短路电流。

2. 高压断路器的主要技术参数

(1) 额定电压 U_N（kV）。断路器运行中所能承受的正常工作线电压，它决定了断路器的绝缘水平。

(2) 额定电流 I_N（A）。保证断路器各部分温度不超过允许值而长期通过的工作电流，它决定了断路器触头及导电部分的截面。

(3) 额定开断电流 I_{NO}（kA）。在额定电压下断路器能可靠切断的最大电流有效值，它表明断路器的断路灭弧能力。

(4) 额定断流容量 $S_{NO} = \sqrt{3} U_N I_{NO}$（MVA）

3. 高压断路器的类型

按安装地点可分为户内式和户外式两种；按灭弧介质和工作原理可分为油断路器、真空断路器、六氟化硫断路器、压缩空气断路器和磁吹断路器等。油断路器又分为少油断路器和多油断路器。

(1) 高压少油断路器。少油断路器中的油量很少，绝缘油仅作为灭弧介质和断路器分闸后断口之间的绝缘，而以瓷质绝缘子和有机材料及空气作为对地和相间绝缘。其优点是：结构简单，耗材少，体积小，防爆、防火性能比多油断路器好，使用安全及简化配电装置等。缺点是：检修周期短，户外使用时受气候条件影响大，配套性差，而且有油，不宜在易燃、易爆、地下室等场所使用。少油断路器目前虽仍有使用，但已逐渐被真空断路器和 SF_6 断路器等新型断路器替代。

(2) 高压真空断路器。真空断路器是指触头在高真空（真空度在 4～10 mmHg 以上）中接通、断开电路的断路器。由于真空具有优良的绝缘和灭弧性能，所以用它做灭弧介质，有利于电弧的熄灭。

真空断路器的主要优点是：触头开距小（如 ZN28 开距为 11 mm ± 1 mm），动作速度快；燃弧时间短，触头烧损轻；体积小、质量轻；维修工作量小；防火、防爆；操作噪声小；适合于频繁操作，特别适用于开断电容性负荷电流。主要缺点是：造价高；灭弧室的真空度较难监视；开断小电感电流时，可能产生过电压。

真空断路器的类型，可从不同角度来划分：

1) 按使用场所划分，可分为户内式和户外式，分别用 ZN 和 ZW 来表示。

2) 按断路器主体与操作机构的相关位置划分，可分为整体式和分体式。整体式真空断路器操作机构与开关本体安装在同一骨架上，体积小、质量轻、安装调整方便、机械性能稳定。分体式真空断路器操作机构与开关本体分别装于开关柜的不同位置上。

(3) 高压六氟化硫断路器。六氟化硫断路器是利用六氟化硫（SF_6）气体作为绝缘介质和灭弧介质的高压断路器。

SF_6 断路器按使用场所划分，可分为户外式和户内式；按总体结构划分，可分为瓷瓶支柱式、落地罐式（高压）和手车式（中压）；按灭弧方式分，可分为单压式与双压式。双压式断路器有两个压力系统，一个低压气体系统用来保证断路器内部绝缘，另一个高压气体系统用于灭弧。其优点是开断能力强，动作迅速，但结构复杂。单压式断路器中只充一种压力的气体作为断路器的内绝缘，单压式 SF_6 断路器按触头工作方式可分为定开距式和变开距式两种。

二、高压断路器的工作原理

1. 高压断路器的操作机构

(1) 操作机构应具备的功能。断路器操作机构的作用是使断路器合闸、分闸，并维持合闸状态。因而操作机构均包括合闸机构、分闸机构和维持合闸机构（机械挂钩）。为了安全可靠地控制断路器合闸、分闸，操作机构必须具备下列功能：

1) 合闸功能。首先要有足够的合闸力量，既要给合闸弹簧储能，又要保证合闸速度符合要求；其次在合闸成功、合闸力量消失后，应有机械挂钩装置保证断路器仍然牢靠地维持在合闸状态。

2) 分闸功能。首先要有足够的分闸力量，来保证分闸速度符合要求；其次要求既能电动分闸也能手动分闸；最后要具备自由脱扣功能，即断路器在合闸中途接到分闸命令，也能马上分闸。

3) 复位功能。断路器分闸后，能自动恢复到准备合闸状态。

4) 联锁功能

①位置联锁。机构在合闸、分闸位置时，不能再进行相应的合闸、分闸操作。

②压力联锁。气压、液压低于或高于规定值时，不能进行合闸、分闸操作。

③弹簧位置联锁。弹簧储能不到位，不能进行合闸、分闸操作。

根据原动力的不同，操作机构的类型可分为：手动式、电磁式、弹簧储能式、液压式和气压式等。断路器原则上可配用不同的操作机构进行操作，但有的操作机构是专门为某种断路器设计的，它在使用或制造时已和断路器连在一起，组成了一个整体。

(2) 手动操作机构。手动操作机构是靠人力直接合闸、靠弹簧储能分闸、具有自由脱扣装置的操动机构。其优点是结构简单；缺点是操作功率小，合闸时间长。

(3) 电磁操作机构。CD10 型电磁操作机构是一种户内悬挂式机构，是用电磁铁将电能直接变成机械能作为合闸动力的机构，一般与 SN10 系列少油断路器配合使用。该机构可以电动或手动合闸、分闸，也可以自动重合闸。由于它是直接作用式机构，所以合闸时电流很大（几十安到几百安），需要配备足够容量的直流电源。这种机构结构简单，运行可靠，广泛用于 6~10 kV 的断路器中。

(4) 弹簧储能操作机构。利用弹簧储存的能量进行合闸的机构，称为弹簧储能操作机构（简称弹簧操作机构）。其工作原理是：合闸前先用电动机或人力对合闸弹簧进行拉伸储能，合闸时该弹簧收缩释放储存的能量，将断路器合闸。下面以 CT19 弹簧操作机构为例（见图 5—11）说明储能过程：电动储能时，电动机从齿轮轴 A 的一端输入功率，经齿轮 A—B、C—D 两级减速后，由 D 轮带动驱动爪 12 及与驱动爪啮合的驱动块 8 转动，由于驱动块 8 与储能轴 14 机械地固定在一起，于是储能轴 14 及其摇臂 9 也跟着转动，合闸弹簧 3 被拉伸储能；弹簧储能到位后，摇臂 9 推动行程开关 10，切断电动机电源，同时离合推轮 6 将驱动爪 12 抬起，使其与驱动块脱离啮合，以保证储能机械系统在惯性力作用下不致损坏。人力储能时，将长约 420 mm 的操作手柄插入人工储能摇臂的插孔中并上下摆动,通过摇臂上的棘爪 7 驱动棘轮 11,带动储能轴 14 转动,实现合闸弹簧 3 储能。

在合闸的同时对分闸弹簧进行拉伸储能,准备分闸。这种机构的优点是合闸储能电源容量小,交直流均可作为储能电源;结构成套性强,不需要配备附加设备。缺点是结构复杂,加工工艺及材料性能要求高,安装调试困难,价格较贵。

2. SN10-10 断路器的工作原理

(1)合闸过程。如图 5—12 所示,操作机构的合闸力矩使框架上的主轴及主轴上的三个主拐臂和两个分闸弹簧拐臂均顺时针旋转。通过主拐臂、绝缘拉杆、拐臂及主轴、转轴连线组成的四连杆机构使基座内的转轴、拐臂顺时针旋转,从而带动导电杆向上作直线运动,直至合闸,并由操作机构中的机械闭锁(或叫机械挂钩),使断路器维持合闸状态。分闸弹簧拐臂使分闸弹簧拉伸储能。

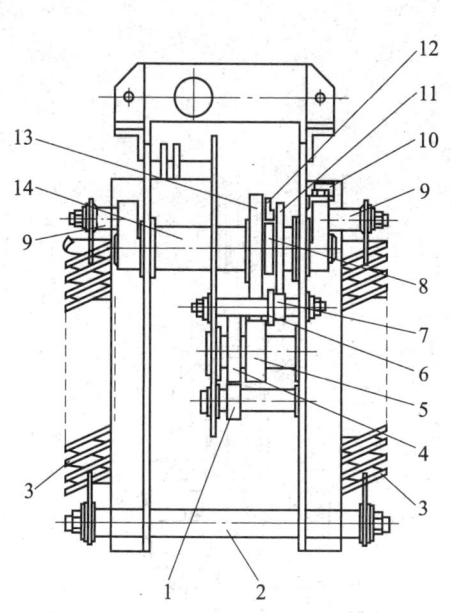
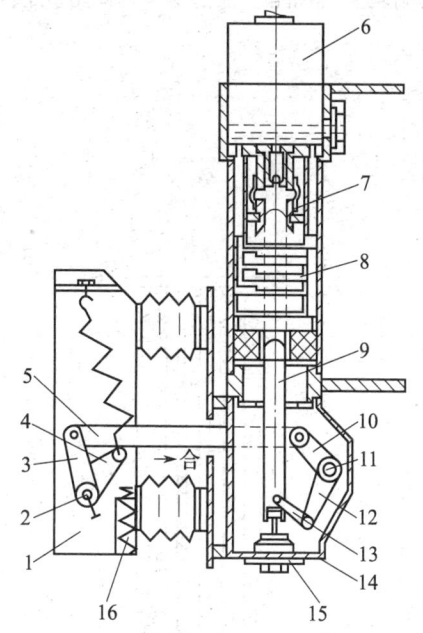

图 5—11　CT19 弹簧操纵机构
储能机构示意图
1—齿轮 A　2—弹簧轴　3—合闸弹簧
4—齿轮 B　5—齿轮 C　6—离合推轮
7—止动棘爪　8—驱动块　9—摇臂
10—行程开关　11—棘轮　12—驱动爪
13—齿轮 D　14—储能轴

图 5—12　SN10—10 断路器
1—框架　2—主轴　3—主拐臂
4—分闸弹簧拐臂　5—绝缘拉杆
6—油气分离器　7—静触头　8—灭弧室
9—导电杆　10—拐臂　11—转轴
12—基座内拐臂　13—连杆　14—基座
15—分闸缓冲器　16—合闸缓冲器

合闸快到终点时,主轴拐臂上的缓冲滚子碰撞并压缩合闸缓冲器,起合闸缓冲作用,并可加快分闸速度。

(2)分闸过程。合闸状态下,操作机构中的机械闭锁被打开时,分闸弹簧收缩,带动框架上的主拐臂和主轴反时针旋转,通过四连杆机构使基座内的转轴、拐臂也反时针旋转，从而带动导电杆向下运动，断路器分闸。分闸快到终了时，导电杆下端油缸套入分闸缓冲器活塞，起分闸缓冲作用。

3. SF_6 断路器的工作原理

瓷瓶支柱式 SF_6 断路器外形类似户外式少油断路器，灭弧装置装在支柱瓷套的顶部，由绝缘杆操作，如图 5—13 所示。落地罐式 SF_6 断路器外形类似箱式多油断路器。瓷瓶支柱式的优点是系列性好，用不同个数的标准灭弧单元与支柱瓷套，即可组成 6 kV 及以上不同电压等级的产品。落地罐式的断路器特点是结构稳固、抗振性能好、可以加装电流互感器，比较适用于多地震、污染严重的地区。

单压式变开距 SF_6 断路器灭弧室如图 5—14 所示，采用活塞式结构，其中压气活塞不动，而导电杆、动触头、喷嘴、及压汽缸连在一起，由操作机构通过传动系统带动它们上下移动，进行合闸、分闸。静触头制成管形，动触头则制成插座式，两触头的顶端均嵌有铜钨合金，以减轻烧损。喷嘴用耐高温、耐腐蚀的聚四氟乙烯塑料制成。

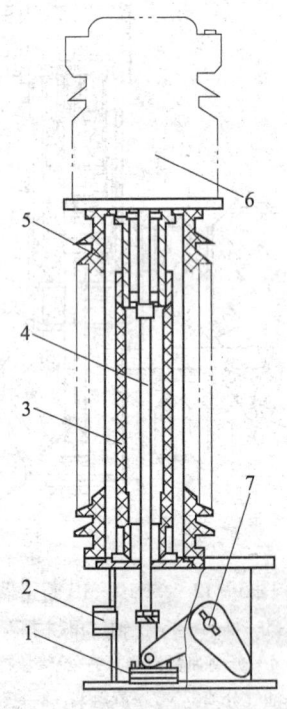

图 5—13　瓷瓶支柱式 SF_6 断路器
1—缓冲定位装置　2—充（放）气孔
3—绝缘套筒　4—操作杆　5—支柱瓷套
6—灭弧装置　7—联动轴

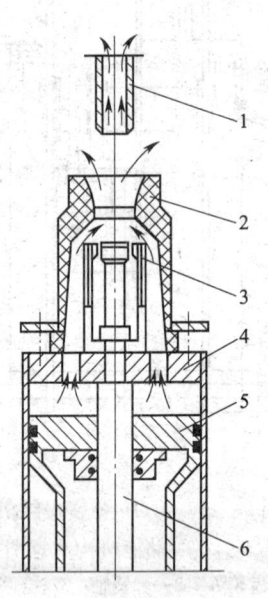

图 5—14　单压式变开距 SF_6 灭弧室
1—静触头　2—绝缘喷嘴　3—动触头
4—压汽缸　5—压气活塞　6—导电杆

单压式变开距 SF_6 断路器灭弧原理如下：分闸时，动导电杆带着动触头和压汽缸向下运动，动、静触头分开并产生电弧，同时气室中的 SF_6 气体受到压缩，压力增大，产生的气流经喷嘴射向电弧，进行纵吹灭弧。电弧的高温使 SF_6 气体分解、膨胀，也产生一定的压力，增强纵吹效果。灭弧之后，气体经静触头的管内排到冷却器，冷却后，被分解产生的低氟化物自行结合成 SF_6 气体，在密封的断路器中循环使用。双压式 SF_6 断路器灭弧原理类似空气断路器，分闸时阀门开启，高压气体吹弧，灭弧气体吹向断路器内低压区，并外排于大气。

4. ZN28-10 型高压真空断路器的工作原理

（1）ZN28-10 型高压真空断路器的结构。ZN28-10 型高压真空断路器的结构如图 5—15 所示。本断路器中装设了中间封接式纵磁场真空灭弧室，主轴分闸弹簧油缓动器等部件安装在机架中，机架的左端设有安装孔，供断路器安装用。机架右侧水平装有六个绝缘子（上下各三个）。上绝缘子固定静支架，下绝缘子固定动支架，动静支架的右侧兼作出线端子，真空灭弧室设在动静支架之间，主轴通过绝缘拉杆、拐臂与真空灭弧室动导电杆连接，动静支架间还装有一根绝缘杆，将两者连成一个整体，提高了整体强度。

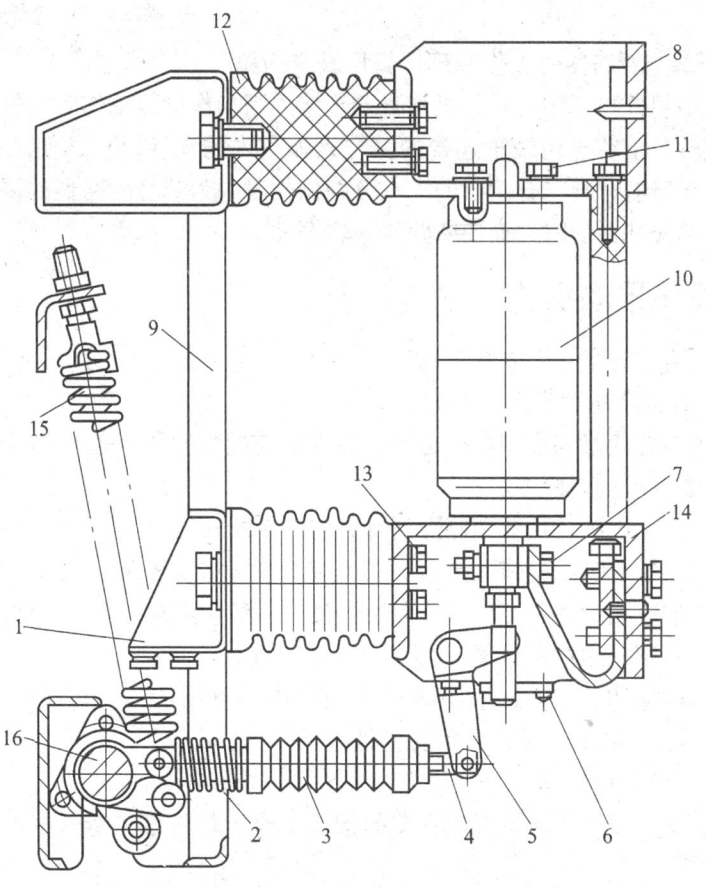

图 5—15 ZN28-10 型真空断路器的结构
1—开距调整垫片 2—触头压力弹簧 3—绝缘拉杆 4—接触行程调整螺栓
5—拐臂 6—导向板 7—导电夹紧固螺栓 8—静支架 9—框架
10—真空灭弧室 11—真空灭弧室固定螺栓 12—绝缘子
13—绝缘子固定螺杆 14—动支架 15—跳闸弹簧 16—主轴

该断路器具有寿命长,维护简单,无爆炸危险,无污染,噪声低等优点,并且适用于频繁操作等比较苛刻的场所。

(2) ZN28-10型高压真空断路器的灭弧原理。该断路器中封式纵磁场真空灭弧室的结构如图5—16所示。当动静触头在操作机构作用下带电分闸时,触头间隙将燃起真空电弧并在电流过零时熄灭电弧,由于触头的特殊结构,燃弧期间触头间隙会产生适当的纵向磁场,这个磁场可使电弧均匀地分布在触头表面,维持低的电弧电压,并使真空灭弧室具有较高的弧后介质强度恢复速度,小的电弧能量和小的电腐蚀速率,从而提高了断路器断开短路电流的能力和电寿命。

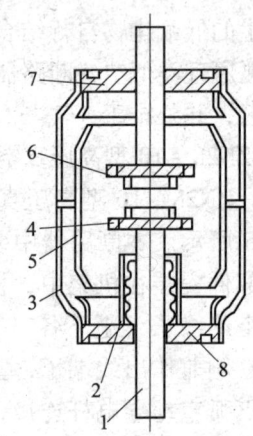

图5—16　真空灭弧室的结构
1—动导电杆　2—波纹管　3—玻璃外壳
4—动触头　5—屏蔽罩　6—静触头
7—上端盖　8—下端盖

(3) 高压真空断路器的工作原理。高压真空断路器的分闸、合闸拐臂与柜体、操作机构直接连接。当操作机构动作时,带动分闸、合闸拐臂使主轴旋转,驱动与绝缘子连接的真空灭弧室内的动导电杆,使之作上下方向运动,达到真空断路器分闸、合闸目的。在分闸操作时,为减轻断路器的振动,转轴在返回运动中受到油缓冲器的阻力而使断路器减轻振动。

三、高压断路器的操作

1. 高压断路器的停、送电操作

(1) 送电前的检查和准备

1) 若断路器在检修工作结束后送电,在送电前应收回所有的工作票,拆除安全设施,并对断路器进行全面检查。

2) 检查断路器电源及负荷两侧隔离开关均应在断开位置。

3) 断路器绝缘电阻由检修人员用1 000~2 500 V兆欧表测定是否符合规定。

4) 油断路器三相均在断开位置,断路器油位、油色正常,且无漏油现象。

5) 分闸、合闸机构指示位置应在"分"的位置。

6) 操作机构清洁、完整,手动跳闸脱扣机构完整灵活,并对断路器进行一次分闸、合闸试验,以检查断路器动作的灵活性。

(2) 电动合闸送电操作

1) 根据分闸、合闸机构位置指示器的指示,确认断路器在断开位置,且合闸及操作熔断器未放上。

2) 合上电源侧隔离开关,再合上负荷侧隔离开关。

3) 插上合闸及操作熔断器。

4) 核对断路器编号及名称无误后,运行人员将控制开关的操作手柄顺时针方向扭转90°至"预备合闸"位置。

5) 待绿色指示灯闪光后,再将控制开关的操作手柄向顺时针方向扭转45°至"合闸"位置,当手脱离操作手柄后,它将自动向反时针方向返回45°,此时,绿灯熄灭、红灯亮,断路器已接通。

(3) 停电操作

1) 核对断路器编号及名称无误后,运行人员将操作手柄向逆时针方向扭转90°至"预分闸"位置。

2) 待红灯闪光后,再将操作手柄向逆时针方向扭转45°至"分闸"位置,当手脱离操作手柄后,它将自动向顺时针方向返回45°,此时,红灯熄灭、绿灯亮,断路器已断开。

3) 取下合闸及操作熔断器。

4) 根据分闸、合闸机构位置指示器的指示,再检查各种表计复核是否断开。确认断路器已在断开位置。

5) 先断开负荷侧隔离开关,再断开电源侧隔离开关。

2. 高压断路器操作时的注意事项

(1) 倒闸操作。在停电操作时,应先断开断路器,然后断开负荷侧隔离开关,最后断开电源侧隔离开关;在送电操作时,应先闭合上电源侧隔离开关,再闭合上负荷侧隔离开关,最后闭合上断路器。

(2) 分闸、合闸操作时,动作都要果断、迅速地把操作手柄扳至终点位置,使手柄从上到下要连续运动,确定断路器断开后,方可断开相应的隔离开关。

(3) 合闸时,要注意观察有关指示仪表,若故障还没有排除应立即切断线路。

(4) 断路器经断开或闭合后,应到现场检查其实际位置,以免传动机构开焊,绝缘拉杆折断(脱落)或支持绝缘子碎裂,造成回路实际未断开或未闭合上。

(5) 在电弧作用下,SF_6气体将生成有毒的分解物。发现SF_6断路器漏气,人员应远离故障现场,以免中毒。在室外,至少应离开漏气点10 m以上(戴防毒面具、穿防护服除外)并站在上风口;在室内,应立即将人员撤至室外,开启全部通风机。

四、高压断路器的检查与维护

1. 真空断路器的检查与维护

(1) 保持真空断路器的清洁,及时清理绝缘子、绝缘杆和其他绝缘件的灰尘,真空灭弧室绝缘外壳上的灰尘应用洁净的干布擦拭。

(2) 每年或每操作2 000次,应停电对灭弧室进行一次工频耐压试验,检查其真空度。

(3) 检查触头的开距及超行程,如开距超过规定范围或超行程小于规定值时,应按要求进行调整。

(4) 检查真空灭弧室的动导电杆在通、断过程中有无阻滞现象。如果采用弹簧储能操动机构,应检查断路器在储能状态时,限位是否可靠;在合闸位置时储能弹簧是否处在最短位置;在分闸状态时,连杆位置是否正常。

(5) 断路器(特别是真空灭弧室及高压绝缘件的表面)应保持干燥整洁,定期清除灰尘。

(6) 检查各运动部件是否正常,各摩擦面应涂有润滑脂,磨损较严重的零件要及时更换。

(7) 检查断路器机械传动部分,慢断慢通应无卡涩,电动通、断应灵活可靠。

(8) 所有紧固件均应定期检查,防止松脱。

(9) 检查辅助开关通、断状况,若不正常则要进行调整;检查辅助开关触点,若烧损严重则应及时进行修理或更换。

(10) 运行中应随时监视灭弧室,观察真空灭弧室开断电流时的颜色。若有红色或乳白色的辉光出现,则说明真空度已降低。

通常在现场采用耐压试验方法检查真空度:将触头开距调整到 (12 ± 1) mm,断路器处于分闸位置,用工频 42 kV 加在断口处,如果灭弧室内出现持续放电,电压加不上去,说明真空度不合要求,应更换真空灭弧室。

2. SF_6 断路器的检查与维护

(1) 运行中应定期观察、记录气体压力。当发出补气信号时,应及时补气至环境温度下的额定压力。

(2) 维护、检修周期。根据规定,当达到下列数据时,即应维护或检修:

1) 运行时间达到半年时应进行维护,达到 10 年应进行检修。

2) 操作次数达到 3 000 次应进行检修。

3) 开断额定电流 2 000 次应进行检修。

4) 开断额定短路电流 20 次应进行检修。

(3) SF_6 断路器的常规检查内容见表 5—1。

表 5—1　　　　　　　　　SF_6 断路器的常规检查内容

检查部位	问题	处理办法
操作机构	内部有灰尘	使用干布的纱布或毛刷清理
	弹簧变形或氧化	更换弹簧
	锁扣错位,螺母或螺栓松动	调整锁扣,拧紧螺母或螺栓
	导线端子松动	更换端子并重新正确接线
主电压回路部件	绝缘部件上有灰尘或脏物	使用干布的纱布或毛刷清理
	锁扣错位,螺母或螺栓松动	调整锁扣,拧紧螺母或螺栓
	绝缘部件变形或破裂	进行更换
	触头氧化(适用于抽屉式断路器)	用浸过合适溶剂的纱布清理后,均匀涂抹一层中性油脂
	有过热或连接螺栓松动迹象(适用于连接式断路器)	用浸过合适溶剂的纱布清理连接端后,均匀涂抹一层油脂,并拧紧螺母
接电端(适用于抽屉式断路器)	有氧化现象	用浸过合适溶剂的纱布清理后,均匀涂抹一层中性油脂
接地连接端子	氧化或螺母松动	用浸过合适溶剂的纱布清理接地连接端后,均匀涂抹一层油脂,并拧紧螺母

续表

检查部位	问题	处理办法
辅助回路电压	操作机构电气附件的输入电压过低	释放机构（旁路断开，旁路闭合）和电气联锁部件，在输入额定电压值的85%~100%时能工作正常
绝缘电阻	参考说明书	如果在工作位置时绝缘电阻下降，检查并排除故障原因（油迹、潮湿或绝缘部件损坏），直到绝缘电阻达到要求为止
控制和信号元件	进行动作试验时，断路器拒绝动作	更换所有损坏元件
SF_6气体在灭弧室两端的压强	参考说明书	参考说明书
弧动触头	参考说明书	参考说明书

第四节 高压熔断器

→ 能够进行高压熔器的操作和维护

高压熔断器是一种最简单的保护电器。它串联接在电路中，当过负荷或短路电流流过时，利用电流的发热作用使熔体熔化，并借助灭弧介质的作用使电路断开，从而保护电气设备免受损害。由于它体积小，结构简单，维护方便，价格便宜，在3~10 kV的电网中，广泛用来保护电压互感器、容量不大的配电线路和电气设备（如配电变压器等）。如与负荷开关配合使用，还可以在短路容量较小的网络中代替复杂昂贵的高压断路器。它的主要缺点是，熔体熔断后必须停电更换，保护特性和可靠性略差。

高压熔断器的分类有下几种方法：按安装地点可分为户内式和户外式；按动作特征可分为固定式和自动跌开式；按工作特性可分为有限流作用熔断器和无限流作用熔断器。在冲击短路电流到达之前能切断短路电流的熔断器称为限流式熔断器，否则称非限流式熔断器。

一、户内高压管式熔断器

RN1系列熔断器为限流式有填料高压熔断器，其结构如图5—17所示。瓷质熔管的两端焊有黄铜罩，黄铜罩的端部焊有管盖，构成密封的熔管。熔管内装有工作熔体和指示熔体，并充满石英砂。工作熔体由一根或两根、四根镀银铜丝或康铜丝并联组成，上面焊有小锡球,以降低熔断温度。指示熔体是一根直的钢丝,与工作熔体并联,接在铜盖上。

熔体的熔断指示器在熔管的一端,正常运行时指示熔体可靠拉紧熔断指示器。工作熔体熔断时也使指示熔体熔断,指示器被弹簧推出,显示熔断器已熔断。

在熔断器保护的电路发生短路时,熔体熔化后形成电弧,电弧与周围石英砂紧密接触,根据电弧与固体介质接触加速灭弧的原理,电弧能够在短路电流达到瞬时最大值之前熄灭,从而起到限制短路电流的作用。

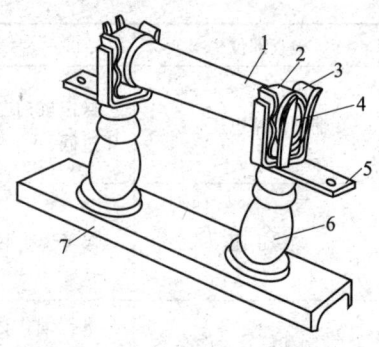

图 5—17 RN1 系列户内型熔断器
1—瓷管 2—铜管帽 3—弹性触座
4—熔断指示器 5—接线端子
6—支持绝缘子 7—底座

RN1 型熔断器常用于高压电力线路及其设备的短路保护,也能用于过负荷保护。其熔体在正常情况下通过的是高压一次电路的负荷电流,因此其结构尺寸较大。而 RN2 型熔断器只用于高压电压互感器的短路保护。由于电压互感器正常情况下接近于空载工作,因此其熔体额定电流一般只有 0.5 A,其结构尺寸较小。

二、户外高压跌开式熔断器

1. RW3 型跌开式熔断器

RW3 型跌开式熔断器属于户外型喷射式熔断器,它结构简单,断流容量较大,所以常被用作小型变电所或配电变压器的进线和小容量线路的保护,其结构如图 5—18 所示。

RW3 型跌开式熔断器的工作原理是:故障电流使熔体发热熔断,产生电弧,消弧管(在熔管内壁)在电弧作用下分解大量气体,管内压力增大,使气体从管口喷出,产生纵吹灭弧。动触头的活动关节失去拉力而下垂,鸭嘴勾不住活动触头,熔管依靠自重和上、下触头的弹力迅速跌落,形成明显开断状态。熔断器在安装时,熔管的轴线应与铅垂线成一定倾斜角度,以保证熔丝熔断时能顺利跌开。

RW3－10Z 型单次重合闸跌开式熔断器,具有两根熔管,工作熔管的熔丝熔断跌落后,备用熔管在短时间内自动重合。

RW10－10F（W）系列跌开式熔断器,装有灭弧室(罩)和弧触头,可通、断负荷电流,从而起到负荷开关的作用。通、断操作时电弧在弧触头产生、在灭弧室熄灭,以

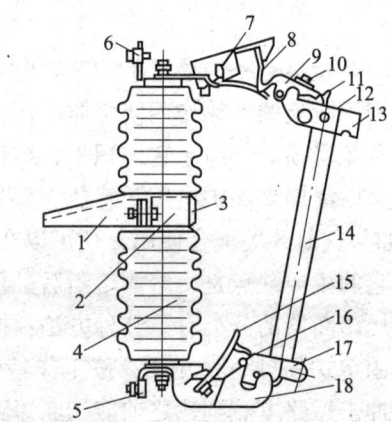

图 5—18 RW3 型跌开式熔断器结构图
1—前包箍 2—后包箍 3—衬垫 4—绝缘支柱
5—下接线螺钉 6—上接线螺钉 7—鸭嘴罩
8—上弹性接触片 9—上动触头 10—上接触头压板
11—熔件 12—石棉套管 13—耳环 14—熔管
15—下弹性接触片 16—下触头
17—熔管铜帽 18—金属支持座

保证工作触头不受电弧烧伤。灭弧室是采用新型工程塑料压制而成的。

2. RXW-35型限流式熔断器

RXW-35型限流式熔断器是35 kV户外式电器,主要用来保护电压互感器,如图5—19所示。

RXW-35型限流式熔断器的结构概况为:棒形支持绝缘子上端横放着空心瓷套,熔管置于瓷套中间,熔丝放在充满石英砂的熔管中,瓷套两端有接线端帽和外接螺栓。

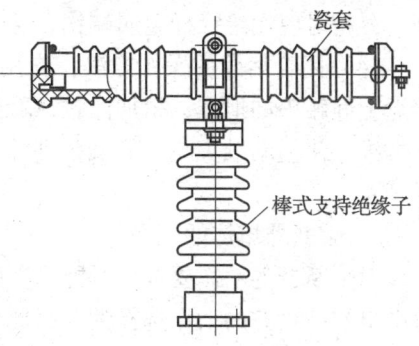

图5—19 RXW-35型限流式熔断器

RXW-35型限流式熔断器的灭弧原理,与RN系列限流式熔断器基本相同。

3. BRW系列高压跌开式熔断器

BRW系列高压跌开式熔断器为单端排气喷射式单柱跌开式熔断器,由高强度绝缘子、熔管、上下触头等部件组成,高强度绝缘子与安装件经过特殊的浇铸工艺处理,强度高、韧性好、抗老化。进出线端子为钳形结构,采用铜合金铸造,表面经搪锡处理,有较强的抗腐蚀性能。上(动)、下触头分别采用铜及铜合金制成,表面镀银(如遇到污染严重的硫化氢气体,也只能在上下触头的表面形成导电率接近纯银的硫化银),有良好的接触性能。上触头的接触压力,由远离电接触部位的不锈钢弹簧保证。上触头罩、底座、支撑部分等,采用不锈钢制成。熔管由玻璃纤维复合制造,耐热性、抗老化性好。熔断器的下端设置了不锈钢扭簧来保证熔丝可靠张紧。下支撑部位为渐开线性支撑,不会导致熔丝在操作时被损坏。上触头罩下部装设有导轨,避免了操作时出现左右偏差。由于该系列熔断器结构和材料选用合理、先进,使熔断器有较稳定的安秒特性。

三、高压熔断器的操作与维护

1. 跌开式熔断器操作

高压跌开式熔断器常采用绝缘钩棒进行操作。断开或接通高压跌开式熔断器熔管时,如发生误操作,产生的电弧会威胁人身及设备的安全。因此,操作跌开式熔断器应按以下要求进行:

(1)为了防止事故发生应按顺序进行操作:分闸时应先断开中间相(即V相),然后分别断开U相和W相;合闸时先分别闭合U相和W相,最后闭合V相。

(2)在断开第一相(即中相)熔断器熔管时,其上仍保持有电压,因此不会发生强烈电弧。而在带负荷断开第二个单相时,会产生强电弧,致使相邻各相发生弧光短路。所以要根据第一相断开时的弧光情况,慎重地判断是否是误操作,然后再决定是继续操作还是重新闭合已断开的一相。

(3)断开熔断器熔管的操作方法:操作跌开式熔断器时,应有人监护,使用合格的绝缘手套,穿绝缘靴,戴防护眼镜,要用合格的绝缘杆来操作。操作时动作应果断、准确而又不要用力过猛、过大。对RW3-10型,分闸时应往上顶鸭嘴;对RW4-10

型,分闸时应用绝缘杆金属端钩,穿入熔体管的操作环中迅速断开。

(4) 闭合熔管的操作方法:先用绝缘杆金属钩穿入操作环,令其绕轴向上转动到接近上静触头的地方,稍加停顿,看到上动触头确已对准上静触头,果断而迅速地向斜上方推,使上动触头与上静触头良好接触,并被锁紧机构锁在该位置,然后轻轻退出绝缘杆。

2. 熔断器熔体的选择

对熔断器的动作要求:既能像断路器那样可靠地切断过载电流和短路电流,又要具有继电器所具有的动作选择性。因此正确地选择熔体额定电流就显得尤为重要。

(1) 电力变压器的高低压侧若用熔断器保护时,熔体的选择应按如下标准:容量在 100 kV·A 以下的变压器,其高压侧熔断器的熔体按 2~3 倍额定电流选择;容量在 100~1 000 kV·A 的变压器,其高压侧熔断器的熔体按 1.5~2.0 倍额定电流选择,变压器低压侧的熔体,应按低压侧的额定电流选择。

(2) 在多回路供电系统中,选择熔断器熔体时,原则上依据各回路的设备容量和负荷电流来选择,做到支路熔断器熔体小于主干回路的熔体。

(3) 高压电压互感器的熔断器,按工作额定电压来选择,断流容量应满足电网的要求,熔体的额定电流均为 0.5 A。

(4) 直流回路中的熔断器,熔体一般按负荷的额定电流选择。但断路器的直流合闸回路熔断器的熔体可按额定电流的四分之一来选择,以防止合闸线圈被烧坏。

(5) 照明及电热设备都是纯电阻性负荷,启用时没有明显的启动电流,因此使用这类性质的用电设备时,熔断器的熔体可按实际负荷的额定电流来选择。

3. 高压熔断器的巡视检查

熔断器本体的巡视检查项目和隔离开关相同,另外还要注意:

(1) 熔断器在每次熔体熔断后,应检查熔体管,如果烧坏,应更换新的。

(2) 熔体管插入后应严密,不得过紧或过松,以免不易跳开或自动脱落。

(3) 熔体管的各接触部分应无噪声及火花放电现象。

(4) 按规定定期更换熔体和熔体管。更换步骤如下:

1) 更换前应先配制好与现场所需安装(电杆、横担)相匹配的材料。

2) 配备熔断器内熔丝安培数应与所控制配变(单一配变、支线及干线)容量相匹配。

3) 松开连接跌开式熔断器上下两端引线的连接螺栓。

4) 拆除旧跌开式熔断器(如只换单相的,所换型号应一样,否则三相应同时更换)。

5) 安装并固定好跌开式熔断器。

6) 连接跌开式熔断器上下两端引线并锁紧连接螺栓。

7) 进行插入或拔出操作,检查熔管是否卡涩,检查各接点、相间距离及熔管通断位置。

(5) 更换熔体时不应任意采用自制熔体,不可利用低压熔体代替高压熔体,以免引起非选择性动作等故障,破坏正常供电。

第五节 高压开关柜的运行维护

→ 掌握高压开关柜的布置形式，并能够进行运行维护

高压开关柜（也叫高压成套配电装置），是以高压开关为主的成套电器。是制造厂根据各种标准或非标准单元的一、二次接线方案制成的，用来接收、分配或计量电能的配电装置。一般一个单元一个柜，柜中根据需要配置各种电气设备，如断路器、隔离开关、电压互感器、电流互感器、避雷器及控制、保护、测量元件等，构成不同性能的开关柜。

高压开关柜按结构分为金属封闭式、金属封闭铠装式、金属封闭箱式等，按安装方式分为固定式、手车式。

高压开关柜应具备下列五防功能：
(1) 防误断、误通断路器。
(2) 防带负荷通、断隔离开关，或防带负荷推、拉可移开部件（即手车）。
(3) 防带地线接通隔离开关，或防接地刀闸在接地位置送电。
(4) 防带电接通接地刀闸，或防带电装接地线。
(5) 防人员误入带电间隔。

一、GFC-3BQ（F）型手车式高压开关柜

1. 概述

GFC-3BQ（F）型高压开关柜是由 GFC-3B（F）型高压开关柜派生的全工况加强绝缘型产品，能在较恶劣环境下正常使用，并具有五防功能。可用于 3~10 kV，交流 50 Hz 单母线系统中，作为接收和分配电能之用。该型开关柜为户内型、不靠墙安装的开关柜。

2. 结构布置

GFC-3BQ（F）型高压开关柜的外形结构如图 5—20 所示。

GFC-3BQ（F）型高压开关柜由角钢和薄钢板弯制、焊接而成。整个柜由固定的柜体和用滚轮移动的手车组成。根据用途手车可分为断路器手车和隔离手车两种，同类型的手车可以互换使用，便于维护、检修和事故处理。

GFC-3BQ（F）型高压开关柜从正面看，上下有两扇向左开启的门。上门里面一般安装电流和电压表计、信号继电器及操作开关等元件。下门装有电能表，正面有观察电能表的视窗。中部画有主回路模拟线路图。

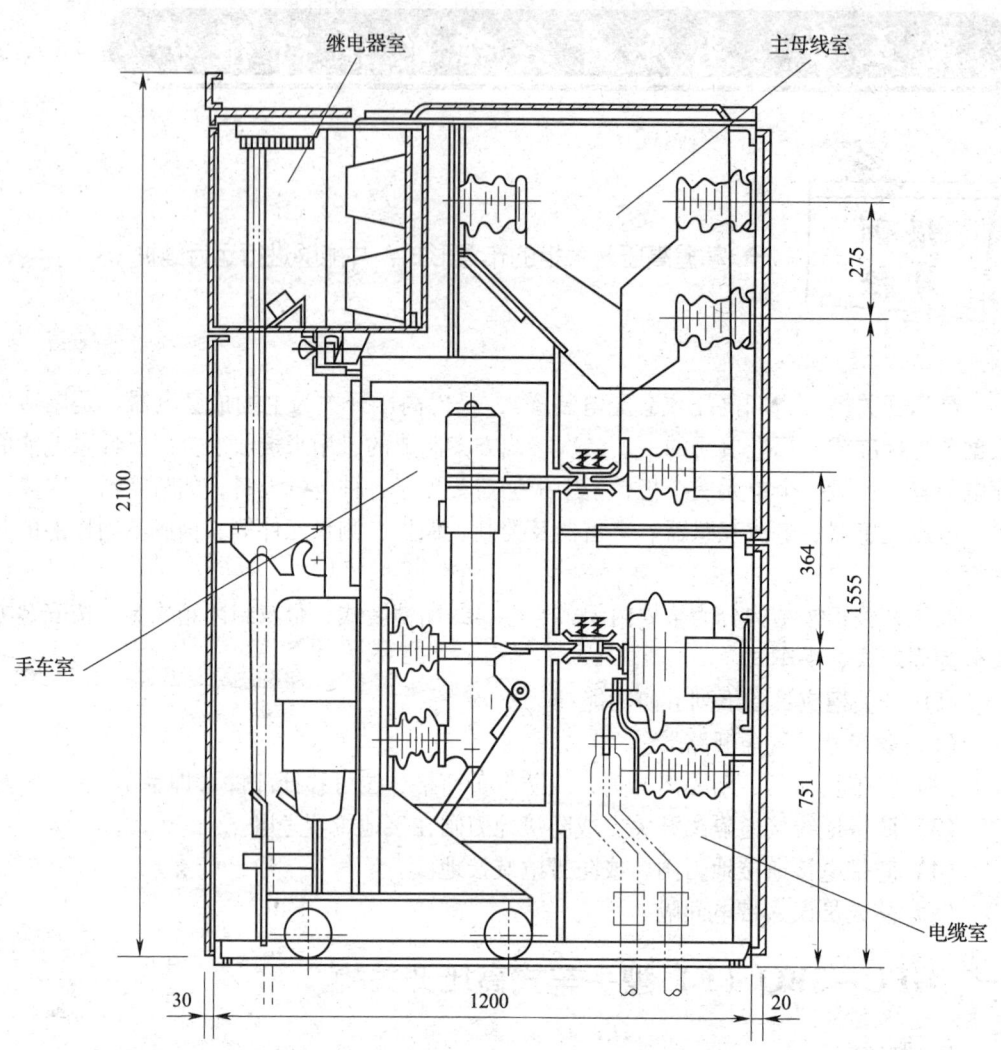

图 5—20 GFC-3BQ（F）型高压开关柜结构图

开关柜内部用薄钢板和绝缘板分隔成四个独立小室，即主母线室、电缆室、手车室以及继电器室。柜的后面装有用专门钥匙和工具才能开启的门，门上根据需要装有高压带电显示器。门内装有与门联锁的接地柱头，作为停电检修时挂接地线用。

主母线室位于柜内后上方，电缆室位于柜内后下方，两个小室间由停电时方可抽出的插板隔开，带电时该插板不能抽出。

继电保护室在开关柜的正上方，其门的表面一般安装有测量表计、信号继电器及控制开关等二次元件，门内即为继电器室，内装各保护继电器、端子排、小母线及电能表等二次设备。

手车室在开关柜的正下方，其门上画有主回路模拟线路图，门内为手车室，室的底部有两条供手车前后移动的轨道，手车在柜内有检修、试验、运行三个位置，室的两侧装有固定手车的钩板，钩板上开有两条沟槽，供手车在试验位置和工作位置时定位。另外在手车室的底部还装有接地触头，以保证手车外壳在各个位置都能与柜体（地）保持可靠的接触。

在手车室的后封板上，装有主回路隔离静触头和活门，当手车向运行位置推进时，活门自动打开，以便隔离动触头插入静触头，手车退到试验或检修位置时，活门自动关闭，以防触及母线室或电缆室内的电源。

开关柜的背面装有用专门钥匙和工具才能打开的门，门上根据需要装有高压带电显示器，门内装有与门联锁的接地柱头，作为检修时挂接地线用。

3. 技术数据

GFC-3BQ（F）型高压开关柜技术数据见表5—2。

表5—2　　　　　　GFC-3BQ（F）型高压开关柜的技术数据

名称	数据	名称	数据
额定电压（kV）	3，6，10	操作循环	分-0.5 s-合分-180 s-合分
额定电流（kA）	900及以下	操作方式	弹簧储能或电磁操作机构
开断电流（最大，kA）	31.5	母线系统	单母线
动稳定电流（最大，kA）	80（峰值）	质量（kg）	总重约600，其中手车重约330
4 s热稳定电流（最大，kA）	31.5	外形尺寸（深×宽×高，mm）	1 250×800×2 100

二、KYN28-12型高压开关柜

1. 概述

KYN28-12型高压开关柜为金属铠装、具有五防功能、中置移开式、户内不靠墙安装的高压开关柜，可用于3~12 kV、50 Hz单母线系统中，作为接收和分配电能之用。

2. 结构布置

开关柜由柜体和手车两大部分组成。柜体的外壳和各功能单元的隔板均用优质薄钢板弯制、自攻螺钉连接而成。其内部结构如图5—21所示。

（1）开关柜外壳。开关柜外壳用五折边立柱、自攻螺钉连接而成，分隔成手车室、母线室、电缆室和继电器室。

（2）手车室。手车室在开关柜的前方，中门的后面。手车轨道设在室的左右两侧，手车的轮子坐在轨道上，形成中置式布置，手车的前进、后退由矩形螺杆、螺母及摇把控制。在手车室的后封板上，装有一次隔离触头座及上、下活门，当手车向运行位置推进时，活门自动打开，以便隔离动触头插入隔离静触头座中，当手车退至试验或检修位置时，活门自动关闭，以防触电。接地开关的操作连杆从手车室右边穿越。

（3）手车。手车分为断路器手车和隔离手车两种。各类手车的高度、深度统一，同类型、同规格的手车可以互换。为了识别装置的作用，不同类型的手车不能互换。手车在柜内有检修、试验、运行三个位置，每个位置均有定位装置，以保证手车处在该位置时不能移动。该定位装置由手车室两侧的定位板和手车上的定位杆（与机械联锁配合）组成。当断路器处在合闸状态时，要移动手车，必须先操作联锁机构，使断路器断开后，方可移动手车。

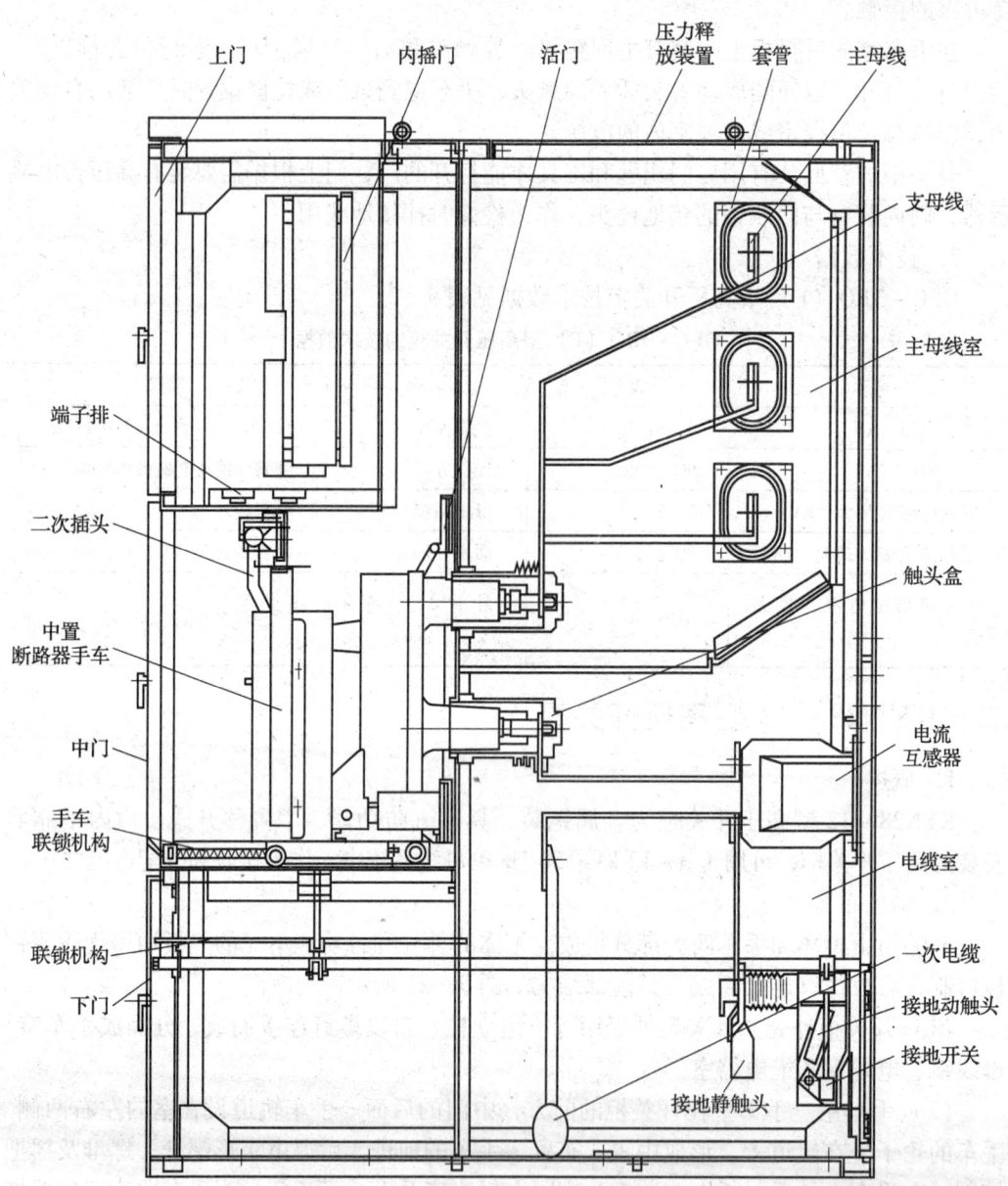

图 5—21 KYN28-12 型高压开关柜结构图

（4）母线室。母线室设在柜体的后上方，三相主母线呈垂直布置，在柜间的金属隔板上配置有采用 SMC 绝缘材料压制的母线支持座，它起着固定母线和限制本柜事故蔓延到邻柜的作用。

（5）电缆室。电缆室设在柜体的后下方，室内备有电缆终端盒固定板，最多可安装三组电缆头。

（6）仪表门和继电器室。仪表门和继电器室在柜体的前上方，门上装有测量仪表、信号继电器、信号灯、控制开关等二次设备，室内装有保护继电器、端子排等。

(7) 接地及接地开关。开关柜的接地母线装在柜的后下方,手车与柜体的电气连接通过铜质动静触头压接,并引接到接地母线上,形成柜内接地系统。接地母线有接线孔供柜间连通及与相邻接地线连接用。

接地开关安装在电缆室内的中隔板上,其操作杆穿越手车室隔板至柜的右侧,用活动手柄进行通、断闸操作。若为防止反送电,接地开关可用电磁锁进行电气闭锁。

3. 技术数据

KYN28-12 型高压开关柜的主要技术数据见表 5—3。

表 5—3　　　　　　KYN28-12 型高压开关柜的主要技术数据

序号	项目	单位	参数值			
1	系统额定电压	kV	3~12			
2	额定电压	kV	12			
3	额定电流	A	630,800　1 250	630,800　1 250	800,1 250　1 600,2 000	1 600,2 500　3 150,4 000
4	额定短路开断电流	kA	20	25	31.5	40
5	额定短路通断电流（峰值）	kA	50	62.5	80	100
6	4 秒热稳定电流（有效值）	kA	50	62.5	80	100
7	外形尺寸（宽×深×高）	mm	800×1 650×2 335		1 000×1 650×2 335	
8	质量（真空断路器柜）	kg	约 600		约 900	
9	防护等级		IP3X			

三、GG-1A（F）型固定式开关柜

1. 概述

GG-1A（F）型高压开关柜具有闭锁防误操作装置,适用于 3~10 kV、三相交流 50 Hz,作为发电厂、变电所、厂矿企业等受电、馈电和大容量高压电机启动保护之用,适用于户内靠墙或离墙安装。它的优点是：安全距离较大,维护检修简便。缺点是敞开式易积灰和钻进小动物,占地面积大且要求配电装置房屋有足够高度。

开关柜的派生型式 I 型为防误型一般闭锁方案、II 型为防误型简易闭锁方案。开关柜可配装 ZN28 等真空断路器或 SN10 少油断路器,选用 CT17、CD17 或 CT8、CD10 操作机构,性能可靠。

2. 结构布置

GG-1A（F）型固定式开关柜结构简单,制造方便,因而使用广泛。其结构由柜体构架分成断路器区,隔离开关区,仪表、继电器、端子牌区等。

GG-1A（F1）型开关柜柜前共有四扇门（油断路器电动操作方案共有五扇门）。打开左下角小门可检修合闸接触器；打开右上门可检修油断路器、电流互感器、电压电

感器、负荷开关、接地开关等设备；打开右下门可检修线路隔离开关等设备；打开中门可以检修二次线路；打开左上门，可以检修仪表、继电器等设备；屏面可装仪表、继电器、控制开关、程序锁及信号灯等设备，屏面所装设备均系板后接线，屏后与一次设备间装有金属隔板，运行中维修二次设备是很安全的。

3. 技术数据

GG-1A（F）型高压开关柜的技术数据见表5—4。

表5—4　　　　GG-1A（F）型高压开关柜的技术数据

项目	参数值	
额定电压（kV）	3，6，10	
额定电流（A）	200，400，600，1 000，2 000，3 000	
额定开断电流（kA）	SN10-10Ⅰ	16
	SN10-10Ⅱ	31.5
额定断流容量（kV/MV·A）	SN10-10Ⅲ	3/150，6/300，10/500
操作方式	手动，电动，弹簧	
母线系统	单母线	
外形尺寸（长×宽×高，mm）	1 200×1 200×3 100 1 400×1 540×3 100 1 200×340×3 100	

四、高压开关柜投运检查和运行巡视

1. 固定式开关柜投运前的检查

（1）检查柜体的漆膜有无剥落，柜内是否清洁。

（2）操作机构是否灵活，不应有卡住或操作力过大现象。

（3）断路器、隔离开关等设备通断是否可靠准确。

（4）仪表与互感器的接线、极性是否正确，计量是否准确。

（5）母线连接是否良好，其支持绝缘子等是否安装牢固可靠。

（6）继电保护整定值是否符合要求，自动装置动作是否正确可靠，表计及继电器动作是否正确无误。

（7）辅助触点的使用是否符合电气原理图的要求。

（8）带电部分的相间距离、对地距离是否符合要求。

（9）"五防"装置是否齐全、可靠。

（10）保护接地系统是否符合要求。

（11）二次回路选用的熔断器的熔丝规格是否正确。

（12）注油设备有无渗漏现象。

（13）机械闭锁应准确，柜内照明装置应齐全、完好，以便于巡视检查设备运行状态。

2. 固定式开关柜的运行巡视

(1) 每天定时巡视检查。
(2) 遇有恶劣天气或配电装置异常时，进行特殊巡视。
(3) 断路器跳闸后应立即检查柜内设备有无异常。
(4) 观察母线和金具颜色变化或观察示温蜡片有无受热融化，来判断母线和各种触点有无过热现象。
(5) 检查注油设备有无渗油，油位、油色是否正常。
(6) 仪表、信号、指示灯等指示是否正确。
(7) 接地装置的连接线有无松脱和断线。
(8) 继电器及直流设备运行是否正常。
(9) 开关室内有无异常气味和声响。
(10) 通风、照明及安全防火装置是否正常。
(11) 断路器操作次数或跳闸次数是否达到了应检修的次数。
(12) 防误装置、机械闭锁装置有无异常。

3. 手车式开关柜投运前的检查

(1) 柜体部分检查

1) 柜上装置的元器件、零部件均应完好无损。
2) 接地开关操作灵活，合、分位置正确无误。
3) 各连接部分应紧固，螺纹连接部分应无脱牙及松动。
4) 柜体可靠接地，门的开启与关闭应灵活。
5) 二次插头完好无损，插接可靠。
6) 柜顶主、支母线装配完好，母线之间的连接紧密可靠，接触良好。
7) 控制开关、按钮及信号继电器等型号规格与有关图纸相符，接线无松动脱落现象。

(2) 手车部分检查

1) 手车在柜外推动应灵活，无卡住现象。
2) 手车处于工作位置时，主回路触头及二次插头能可靠接触。
3) 手车在柜内能轻便地推入及推出，能可靠地定位于"工作位置"与"试验位置"。
4) 机械联锁装置可靠灵活，无卡滞现象。

4. 手车式开关柜的运行巡视

(1) 每天定期检查，听有无异常响声，看室内的温度、湿度变化情况。如果温度过高、湿度过大要进行降温、降湿处理。
(2) 每隔1年对柜内的绝缘隔板、活门、手车绝缘件、母线进行一次清洁处理，特种环境用户应根据具体情况而定。
(3) 下雨天或梅雨季节，要加强对开关室的观察，及时排清电缆沟的积水，严防柜内受潮引起事故。
(4) 一般情况下开关柜不会出现故障，如发现绝缘材料受潮，可用100°的无水酒精进行擦洗，并进行干燥处理。

单元测试题

一、**单项选择题**（下列每题的选项中，只有1个是正确的，请将其代号填在横线空白处）

1. 运行中的隔离开关各部分温度不得超过_____℃，尤其是引线接头和刀片触头处，一般用变色漆或示温蜡片监视，也可采用红外线测温仪定期巡测。
   A. 65　　　　B. 70　　　　C. 80　　　　D. 85

2. 断路器运行中所能承受的_____决定了断路器的绝缘水平。
   A. 额定电流　　　　　　　B. 工作相电压
   C. 正常工作线电压　　　　D. 最大冲击电流

3. 由于负荷开关不能开断短路电流，故它与熔断器组合使用时，继电保护应按_____要求整定，然后负荷开关才能正常工作。
   A. 当故障电流大于负荷开关的开断能力时，必须保证熔断器先熔断
   B. 负荷开关的开断能力小于熔断器的整定值
   C. 当故障电流小于或等于负荷开关的开断能力时，必须保证负荷开关先断开
   D. 当负荷电流大于负荷开关的开断能力时，必须保证熔断器先熔断

4. 高压真空负荷开关的维修检修周期：运行时间达到_____年的应进行维护；达到_____年的应进行检修。
   A. 3　20　　　B. 2　10　　　C. 3　10　　　D. 2　20

5. CD10型电磁操作机构是一种户内悬挂式机构，是_____的机构。
   A. 利用机械能转化为弹簧能
   B. 半自动化
   C. 手动操动
   D. 用电磁铁将电能直接变成机械能作为合闸动力

二、**多项选择题**（下列每题的选项中，至少有2个是正确的，请将其代号填在横线空白处）

1. 高压开关柜是制造厂根据各种标准或非标准单元的一、二次接线方案制成的，用来_____电能的配电装置。
   A. 接收　B. 分配　C. 生产　D. 传输　E. 调整　F. 计量

2. 高压开关柜应具备的五防功能是：_____。
   A. 防误断、误通断路器
   B. 防带负荷通、断隔离开关或防带负荷推、拉可移开部件（即手车）
   C. 防带地线接通隔离开关或防接地刀闸在接地位置送电
   D. 防带电接通接地刀闸或防带电装接地线
   E. 防误断、误通熔断器
   F. 防人员误入带电间隔
   G. 防带电打开柜门

3. 高压负荷开关主要用于通、断_____。
    A. 高峰电流　　　　　　　　B. 负荷电流
    C. 短路电流　　　　　　　　D. 不太大的过负荷电流
    E. 空载变压器　　　　　　　F. 空载线路
4. 作为断路器的操作机构，必须具备下列_____功能。
    A. 复位　　　　　　　　　　B. 联锁
    C. 分闸　　　　　　　　　　D. 合闸
    E. 自锁　　　　　　　　　　F. 短路保护
5. 关于隔离开关的操作，下列正确的是：_____。
    A. 当刀片接近静触头时，要迅速合上
    B. 合闸终了时，用力不可过猛，避免合闸过头，伤及绝缘子
    C. 当合闸发生电弧时，应迅速往回拉闸，以免发生事故
    D. 拉闸终了时，动作要缓慢，以防止冲击力伤及绝缘子和操作机构
    E. 若发生误操作时隔离开关已完全断开，则允许将该开关再次闭合
    F. 在切断小负荷电流、充电电流或解环操作的转移电流时，会有一定的电弧发生。此时应坚决拉开闸刀
6. 熔断器本体的巡视检查应注意_____。
    A. 熔断器在每次熔体熔断后，应检查熔体管，如果烧坏，应更换新的
    B. 熔体管插入后应严密，不得过紧或过松，以免不易跳开或自动脱落
    C. 熔体管的各接触部分应无噪声及火花放电现象
    D. 按规定定期更换熔体和熔体管
    E. 更换熔体时不可利用低压熔体代替高压熔体，以免引起非选择性动作等故障，破坏正常供电
    F. 在一时没有备品的情况下，可以采用自制熔体

三、判断题（下列判断正确的打"√"，错误的打"×"）
1. 高压真空负荷开关与熔断器配合，可以替代高压断路器。　　　　（　）
2. RW3型跌开式熔断器在灭弧时会喷出大量游离气体，故一般只用于户外。
　　　　　　　　　　　　　　　　　　　　　　　　　　　　　（　）
3. 高压负荷开关可以切断短路和负荷电流。　　　　　　　　　　（　）
4. 少油断路器中的油主要用于绝缘和润滑。　　　　　　　　　　（　）
5. LN_2-35型断路器中的SF_6气体既是绝缘介质，又是灭弧介质。　（　）
6. 真空灭弧室是真空断路器的绝缘和灭弧的关键部件。　　　　　（　）
7. 断路器分闸后，能自动恢复到准备合闸状态。　　　　　　　　（　）
8. 熔断器在熔体熔断5次以上后，才检查熔体管，如果烧坏，应更换新的。（　）
9. 一般情况下开关柜不会出现故障，如发现绝缘材料受潮，可用100°的无水酒精进行擦洗，并进行干燥处理。　　　　　　　　　　　　　　　　　（　）

四、简答题
1. 简述高压隔离开关的作用。

2. 简述高压熔断器的优、缺点。
3. 简述断路器操作机构应具备的功能。

五、技能题

第1题 ZN21-12型真空断路器小修

1. 操作准备

序号	名称	型号与规格	单位	数量	备注
1	检修常用电工工具	—	套	1	—
2	公用工具	—	套	1	—
3	游标卡尺	—	件	1	—
4	机油枪	—	个	1	—
5	摇表	—	个	1	—
6	万用表	—	个	1	—
7	按检修工艺配备消耗性材料	—	—	适量	—
8	钢板尺	—	个	1	—

2. 操作要求

(1) ZN21B-12手车开关一台。
(2) 在生产现场，设备应采取安全措施。
(3) 在实训基地进行。

3. 操作时限

80 min。

4. 配分及评分标准

序号	考核项目	考核内容	配分	评分标准
1	修前准备	选择工器具、材料	6	每缺少一件工具、仪表、材料而影响检修，扣2分
		着装符合安规要求	6	着装不符合要求，每处扣2分
		办理工作票开工手续	2	手续不完整扣2分
		工前会	5	没有录音，工作人员没有确认签名，每项扣1分
2	开关外观检查清扫	真空灭弧室清扫、检查	4	未检查判定真空灭弧室是否完好，扣1分；没有检查屏蔽罩，扣1分
		绝缘子检查清扫	4	绝缘子没有清扫，扣2分；铁部件牢固度未检查，扣1分
		框架及分闸限位器的检查	4	没有检查各部件焊接情况，扣1分；没有检查分闸限位部件情况，扣2分
		分闸弹簧及合闸缓冲弹簧的检查	3	没有检查分闸、合闸弹簧情况扣3分

续表

序号	考核项目	考核内容	配分	评分标准
	开关外观检查清扫	接触部分检查	3	未检查，扣3分
		紧固件检查	3	损伤真空灭弧室，扣2分；导电带未检查，扣1分
	开关传动部分的检查	主轴及分相拉杆的检查	3	未加注润滑油，扣1分；未清洁，扣1分；未检查绝缘拉杆是否完好，扣1分
		传动部分的检查	3	连杆动作、轴的配合间隙漏检，每项扣1分
		拐臂及轴销检查	3	拐臂、轴销、轴的配合间隙漏检，每项扣1分
		闭锁装置的检查	6	使用总解锁，扣4分；机械闭锁装置、五防装置漏检，每项扣1分
2	触头开距及接触行程的测量及调整	触头开距、接触行程测量，若不合格，调整绝缘子下端螺杆与主拐臂连接的螺母（即螺母旋进或退出）	14	调试人员和操作人员没有相互配合，造成人员受伤，扣4分；漏检，每项扣3分；调整达不到要求，扣3分
	开关操作机构检查	应确认弹簧能量已释放	2	没有确认，扣2分
		检查开关位置指示器，弹簧位置指示器指示正确	2	漏检，每项扣1分
		各传动、转轴部分清扫、检查	2	未检查，未加注润滑油，各扣1分
		分闸缓冲器清扫、检查	2	没有测量，扣2分
		储能电机清扫、检查	2	未检查，扣1分；绝缘电阻未测量，扣2分
		输出棘爪及转动链条清扫、检查	2	未检查，每项扣1分
		各辅助开关清扫、检查	4	未检查、未处理，各扣2分
		电动储能及电动分合闸操作试验	5	工作人员没有相互配合，造成人员受伤，扣1分；漏检，每项扣1分
3	安全文明生产	遵守安全操作规程，正确使用工器具，操作现场整洁	3	不符合要求，每项扣1分，扣完为止
		全部工作完毕后，清理现场	6	现场未清理，扣6分
		合计	100	

第2题 ZN21B-12真空断路器真空管更换

1. 操作准备

序号	名称	型号与规格	单位	数量	备注
1	检修常用电工工具	—	套	1	—
2	公用工具	—	套	1	—
3	摇表	—	个	1	—
4	万用表	—	个	1	—
5	按检修工艺配备消耗性材料	—	适量	—	—

2. 操作要求

（1）ZN21B-12手车开关一台。
（2）在生产现场，设备应采取安全措施。
（3）在实训基地进行。

3. 操作时限

80 min。

4. 配分及评分标准

序号	考核项目	考核内容	配分	评分标准
1	检修前准备工作	着装、工具、材料、备品、备件齐备	4	每缺少一件工具，扣2分；着装不符合要求，扣1分
		办理工作票开工手续	3	手续不完整，扣1分
2	真空灭弧室更换	开关转为检修，断开开关控制电源释放机构弹簧能	3	没有将开关转为检修，扣1分；没有释放开关合闸、分闸操作能源，扣2分
		取下防护盖	1	损伤零件，扣1分
		卸掉上、下导电臂与防护护套	4	损伤零件，扣1分；破损，扣2分
		拧出内六角螺钉，分别取出上、下出线座	4	零件损伤，扣2分；动作不正确，扣1分
		分解绝缘子下端螺杆与合闸拐臂连接	5	未记录螺母拧入长度，扣2分
		拧下上支架内六角螺钉，取出上支架，再取出真空灭弧室组件	8	损伤绝缘骨架，扣3分
		拧下真空灭弧室下端连接和导电夹螺栓	6	损伤零件，扣2分
		核对新旧真空灭弧室的型号和尺寸等	2	没有检查核对，扣1分
		安装新真空灭弧室	10	电接触面未擦拭，扣2分；零件复位不正确，扣3分；顺序颠倒，扣2分
		复装上、下出线座	4	电接触面未擦拭，扣1分；零件复位不正确，扣2分

续表

序号	考核项目	考核内容	配分	评分标准
2	真空灭弧室更换	复装上、下导电臂与防护护套	4	零件复位不正确,扣2分
				护套损伤或破损,扣2分
		恢复绝缘子下端螺杆与合闸拐臂连接	5	未测量螺母拧入长度,扣2分
		手动储能及手动分合闸操作试验	3	漏检,每项扣1分
3	触头开距及接触行程的测量及调整	锁紧螺钉	5	未用力矩扳手锁紧相关螺钉,扣3分;漏项,每次项扣1分
		触头开距、接触行程测量	6	漏检,每项扣3分
				调整达不到要求,扣3分
		真空灭弧室上下端接触电阻测量	4	口述不完整,扣2分
		真空灭弧室耐压试验	4	口述不完整,扣2分
4	电动储能及电动分合闸操作试验	电动储能正常	5	漏检,每项扣1分
		电动分合闸正常		
		分合闸指示正确		
5	安全文明检修,办理工作结束手续	填写检修调试记录	10	填写不规范或有错误,扣2分
		安全文明施工作业		每违反安全规程一次,扣1分;不清理现场,扣4分
		办理工作票结束		手续不完整,扣1分
	合计		100	

第3题 安装一组10 kV跌开式熔断器

1. 操作准备

序号	名称	型号与规格	单位	数量	备注
1	10 kV跌开式熔断器	规格与被控制变压器匹配	组	1	—
2	熔丝	规格与跌开式熔断器匹配	根	3	—
3	常用个人工具	—	套	1	—
4	吊物绳	—	个	1	—
5	安全带	—	个	1	—
6	安全帽	—	个	1	—
7	登杆工具	—	副	1	—

2. 操作要求

(1) 设置安全遮拦。

(2) 在培训模拟变压器台架上操作。

(3) 工作应由两人进行,其中作业人员1人、监护1人。

3. 操作时限

20 min。

4. 配分及评分标准

序号	考核项目	考核内容	配分	评分标准
1	工作前准备工作	着装、工具、材料、备品、备件齐备	5	每缺少一件工具，扣2分；着装不符合要求，扣1分
		熔断器、熔丝的选择	6	选用不合适，每项扣3分
		危险点分析	5	每错漏一项，扣1分
2	工作过程	登杆前检查电杆是否有纵向和横向裂纹，杆根是否牢固	6	未检查，每项扣2分
		登杆工具、安全帽（带）检查	6	未检查，每项扣2分
		登杆动作必须规范、熟练	4	上下杆过程中动作不正确，每项扣2分
		工作位置确定，安全带使用正确，符合现场要求	9	操作位置不合适，扣2分；安全带使用不正确，扣5分
		跌开式熔断器、熔丝的安装	15	操作不熟练、不正确，扣3分；不会安装，扣10分；工具使用方法错误，每项扣5分
3	工作终结验收	熔断器装设安装应符合规程要求，夹角在15°~30°之间，水平距不小于500 mm，熔丝松紧合适	15	夹角超出范围，每相扣5分；水平间距小于500 mm，每处扣5分；熔丝松紧不合适，每相扣3分
		熔管插或拔出操作	9	未试验不得分；熔管插或拔出不畅、方向不准确，每相扣3分
4	安全文明生产	操作过程中无跌落物，工作完毕清理现场，交还工器具	10	有跌落物，每件扣3分；发现一处杆上遗留物，扣4分；工作完毕未清理现场，扣4分；未整理、交还工器具，扣2分
5	时间	20 min内完成所有工作	10	20 min内完成得10分；每超过30 s扣1分，最多扣10分；超时5 min停止作业，只得相应分数
		合计	100	

单元测试题答案

一、单项选择题
1. B 2. C 3. A 4. D 5. D

二、多项选择题
1. ABF 2. ABCDE 3. BDEF 4. ABCD 5. ABDF 6. ABCDE

三、判断题
1. √ 2. √ 3. × 4. × 5. √ 6. √ 7. √ 8. × 9. √

四、简答题
答案略。

第6单元

配电线路的施工及操作

- 第一节　配电线路安装/178
- 第二节　接户线/194
- 第三节　配电线路的停送电操作/197

第一节 配电线路安装

 → 能够安装配电线路

架空配电线路是电力系统中的重要组成部分。配电线路施工涉及线路勘测、线路施工；配电线路的操作主要指停送电操作，包括停送电操作票的填写、操作步骤、操作注意事项等。

一、线路勘测与设计

1. 收集有关气象资料

架设一条配电线路，需要收集当地的气象资料。收集的主要气象参数有大气温度（℃）、风速（m/s）、覆冰厚度（mm）等，这些气象参数是计算电杆、导线受力的依据之一。中国典型气象区和适用地区分别见表6—1和表6—2。

表6—1　　　　　　　　　　　　典型气象区

气象区		Ⅰ	Ⅱ	Ⅲ	Ⅳ	Ⅴ	Ⅵ	Ⅶ
大气温度（℃）	最高	40						
	最低	-5	-10	-5	-20	-20	-40	-20
	导线覆冰	—			-5			
	最大风	10	10	-5	-5	-5	-5	-5
风速（m/s）	最大风	30	25	25	25	25	25	25
	导线覆冰	10						
	最高\最低气温	0						
覆冰厚度（mm）		—	5	5	5	10	10	15
冰密度（g/mm³）		0.9						

表6—2　　　　　　　　　　　　典型气象区适用地区

气象区	适用地区	最大风速（m/s）	覆冰厚度（mm）	最低气温（℃）
Ⅰ	南方沿海受台风侵袭地区，如浙江、福建、广东、广西、上海地区	30	0	-5
Ⅱ	华东大部分地区	25	5	-10
Ⅲ	西南非重冰地区，福建、广东等台风影响较弱地区	25	5	-5

续表

气象区	适用地区	最大风速(m/s)	覆冰厚度(mm)	最低气温(℃)
Ⅳ	西北大部分地区，京津地区	25	5	-20
Ⅴ	华北平原和湖北、湖南、河南地区	25	10	-20
Ⅵ	东北、西北和华北受寒潮风影响较大地区	25	10	-40
Ⅶ	覆冰严重地区，如山东、河南部分地区、湘中、鄂北覆冰地带	25	15	-20

2．线路路径选择与杆位测定

（1）线路路径选择。选择线路路径，首先要与当地的发展规划相结合，同生产设施建设、水利建设、道路规划等相协调，其次应尽量避开产生有害气体的工厂，堆放可燃物、爆炸物的场院或仓库，以及易受瀑洪雨水冲刷的地方，以保证线路的安全。

线路路径选择的原则如下：

1）线路最短。尽量避免转角或少些转角，以使线路最短。

2）地势平坦。即使在山区，也应尽量选在坡度较缓的山脚或丘陵地带。

3）避免跨越。尽量避免与河流、电力线、通信线、铁路等交叉跨越。必须跨越时，跨越点应选在河道最窄、土质好、不易被洪水冲刷的地段。

4）靠近道路。便于运输器材，便于施工和运行维护。

5）少占农田。若必须通过农田时，应尽量选择通过低产田并尽量不用带拉线的杆型。

6）尽量避开居民区、森林、绿化带，以及打靶场、演习场、电台等地段。

（2）选择杆位。线路档距一般为：使用铝绞线时，集镇和村庄为 40~50 m，田间为 50~70 m；使用架空绝缘电线时，一般为 30~40 m，最大不超过 50 m。

选择杆位的原则：在任何情况下导线的任一点对地有足够的安全距离；档距尽量一致，使电杆两侧拉力均衡，只有在遇到障碍物时，才可适当前移后挪杆位；转角杆选在平坦的地段或山麓的平坡地上，若必须在陡山坡上设置转角杆，则应注意有无被山洪冲刷的可能并采取加固杆基的防范措施；对有拉线的杆位，注意避免将拉线打在公路、河流等处，在山地地段所设拉线长度也不能过大。

（3）线路对地距离和交叉跨越规定。线路导线对地面和交叉跨越物的垂直距离，是按导线最大弧垂时计算的；对平行物的水平距离，是按导线最大风偏计算的，并应计入导线的初伸长和设计、施工误差。具体情况见有关线路设计的规程规定。

3．选择器材

（1）电杆。在地势平坦地区，低压架空线路大多选用单基圆锥形水泥杆，配角铁横担，少数用木杆。

10 kV 线路用 12 m 水泥杆，低压线路用 8~10 m 水泥杆，电杆埋深不小于杆长的

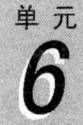

1/6。水泥电杆表面应光滑无露筋、脱落等缺陷,杆顶封实。平放地面检查时,无明显弯曲,无纵向裂纹,横向裂纹宽度不超过 0.1 mm,长度不超过 1/2 周长;受力后检查时,无纵向裂纹,横向裂纹宽度不超过 0.2 mm。木杆梢径不小于 120 mm,每米长弯曲不超过 10 mm,木杆顶部削成 30°锥体并涂沥青,木杆根部及地面上 300 mm 范围涂沥青防腐处理。

山区农村,地形等自然条件比较复杂,可结合当地特点选配杆型,例如根据经验,高压配电线路采用三角形或上字形布线杆,顶相导线绝缘子铁脚接地兼起避雷线作用,如图 6—1 所示。采用水泥杆与木横担或瓷横担相结合的杆型,可提高耐雷水平,同时山区木材较多,可就地取材。采用单、双杆相结合的杆型,即一条线路上直线杆采用单杆,耐张杆采用双杆,或根据实际情况确定杆型,以发挥单、双杆各自的优点。耐张杆采用双横担如图 6—2 所示,采用高低腿杆型,即根据实际地形的自然高差设计两腿不一样的杆型,以便施工中减少土石方开挖量。

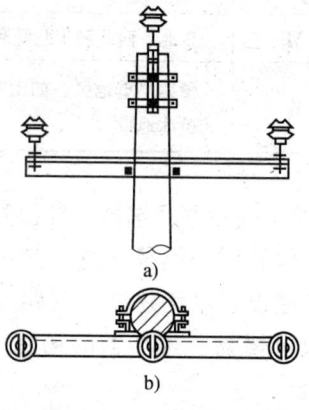

图 6—1 导线三角形排列
a) 正视图 b) 俯视图

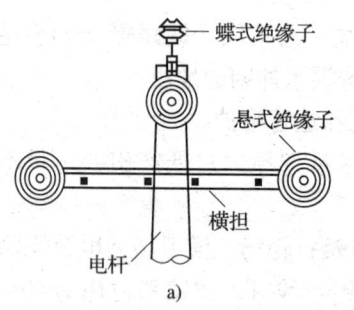 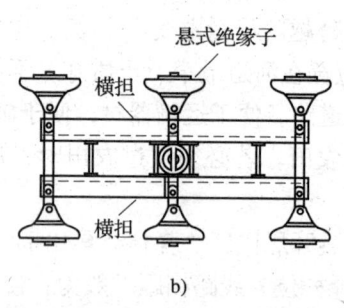

图 6—2 耐张杆采用双横担
a) 正视图 b) 俯视图

(2) 横担与绝缘子。铁横担大多以 50 mm × 50 mm × 5 mm 角钢制成,镀锌。瓷横担如图 6—3 所示,瓷绝缘子的附件应镀锌良好,瓷釉表面光滑,无裂纹、缺釉、破损等缺陷,安装前逐个清洗并抽测不少于 5% 产品的绝缘电阻,用 2 500 V 兆欧表测出的绝缘电阻不应小于 2 MΩ。

(3) 导线。农村宜采用裸铝绞线,禁止使用单股、破股(拆股)线和铁线。居民密集的县城、集镇及容易发生接地故障地段,宜采用架空绝缘铝绞线,但在绝缘容易失效的气象条件不佳地段不宜采用架空绝缘铝绞线。

(4) 拉线。拉线宜采用镀锌钢绞线,截面不小于 25 mm²。拉线底把采用直径不小于 16 mm 的圆钢制成的拉线棒,镀锌处理。拉线盘采用水泥预制块时,其规格不小于 150 mm × 250 mm × 500 mm。

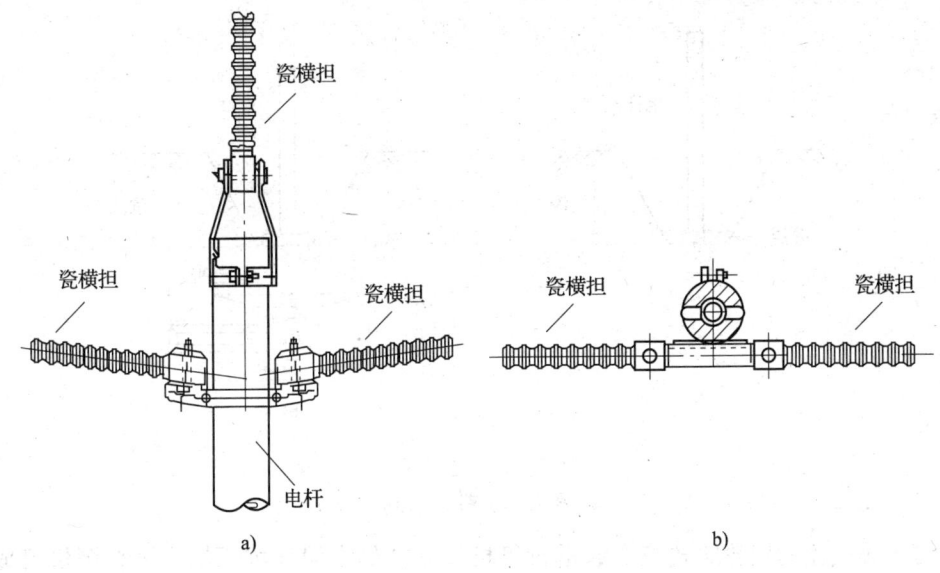

图6—3 瓷横担组装图
a) 正视图 b) 俯视图

二、电杆的组立与装配

1. 电杆的组立

（1）电杆位置选择。配电线路一般按如图6—4所示情况分别选择适当杆位。

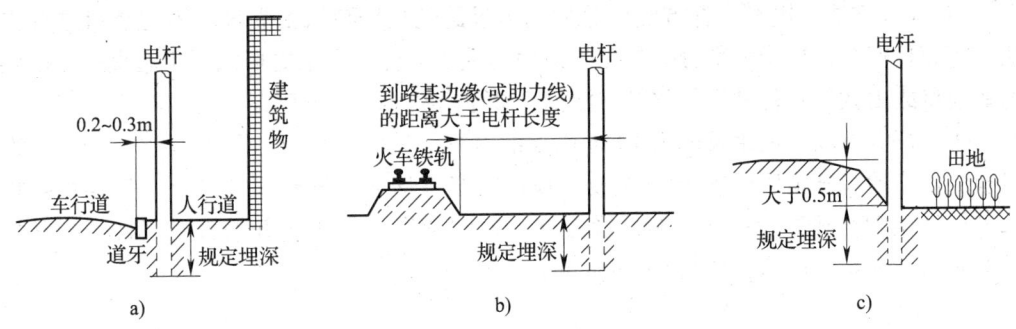

图6—4 电杆基坑位置选择
a) 人行道上杆位 b) 铁道边杆位 c) 路边田地杆位

小街巷（胡同）口、十字路口、单位及房屋大门等交通要道，软弱土质、河川地、急斜坡等立杆不稳固地带，施工时可能破坏地下管线的路段或与地下管线同路径，用户院落内等不便巡视处，不宜立杆。

（2）杆坑定位。挖杆坑之前检查杆位标桩是否符合设计图的要求，用三点一线法使用测量杆（花杆）测量杆位标桩是否在线路中心线上。城镇中配电线路及其他管线要符合规划位置要求，施工前应检查所在路径地下管线情况，如发生矛盾应及时妥善地解决。

（3）挖坑。根据所使用的立杆机具和是否加装底盘，确定是否挖成圆坑或带有马道的坑，如图6—5所示。

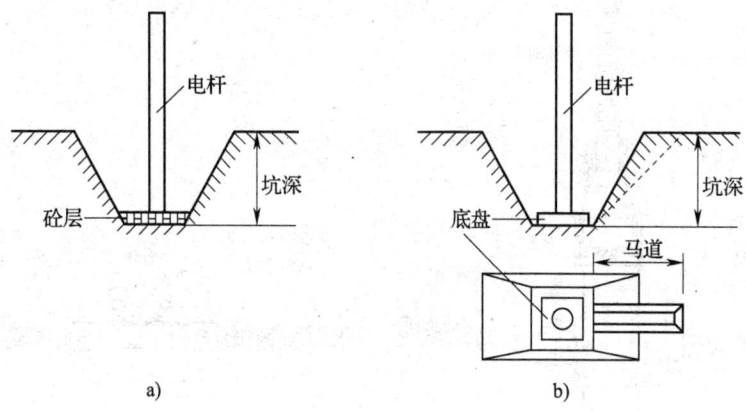

图6—5 电杆基坑
a) 圆坑 b) 带有马道的坑

对于无底盘的用轮胎式汽车起重机等机具立杆的水泥杆坑,最好用打洞机打成圆洞,或用夹板锹挖成圆洞,以求不破坏或少破坏土质的原有紧密性。

对用人力和抱杆等工具立杆的,应开挖成带有马道的基坑,马道的倾斜角一般为30°。主坑中心线在设计杆位的中心,马道应开挖在立杆的一侧。

拉线坑应开挖在标定拉线桩位处,其中心线及深度应符合设计要求。在拉线引入一侧应开挖斜槽,以免拉线不能伸直,影响拉力。

(4)立杆

1)立杆方法。电杆立杆方法可分为汽车起重机立杆与人工立杆。因起重机立杆方法便捷而且安全,现绝大部分立杆工作采用起重机立杆。人工立杆法用于起重机无法到达的地点或山区。几种常用的立杆方法简介如下。

①叉杆立杆法。适用长度为10 m以下的木杆和轻型水泥杆,开好马道,杆根对准滑板,杠棒抬起杆梢后用支板(顶板)顶住,交替移动使杆梢逐步升至一定高度,加入叉杆(架腿)升高电杆,不断倒换叉杆,控制晃绳,电杆接近垂直时,将一副叉杆转至对面,杆正后回填,如图6—6所示。

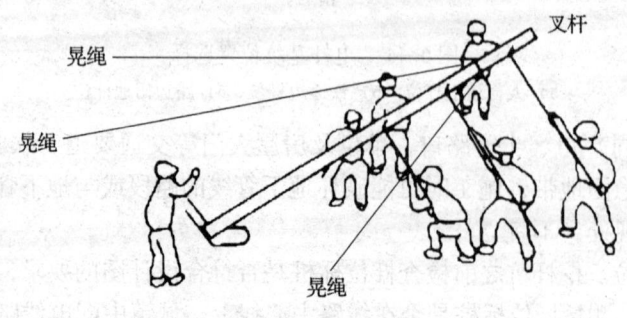

图6—6 交叉立杆法

②独脚抱杆法。又称固定单抱杆或冲天抱杆,抱杆根部距杆坑0.5~0.8 m,抱杆顶部固定4条拉线互成90°,拉线对地夹角不大于45°,抱杆最大倾斜角应不大于15°,

吊点在电杆的重心，吊钩提升高度大于吊点到杆根距离，当杆梢起吊至距地约 0.5 m 时，检查各机件确无问题后继续起立电杆，杆正后回填，如图 6—7 所示。

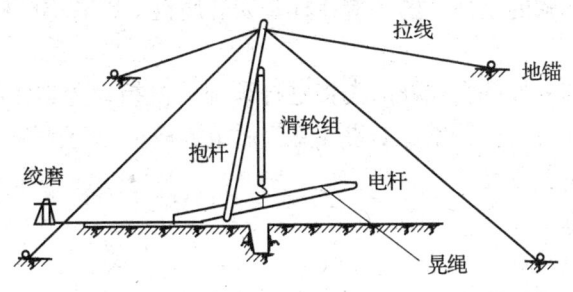

图 6—7　独脚抱杆法

③汽车起重机立杆。检查电杆坑深度，将电杆运至坑位，使电杆重心在立杆位置。挂好钢丝绳套，使之位于电杆重心略偏于杆梢处。停稳汽车起重机，放下两侧支脚接触地面以增加支撑，将杆身上钢丝绳套挂到钓钩上。起吊电杆时，工作负责人在可全面监视现场位置及汽车吊臂操作司机视线内指挥，由二人扶持电杆根部，以免电杆吊起时摆摇，起吊时宜缓慢平稳，使电杆完全离地。电杆缓慢放下，竖立于电杆坑孔。填土夯实，如需要则装设卡盘。操作吊臂放松挂钩、绳套，拆除挂钩、绳套，收吊臂。如电杆预先装设横担，立杆后可利用转杆器（扛木及套索）转动电杆，使电杆位置满足要求，最后清理现场，进行下步工序，如图 6—8 所示。

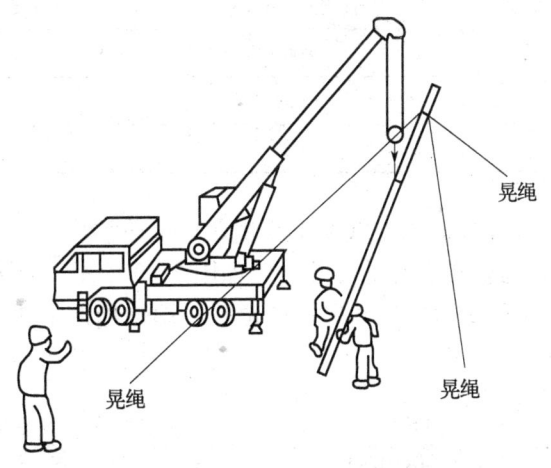

图 6—8　汽车起重机立杆法

2）杆身调整。立杆完成后检查电杆的倾斜情况，转角杆应向外角预偏，终端杆应向拉线侧预偏，且紧线后不应向受力侧倾斜。

3）杆坑回填夯实。杆身调整后随即进行杆坑回填夯实。在回填时，下层可为乱石杂土等，经夯实后上层回填好土，再夯实，土块应打碎。回填夯实工作完成之前，临时拉线或吊索不要拆除，以免发生危险。

杆坑回填时应注意，在易被水冲刷的地方埋设电杆且无法制作拉线时，要在杆基周围埋设立桩，并砌以石块以防冲垮。因线路受侧风的影响，又不可能在每基电杆处安装拉线，为增强线路和电杆的稳定性，小角度转角线路或土质松软地段的电杆可安装卡盘或用地中横木加强抗侧风能力。对装有变压器和开关等设备的承重杆、跨越杆、转角杆等以及线路架设在松软的土地上的，应在杆基安装底盘，以减小电杆对土壤的压强。

2. 电杆的装配

为了施工方便，一般都在立杆前先将电杆顶部的横担、金具和绝缘子等安装完毕，然后整体立杆，立杆后再作调整。如果在立杆后组装横担、金具等，则应从电杆最上端开始，依次往下组装。

（1）横担的安装

1) 横担的安装要求

①直线杆的横担应安装在负荷侧（与电源相反的方向），90°转角杆的横担应装于拉线侧。

②转角杆、分支杆、终端杆以及受导线张力不平衡的电杆，横担应装在导线张力的反方向侧。

③横担的上沿至杆顶距离不得小于0.3 m，应装得水平，其倾斜度不应大于横担长度的1/100。

④在直线段内，每档电杆上的横担必须互相平行。

⑤同杆架设的双回路或多回路线路，横担间的垂直距离不应小于表6—3所列值。

表6—3　　　　　　　　　横担间的最小垂直距离

导线排列方式	直线杆（mm）	分支杆或转角杆（mm）
10 kV 与 10 kV	800	500
10 kV 与 0.4 kV	1 200	1 000
0.4 kV 与 0.4 kV	600	300

2) 安装单横担。单横担在架空线路上应用最广。通常直线杆、分支杆、轻型转角杆和终端杆都使用单横担。单横担的安装方法如图6—9所示。安装时，用U形抱箍从电杆背部抱过杆身，穿过M形抱铁和横担的两孔，用螺母拧紧固定，螺栓拧紧后，外露长度不应大于30 mm。

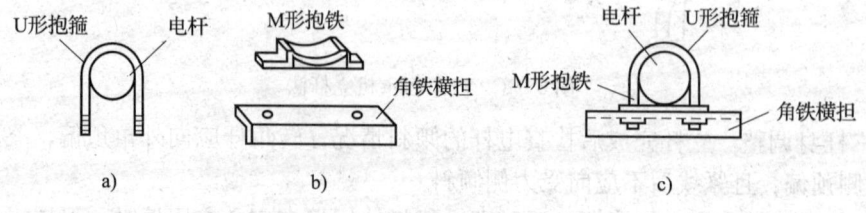

图6—9　安装单横担

3) 安装双横担。双横担一般用于耐张杆、重型终端杆和转角杆等受力较大的电杆上。双横担的安装方法如图6—10所示。

4) 当导线为三角排列时，还应在电杆头部安装头铁，如图6—11所示。

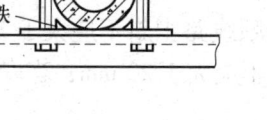

图6—10 安装双横担　　　　图6—11 安装头铁

(2) 绝缘子与横担的连接

1) 10 kV 架空配电线路绝缘子与横担的连接

①直线杆宜采用针式绝缘子或瓷横担。

②耐张杆采用一个悬式绝缘子与一个蝶式绝缘子串联时,均用铁拉板固定于横担上,如图6—12a 所示。如果采用二个悬式绝缘子与耐张线夹组合时,悬式绝缘子与横担应采用球头挂环和直角挂板相连接,与耐张线夹采用单联碗头连接,如图6—12b 所示。

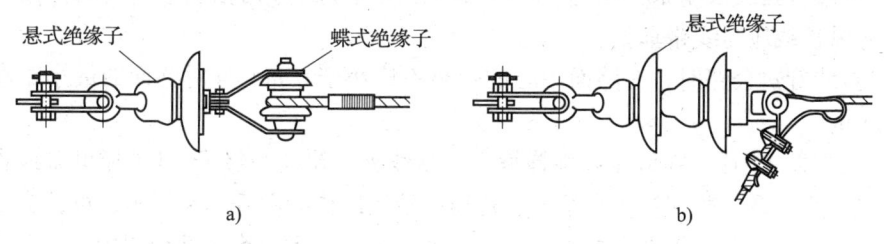

图6—12　10 kV 架空配电线路耐张杆绝缘子与横担连接

2) 低压架空绝缘线路绝缘子与横担的连接

①直线杆宜采用低压针式绝缘子、低压蝶式绝缘子或低压悬挂线夹,如图6—13 所示为低压蝶式绝缘子与横担连接的形式。

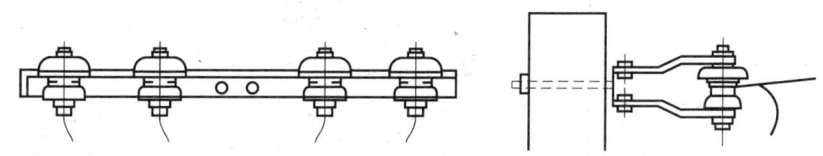

图6—13　低压蝶式绝缘子与横担连接

②耐张杆宜采用低压蝶式绝缘子、一个悬式绝缘子或低压耐张线夹。

(3) 电杆装配的质量要求。电杆组装之后应进行一次全面检查,其检查项目如下:

1) 电杆各螺钉部件必须均经过热镀锌处理,丝口无滑丝、断丝现象。螺栓穿入方向为:顺线路者,由送电侧(或按统一方向)穿入;横线路者,两侧由内向外,中间由左向右(指面向受电侧)或按统一方向穿入;垂直地面者,一律由下向上穿。采用螺栓连接构件时,螺栓应与构件面垂直,螺栓头平面与构件间不应有间隙,螺母拧紧后，螺杆露出螺母的长度，单螺母不应小于 2 个螺距，双螺母可与螺杆相平。

2) 横担应牢固地装设在电杆之上，并与电杆保持垂直，且平正，上下歪斜或左右（前向）扭斜的最大偏差应不大于横担长度的 1%，如果是 2 层以上横担，各横担间应保持平行。

3) 瓷横担绝缘子安装时，当直立安装时顶端顺线路歪斜不应大于 10 mm；水平安装时，顶端宜向上翘起 5°~15°；顶端顺线路歪斜不应大于 20 mm；当安装于转角杆时，顶端竖直安装的横担支架应安装在转角的内角侧。

4) 针式绝缘子安装在横担上应垂直牢固，无松动现象，在铁横担上安装针式绝缘子时，应有单簧垫圈或用双螺母紧固以防松脱。

3. 拉线制作与安装

拉线的作用是平衡杆塔各方向的拉力，防止杆塔弯曲或倾倒，因此要承受不平衡张力的电杆均应装设拉线，以达到平衡目的，通常架空线路耐张杆、终端杆、转角杆、分支杆都要安装拉线。

(1) 拉线安装应符合的规定

1) 拉线与电杆的夹角不宜小于 45°，当受地形限制时，不应小于 30°。

2) 终端杆拉线及耐张杆拉线，应与线路方向对正；分角拉线应与线路分角线方向对正；防风拉线应与线路垂直。

3) 拉线穿过公路时，对路面中心的距离不应小于 6 m，且对路面的最小距离不应小于 4.5 m。

(2) 拉线的组成。拉线主要由抱箍、楔型线夹、拉线绝缘子、UT 形可调线夹、拉线棒、拉线盘以及一些连接金具组成。普通的拉线结构如图 6—14 所示，可分为上部和下部两部分，上部包括绑在电杆上端部分，即上把；与下部连接部分叫中把；下部拉线叫下把。

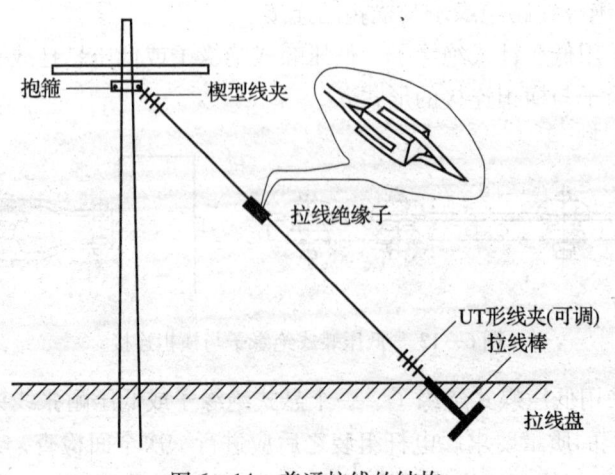

图 6—14 普通拉线的结构

(3) 拉线制作。拉线一般用钢绞线或使用直径 8 号铁线绞成。目前一般采用钢绞线制作，如图 6—15 所示。由于钢绞线和绝缘钢绞线的材质较硬，用做拉线时，一般使用专用金具 UT 线夹及楔形线夹装设拉线，钢绞线（绝缘钢绞线）拉线制作步骤如下：

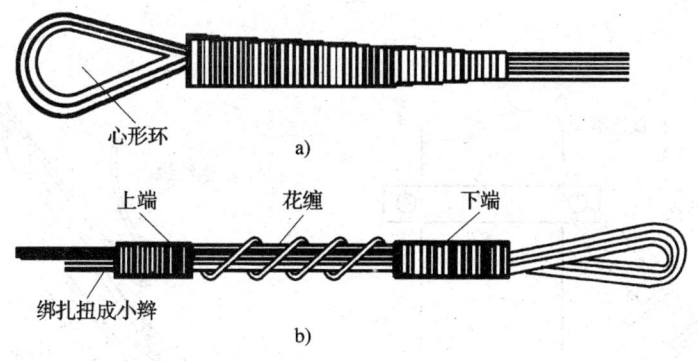

图 6—15 拉线把环
a) 自缠法制作把环 b) 另缠法制作把环

1) 埋设拉线盘。按所需深度挖拉线坑并挖一马道，以便敷设拉线，组装拉线盘及拉线棒，拉线盘一般采用混凝土制作，就位后填土夯实，如图 6—16 所示。

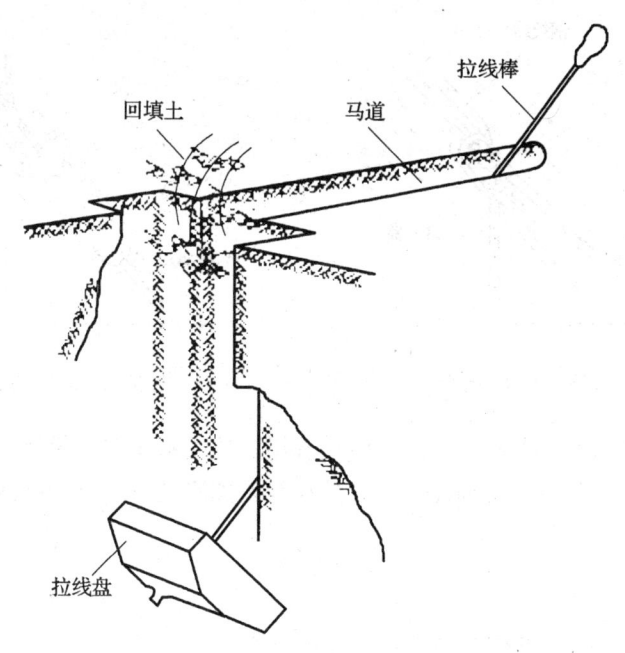

图 6—16 埋设拉线盘

2) 做上把。钢绞线与楔形线夹固定，回头绑缠，按需要长度裁剪拉线，登杆将上把与拉线抱箍组装，如图 6—17 所示。

3) 固定紧线器。用紧线器叼住钢绞线，留出紧线余量，如图 6—18 所示。

4) 紧线。操作紧线器收紧钢绞线，如图 6—19 所示。

5) 做下把。拉线下端装入 UT 形线夹，紧固固定螺栓（双螺母锁紧），如图 6—20 所示。

6) 拉线下把绑缠。下把回头绑缠 2 处，长度 200 mm，间隔 400 mm，再绑缠 100 mm，如图 6—21 所示。

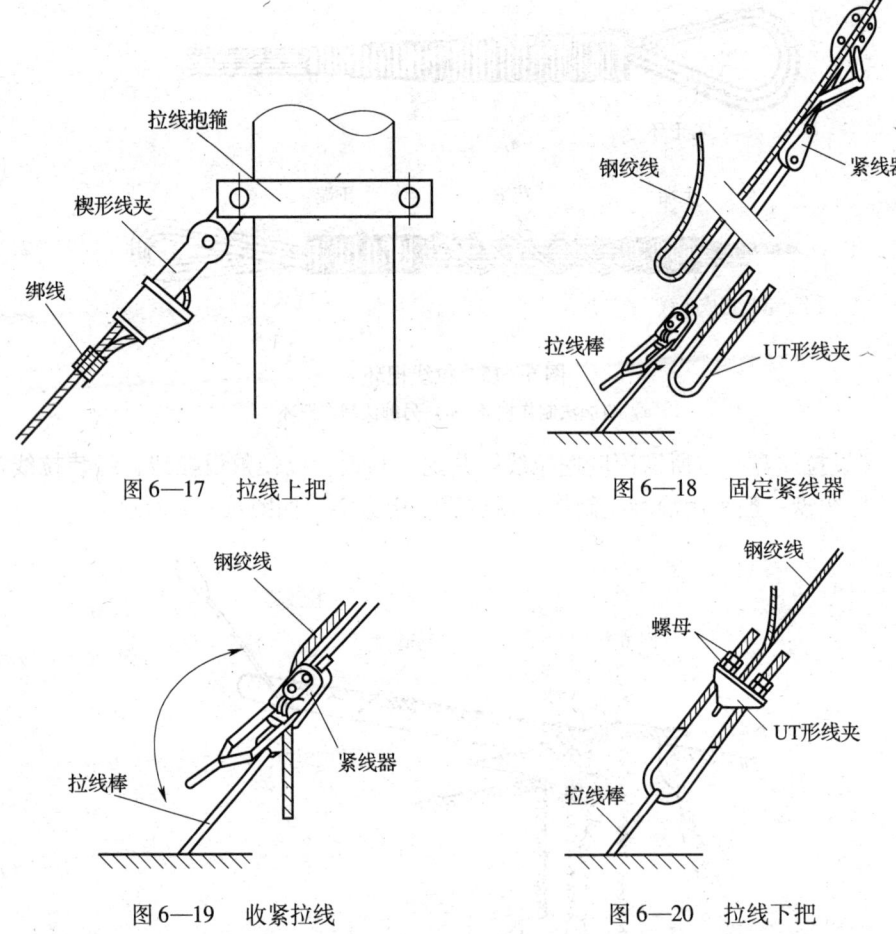

图 6—17 拉线上把   图 6—18 固定紧线器

图 6—19 收紧拉线   图 6—20 拉线下把

7）安装安全护筒（见图 6—22），清理现场。拉线制作完毕后及时清理现场，处于人口稠密地区、方砖步道、交通路口等处的拉线要加装红白漆竹护筒或发光护筒，以保护行人、车辆安全。

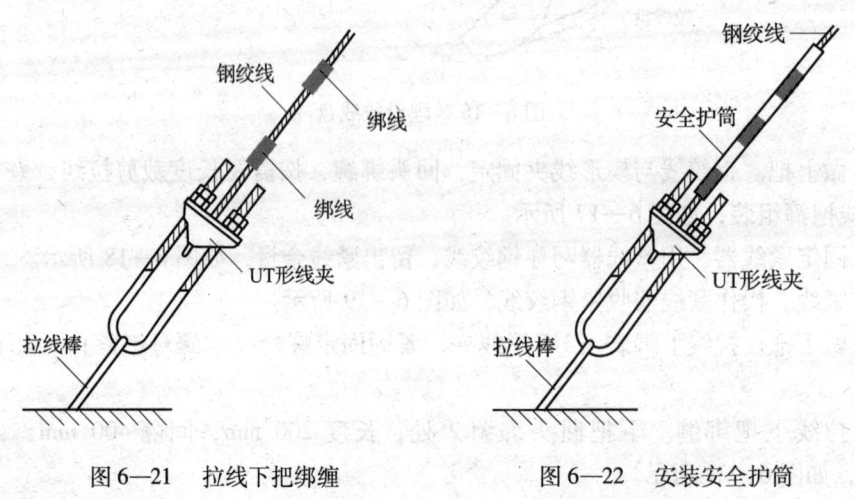

图 6—21 拉线下把绑缠   图 6—22 安装安全护筒

(4) 拉线的安装要求

1) 安装时不应损伤线股,线夹舌板与拉线接触应紧密,受力后无滑动现象。

2) 钢绞线穿入方向,制作完毕的 UT 形线夹主钢绞线与 UT 形线夹本体平面结合,线夹凸肚应在尾线侧,拉线弯曲部分不应明显松脱。

3) 拉线断头处与拉线应用钢线卡子可靠固定,拉线处露出的尾线长不宜超过 0.4 m。

4) 安装前丝口上应涂润滑剂,UT 形线夹的螺杆应露出丝扣,并应有不小于 1/3 螺杆丝长度可供调紧。调整后,UT 形线夹的双螺母应并紧。

5) 同一组拉线使用双线夹时,其尾线端的方向应统一。

4. 放、紧线操作

(1) 放线

1) 放线准备工作。放线前应对导线进行检查,导线的规格、型号是否符合设计图样要求,有无严重的机械损伤,如断线、破股、背花等情况,特别是铝导线还应观察有无严重的腐蚀现象。

为了确保放线工作的顺利进行和人身、设备的安全,应做好组织工作,对各工作岗位,应指定专人负责,并将具体工作任务交代明确。放线的通信联系极为重要,利用旗号作为通信联系,可按习惯规定进行。

2) 放线方法。整个放线过程要设专人指挥,统一信号。放线通常在一个耐张段内进行,一般常用拖放法。放线时将导线轴安放在线架上,用汽车、拖拉机、畜力或人力等作为牵引动力进行牵引放线。当导线截面较小而耐张段不大时,可采用人力牵引,牵引时应匀速前进,同时应注意联络信号,有不正常现象及牵引吃力时,应停止牵引,以免损伤导线。当导线放到下一基电杆下时,由登杆人员将导线挂入装在横担上的滑轮槽内,所采用的滑轮均应用铝质或塑料合成材料制成,其滑轮直径应大于导线直径的 10 倍以上。

当导线截面较小,且耐张段不大时,可将导线直接放在横担上而不挂滑轮。导线截面在 50 mm^2 以上且耐张段档距在五档以上时,应用滑轮。

放线过程中,要注意保护导线不受损伤,随时观察导线展放情况及防止导线因挂住而产生磨伤、断股等损伤。信号监视人员应站在高处以保证能全面看清前后旗语信号或用对讲机进行前后联络,发生异常情况时要立即发出信号停止放线,进行处理。对信号的传递要及时、准确。

(2) 紧线

1) 紧线方法。架空配电线路的紧线方法,一般常用单线紧线法、两线紧线法和三线紧线法。各方法的优缺点如下:

①单线法。所谓单线法即是一线一紧的方法。这种方法的优点是所需的设备少,所需的牵引力小,要求紧线人数少,施工时不致发生混乱,比较容易施工;其缺点是施工的进度较慢,紧线时间长。

②双线法。双线法是同时紧两根架空导线、地线,如图 6—23 所示。

③三线法。三线法是一次同时紧三根导线,如图 6—24 所示为利用三线法紧线的示意图。不管是二线法还是三线法,尽管其紧线的速度快,但其准备工作繁多,效果并不十分理想,所以使用并不十分广泛。

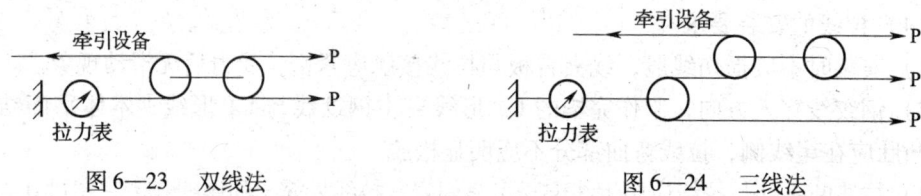

图6—23 双线法　　　　　　　图6—24 三线法

紧线前先要做好耐张杆、转角杆和终端杆的拉线，然后分段紧线。紧线时根据导线截面的大小和耐张段的长短，选用人力紧线、紧线器紧线、绞磨紧线或汽车紧线等。一般线截面不大，且耐张距离也不太长时，仅采用在电杆横担上悬挂的紧线器紧线。一般先紧外侧两根，后紧内侧两根或中间一根，力求紧线时横担两侧受力均匀，否则横担将歪斜。

2) 紧线步骤。紧线时，首先将导线的一端在耐张杆上的蝶式绝缘子或耐张线夹上固定好，并在耐张杆上打好临时拉线，然后在另一端耐张杆横担两端挂两个紧线器，地面人员将两侧导线在地面用力收紧，杆上人员向外探身用紧线夹头夹住导线（一般铝线应在夹口处缠绕一层铝包带），同时收紧两侧导线，紧到一定程度，杆上人员进行弧垂观测。弧垂观测好后，将导线在蝶式绝缘子或耐张线夹上固定好，最后松开紧线器，如图6—25所示。

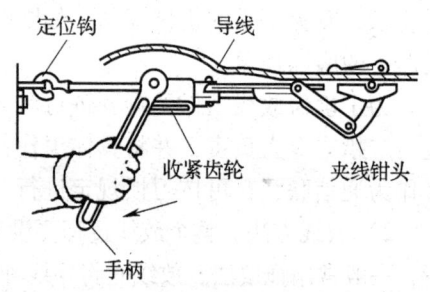

图6—25 用紧线器紧线

3) 弧垂的测定。弧垂的测定通常与紧线工作配合进行。测定的目的是使安装后的导线达到合理的弧垂。在施工中，常用等长法（又叫平行四边形法）测定弧垂，其方法是：首先按当时的环境温度，从电力部门给定的弧垂表中查得弧垂值，然后从相邻两直线杆上的导线悬挂点各向下量至与弧垂相等的距离处，各绑上水平板尺。测定人员在直线杆上瞄准对面直线杆上水平板尺，调整导线，使 A、C、B 三点在一条直线上，此时即为所求的弧垂，如图6—26所示。

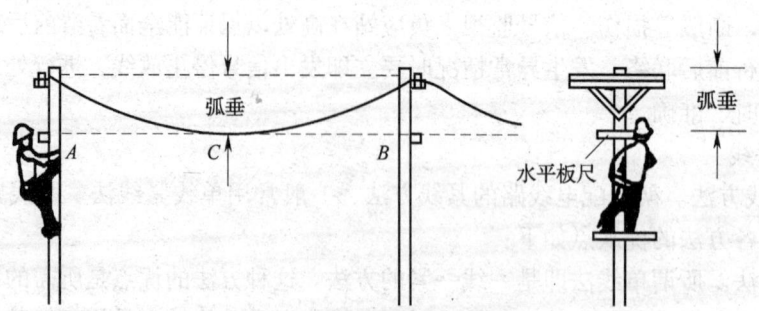

图6—26 用等长法测定导线的弧垂

三、导线的绑扎固定

导线在针式绝缘子及蝶式绝缘子上的固定普遍采用绑线缠绕法，绑线材料与导线材料相同。铝绑线的直径应在 2.6～3 mm 范围内，铜绑线的直径应在 2.0～2.6 mm 范围内。铝导线绑扎之前，将导线与绝缘子接触的部位缠裹宽 10 mm、厚 1 mm 的软铝带，其缠裹长度要超出绑扎长度的 20~30 mm。绑扎后导线不得在绝缘子上滑动,也不能使导线过分弯曲。绑扎时,防止碰伤导线和绑线。绑扎铝线时只许用钳子尖夹住绑线,不得用钳口夹绑线。绑线在绝缘子颈槽内要顺序排开,不得互相挤压在一起。绑线缠绕方法有顶扎法、颈扎法、终端扎法等。

1. 顶扎法

直线杆一般情况下都采用顶扎法绑线,如图 6—27 所示,其绑扎步骤如下:

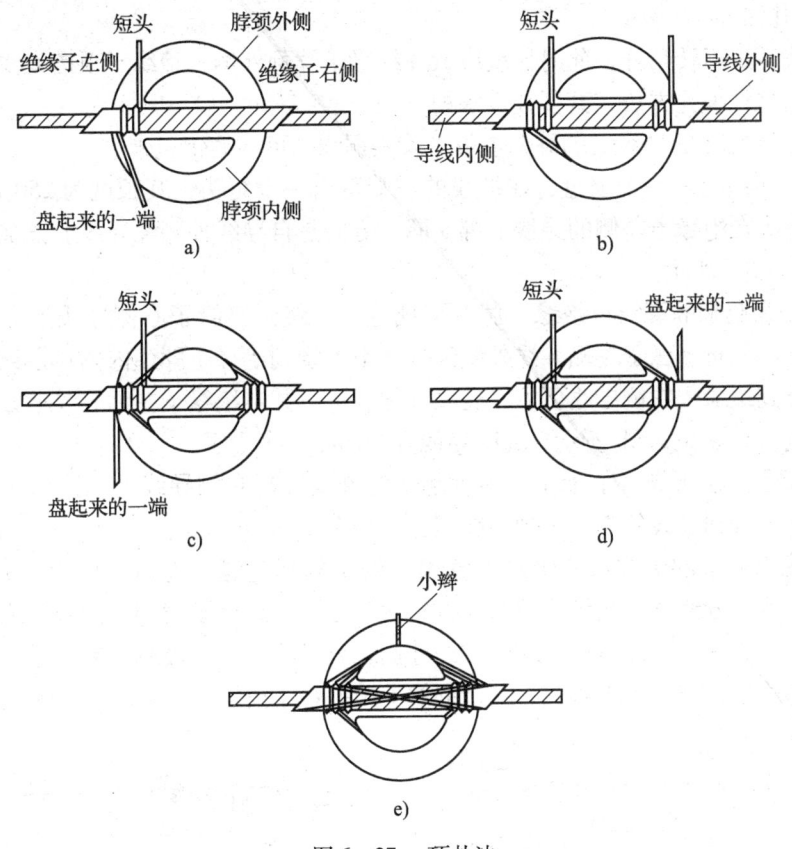

图 6—27 顶扎法

(1) 此时导线应放置在绝缘子脖颈上,在绑扎处的导线上缠绕铝包带,若是铜线则不绑缠铝包带,把绑线盘成一个圆盘,留出一个短头,其长度为 250 mm 左右,用短头在绝缘子左侧的导线上绕 3 圈,方向是从导线外侧,经导线上方绕向导线内侧,如图 6—27a 所示。

(2) 用盘起来的绑线在绝缘子脖颈内侧绕到绝缘子右侧的导线上绑 3 圈,其方向是从导线下方经外侧绕向上方,如图 6—27b 所示。

(3) 然后用盘起来的绑线在绝缘子脖颈内侧绕到绝缘子右侧导线上,并再绑 3 圈,其方向是由导线下方经内侧绕到导线上方,如图 6—27c 所示。

(4) 再把盘起来的绑线自绝缘子脖颈内侧绕到绝缘子右侧导线上,并再绑 3 圈,其方向是由导线下方经外侧绕到导线上方,如图 6—27d 所示。

(5) 把盘起来的绑线自绝缘子外侧绕到绝缘子左侧导线下面,并自导线内侧绕上来,经过绝缘子顶部交叉压在导线上;然后从绝缘子右侧导线外侧绕到绝缘子脖颈内侧,并从绝缘子左侧的导线下侧经过导线外侧上来,经绝缘子顶部交叉压在导线上,此时已有一个十字压在导线上。

(6) 重复按以上方法再绑一个十字,把盘起来的绑线从绝缘子右侧的导线内侧,经下方绕到绝缘子脖颈外侧,与绑线短头在绝缘子外侧中间拧一小辫,将其余绑线剪断并将小辫压平,如图 6—27d 所示。

2. 颈扎法

颈扎法适用于转角杆,此时导线应放在绝缘子脖颈外侧,绝缘子顶槽太浅的直线杆也可以应用这种绑扎方法,其绑扎步骤如下:

(1) 在绑扎处的导线上绑缠铝包带,若是铜线则可不缠铝包带。

(2) 把绑线盘成一个圆盘,在绑线的一端留出一个短头,其长度为 250 mm 左右,用绑线的短头在绝缘子左侧的导线上绑 3 圈,方向是自导线外侧经导线上方绕向导线内侧,如图 6—28a 所示。

(3) 用盘起来的绑线自绝缘子脖颈内侧绕过,绕到绝缘子右侧导线上方,即交叉在导线上方,并自绝缘子左侧导线外侧经导线下方绕到绝缘子脖颈内侧;在绝缘子内侧的绑线,绕到绝缘子右侧导线下方,交叉在导线上,并自绝缘子左侧导线上方绕到绝缘子脖颈内侧,如图 6—28b 所示,此时导线外侧已有一个十字。

(4) 重复上法再绑一个十字,用盘起来的绑线绕到右侧导线上,并绑 3 圈,方向是自导线上方绕到导线外侧,再到导线下方,如图 6—28c 所示。

(5) 用盘起来的绑线,从绝缘子脖颈内侧绕回到绝缘子左侧导线上,并绑 3 圈,方向是从导线下方经过外侧绕到导线上方;然后再经过绝缘子脖颈内侧回到绝缘子右侧导线上,并绑 3 圈,方向是从导线上方经外侧绕到导线下方;最后回到绝缘子脖颈内侧中间,与绑线短头拧一个小辫,将其余绑线剪断并将小辫压平,如图 6—28d 所示。

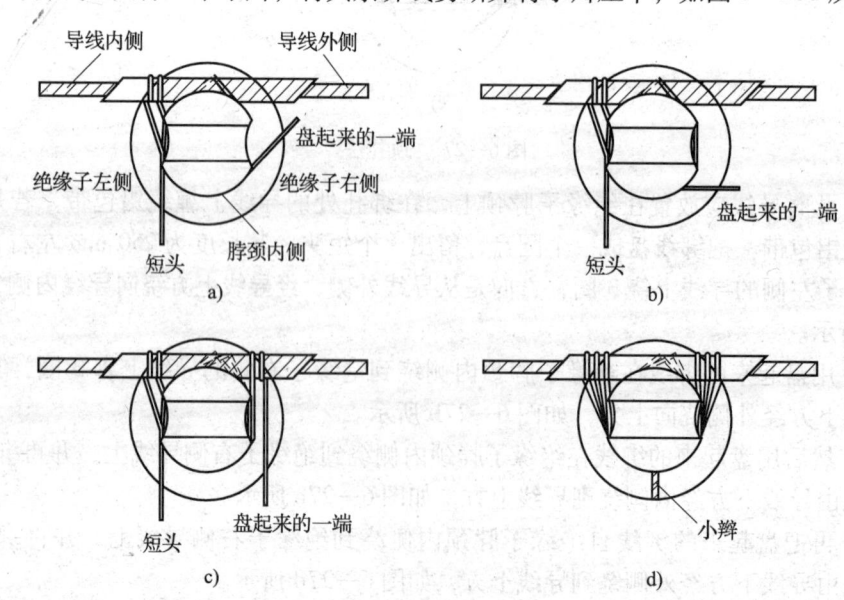

图 6—28 颈扎法

3. 终端扎法

导线在蝶式绝缘子上的绑扎。铝绞线在蝶式绝缘子上的绑扎法也适用于铜绞线，但铜绞线不包缠铝带。绑扎步骤如下：

（1）导线应绕过蝶式绝缘子。导线与蝶式绝缘子接触部分应绑铝包带，若是铜线可不绑铝包带。

（2）把绑线盘成一盘，在绑线一端留出一个短头，其长度为 200～250 mm（绑扎长度为 150 mm 者，短头长度为 200 mm；绑扎长度为 200 mm 者，短头长度为 250 mm），把绑线短头夹在导线与折回导线之间，然后以盘起来的绑线在导线上绑扎。第一圈应距绝缘子边缘 80～100 mm，绑扎的长度为：

1）导线截面 LJ-50、TJ-35 及以下，绑扎长度为 150 mm。

2）导线截面 LJ70-120、TJ-50-60，绑扎长度为 200 mm；如果导线截面较大，其绑扎长度可适当增加。

4. 导线在耐张线夹上的固定

导线在耐张线夹上的固定方法如图 6—29 所示。

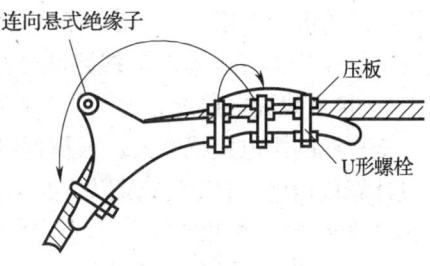

图 6—29　导线用耐张线夹固定示意图

（1）导线放置在悬式绝缘子中间，耐张线夹上用紧线器收紧导线，使弛度比要求的弛度稍小些。

（2）为了保护导线不被线夹磨伤，将导线与耐张线夹接触部分，用铝带（铝绞线）或同规格的线股包缠上。包缠时应从一端开始绕向另一端，其方向须与导线外层线股缠绕方向一致。包缠长度须露出线夹两端各 10～20 mm。最后将铝带或线股端头压在线夹内，以免松脱。

（3）卸下耐张线夹的全部 U 形螺栓，将导线放入线夹的线槽内，使导线包缠部分紧贴线槽；然后装上压板和 U 形螺栓，先将全部螺母初步紧固一遍，待检查无误后再按如图 6—29 所示顺序分数次拧紧螺母，使导线受力均匀，不歪不碰。

（4）所有螺栓紧固一次后，应进行全面检查，看其是否符合要求，并再拧紧一次螺栓，使之特别紧固，以免导线受张力后松脱。

5. 注意事项

（1）导线在绝缘子上的绑扎应绑得很紧，使导线不得滑动。但不应使导线过分弯曲，否则不但损伤导线，还有可能因导线张力过大而破坏绑线。

（2）导线为绝缘导线时，应使用带包皮的绑线；裸导线时，可用与导线材料相同的裸绑线。但铝合金线应使用铝线，铝镁合金线不能做绑线使用。

（3）绑扎时，应注意防止碰伤导线和绑线。绑扎铝线时，只许用钳子尖夹住绑线，不得用钳口夹绑线。

（4）绑线在绝缘子颈槽内应顺序排开，不得互相压在一起。

（5）铝带应包缠紧密无空隙，但不应相互重叠，铝带在导线弯曲的外侧允许有些空隙。铝带包缠方向须与导线外层线股绕向一致。

第二节 接户线

→ 能够正确选择进户点和安装接户线

一、接户线接线方式和进户点选择

接户线是将电能输送和分配到用户的最后一段线路,也是用户线路的终端部分。按架空线路的电压等级可分为高压接户线和低压接户线。由接户线引到用户室内计量电能表(或计量用的互感器)的线路部分称为进户线。

1. 接户线配电接线方式

接户线的配电接线方式,根据配电变压器容量、负荷大小、负荷性质及特点确定,一般计算负荷电流在25 A及以下的,可为单相二线制;计算负荷电流超过25 A的,为二相三线制或三相四线制,要尽可能将负荷平均分配在各相上。此外,对TN保护系统,其过电流保护装置动作值及导线截面的选择,应保证单相短路时,能在规定的时间内自动切断电源。

2. 进户点选择

进户点的选择,应综合考虑。对进户点的选择要求如下:

(1) 凡同一建筑物内部相互连通的房屋、多层住宅楼的每个单元、同一围墙内一个单位的电力和照明用电,均只允许设置一个进户点。

(2) 进户点应尽可能接近供电线路和用电负荷中心。

(3) 进户点要在接户点的下方,其距离不应大于0.5 m,该处的建筑应牢固且不得漏雨水。

(4) 进户点的位置应明显易见,便于施工操作与维修。

(5) 进户线位置的确定应尽可能与附近房屋的进户点相一致,但进户线不能与电话线、闭路电视线同时由一个穿管引入。

二、接户线安装

1. 低压架空接户线的安装方法

安装低压架空接户线应考虑架空线路电杆的位置、接户线路方向、进户的建筑物位置等因素。

(1) 接户线在电杆顶端的做法。接户线在电杆顶端的做法有直接连接、丁字铁架连接、交叉安装的横担连接、特种铁架连接和平行横担连接等几种,如图6—30所示。

a)　　b)

c)　　d)　　e)

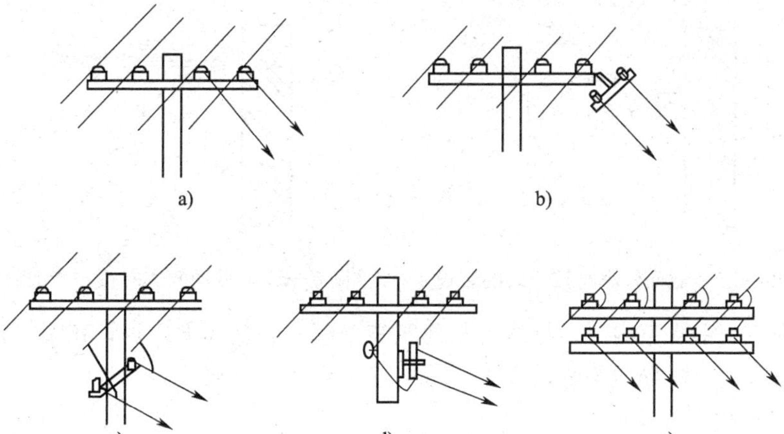

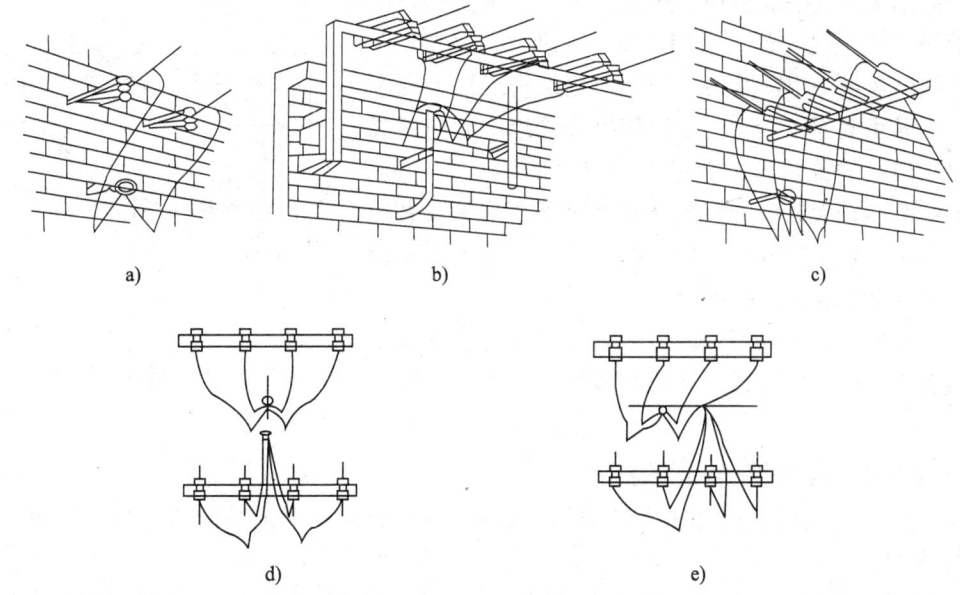

图 6—30　低压架空接户线在电杆顶端的做法

a）直接连接　b）丁字铁架连接　c）交叉安装的横担连接　d）特种铁架连接　e）平行横担连接

（2）接户线在用户端的做法。接户线在用户端的做法有两线接户线、垂直墙面的四线接户线、平行墙面的四线接户线、四线两组竖装接户线、四线两组横装接户线等几种，如图 6—31 所示。

a)　　b)　　c)

d)　　e)

图 6—31　接户线在用户端的做法

a）两线接户线　b）垂直墙面的四线接户线　c）平行墙面的四线接户线

d）四线两组竖装接户线　e）四线两组横装接户线

（3）安装方法。低压接户线适用于小型动力和照明用户。当导线截面较小时，可采用角铁或铁板嵌入墙内，配以针式绝缘子固定导线，如图 6—32 所示。当导线截面较大（超过 16 mm^2）时，采用蝶式绝缘子固定导线，其方法是用螺栓将角铁横担固定在建筑物上，再在横担上装设蝶式绝缘子固定导线，如图 6—33 所示。

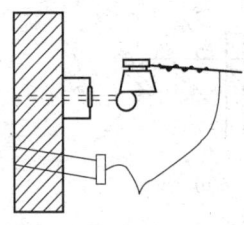
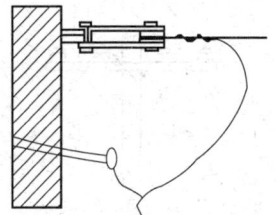

图6—32　截面较小时接户线的装设　　图6—33　截面较大时接户线的装设

低压进户线引入室内时,导线应从建筑物墙壁中的金属管、瓷管或塑料管穿入,不允许直接引入,以防导线绝缘破损发生漏电或造成触电事故。

（4）接户线固定的要求

1）在杆上接户线应固定在绝缘子或线夹上,固定时接户线不得本身缠绕,应用单股塑料铜线绑扎。

2）接户线在用户墙上应使用挂线钩、悬挂线夹、耐张线夹和绝缘子固定。

3）挂线钩应固定牢固,可采用穿透墙的螺栓固定,内端应有垫铁,混凝土结构的墙壁可使用膨胀螺栓,禁止用木塞固定。

2. 高压架空接户线的安装方法

高压接户线一般适用于较大的工厂、企业和农田排灌等,其一般安装方法如图6—34所示。从10 kV配电线路通过一组断路器引到用户建筑物或柱上变压器,当导线截面较小时,一般使用悬式绝缘子与蝶式绝缘子串联的方式固定在建筑物或电杆的支持点上；当导线截面较大时,则使用悬式绝缘子和耐张线夹的方式固定在建筑物或电杆的支持点上。支持点要安装牢固,并能承受接户线的全部拉力。

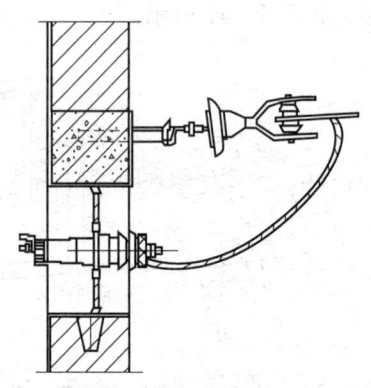

高压接户线引入室内时,必须采用穿墙套管而不能直接引入,以防导线与建筑物接触漏电伤人及发生接地故障。

图6—34　高压接户线

高压架空接户线的安装要求如下：

（1）装设高压接户线时,不应跨越铁路、公路、大城市主要街道以及高压架空配电线路。

（2）6～10 kV高压接户线通常采用铝绞线,截面不得小于25 mm^2（用铜绞线时不应小于16 mm^2）,且不允许沿建筑物延伸敷设。

（3）高压接户线自电杆引下时的最小线间距离不得小于450 mm,在引入口处的最小对地距离不应低于4.5 m,当其跨越建筑物或接近建筑物时,要按照高压架空线路的要求执行。

（4）不同金属、不同截面积的高压接户线,在档距内不准连接。在其他地方（如进户装置）若需铜、铝连接时,要使用铜、铝过渡接头,以防止连接处产生电化腐蚀。

(5) 采用绝缘线时,外露部位应进行绝缘处理。

(6) 与永久建筑物之间的距离在最大风偏的情况下不应小于 0.75 m。

(7) 接户线所用金具必须热镀锌,其表面不应有锌皮脱落及锈蚀等现象。装设在接户线上的绝缘子,其工作电压应不低于线路电压等级,绝缘子表面应光滑,无裂纹,破损现象。

(8) 进户线绝缘子和进户线支架应按下列规定选用:

1) 导线截面在 16 mm² 以下时,宜采用蝶式绝缘子,支架宜采用不小于 50 mm×5 mm 的扁钢。

2) 导线截面在 16 mm² 及以上时,宜采用针式绝缘子,支架宜采用不小于 50 mm×50 mm×5 mm 的角钢。

3) 装设在建筑物上的接户线的支架必须固定在建筑物的主体上,不应固定在建筑物的抹灰层或木结构房屋的板壁上。

4) 接户线支架应端正牢固,支架两端水平差不应大于 5 mm。

(9) 若采用架空接户线施工有困难时,或者有碍于重要建筑物的美观时,则可以采用电缆线接户装置。

第三节 配电线路的停送电操作

→ 熟悉倒闸操作的基本原则和要求
→ 熟悉倒闸操作票的填写方法与要求
→ 能够正确填写倒闸操作票,并在监护下进行操作

一、倒闸操作的基本要求和原则

1. 倒闸操作的基本要求

(1) 倒闸操作指令要由有权发布指令的调度值班员(所属调度单位发文公布)发布;操作人和监护人必须由上级部门批准并公布的合格人员担任。

(2) 倒闸操作必须由两人进行,一人监护、一人操作。特别重要和复杂的倒闸操作,应由电气负责人监护。

(3) 值班人员所进行的一切倒闸操作,包括根据调度口头指令所进行的操作和根据工作票所进行的验电、装、拆接地线、插、拔控制回路熔断器等操作,均需填写倒闸操作票。

(4) 用绝缘棒接通或断开隔离开关(刀闸)或经传动机构接通或断开断路器(开关)和隔离开关(刀闸),均应戴绝缘手套。

(5) 雨天操作室外高压设备时,绝缘棒应有防雨罩,还应穿绝缘靴。接地网电阻不符合要求的,晴天也应穿绝缘靴。雷电时,一般不进行倒闸操作,禁止就地进行倒闸操作。

(6) 装、卸高压熔断器，应戴护目眼镜和绝缘手套，必要时使用绝缘夹钳，并站在绝缘垫或绝缘台上。

2. 倒闸操作的基本原则

(1) 在送电或停电时，必须用高压断路器接通或断开负荷电流或短路电流，绝对禁止用隔离开关接通或切断负荷电流。

(2) 在回路上未设置断路器，可允许用隔离刀闸进行下列操作：

1) 接通、断开无故障的电压互感器或避雷器。

2) 接通、断开无故障的母线和直接连在母线上设备的电容电流。

3) 接通、断开变压器中性点的接地隔离开关。但当中性点上接有消弧线圈时，只有在系统没有接地故障时方可进行。

4) 接通、断开励磁电流不超过2 A的空载变压器和电容电流不超过5 A的无负荷线路。

5) 接通、断开电压在10 kV以下，电流在70 A以下的环路均衡电流。

(3) 下列情况下一般不进行系统正常倒闸操作：交接班时；系统发生事故或异常时；雷电时（注：事故处理确有必要时，可以对开关进行遥控操作）。

(4) 单一出线的操作。停电时，先断开断路器，后断开线路侧隔离开关，最后断开母线侧隔离开关。送电时，先闭合母线侧隔离开关，后闭合线路侧隔离开关，最后闭合断路器。

(5) 母线停、送电操作。停电时，电压互感器应最后停电；送电时，先送电压互感器。

(6) 带配电变压器的停、送电操作。停电操作从低压到高压按反电源方向依次进行。送电操作从高压到低压按顺电源方向依次进行。

二、操作票填写

1. 操作票填写的格式和要求

(1) 填写操作票的要求

1) 操作票应用钢笔或水笔填写，票面应清楚整洁，不得任意涂改。字迹应工整，不应潦草，不应有错别字和丢字现象，应尽量保持票面清洁。

2) 倒闸操作人员应根据值班调度员（线路工区值班员）的操作命令（口头或电话）填写倒闸操作票。操作命令应清楚明确，受令人应将命令内容向发令人复诵，核对无误。

3) 操作票要填写设备双重名称，即设备名称和编号。操作人和监护人应先后在操作票上分别签名。

4) 事故应急处理和通断断路器（开关）的单一操作可不填写操作票。事故处理可根据值班调度员的命令进行操作，可不填写操作票。

(2) 倒闸操作票的格式。倒闸操作票格式按电力部门颁发的统一标准填写。表6—4为部颁安规倒闸操作票格式，表6—5为国网安规（国网公司规定自2005年3月1日起在公司系统内试行）电力线路倒闸操作票格式。

表 6—4　　　　　　　　　倒闸操作票格式

_____供电局（或线路工区）倒闸操作票　　　　　　　　编号：_____

操作开始时间：　年 月 日 时 分，终了时间：日 时 分		
操作任务：		
	顺序	操作项目
备　注：		

操作人：　　　　　　　　监护人：　　　　　　　工作许可人：

表 6—5　　　　　　　电力线路倒闸操作票格式

电力线路倒闸操作票

　单位_____　　　　　　　　　　　　　　　　编号_____

发令人		受令人		发令时间： 　　年 月 日 时 分	
操作开始时间： 　　年 月 日 时 分			操作结束时间： 　　年 月 日 时 分		
操作任务					
顺序	操作项目				√
备注：					
操作人：			监护人：		

2. 倒闸操作票的填写

(1) 操作任务。操作任务应根据电力线路倒闸操作命令发布人发布的操作命令内容和专用术语进行填写。操作任务的填写要简单明了，做到能从操作任务中看出操作对象、操作范围及操作要求。操作任务应填写设备双重名称，即电力线路设备中文名称和编号。每张操作票只能填写一个操作任务，"一个操作任务"是指根据同一操作命令为了相同的操作目的而进行的一系列相关联并依次进行的不间断倒闸操作过程。一个操作任务用多张操作票时，在首张及以后操作票的接下页××号中填写下页操作票号码，在第二张及以后操作票的承上页××号中填写上页操作票号码。

(2) 操作项目。应填入操作项目栏中的项目有：

1) 应断开或闭合的断路器、隔离开关（刀闸）和跌开式熔断器。

2) 检查断路器、隔离开关（刀闸）和跌开式熔断器的位置。

3) 装设接地线前，应在停电设备上进行验电。装、拆接地线均应注明接地线的确切地点和编号。拆除接地线后，检查接地线确已拆除。

4) 装或拆控制回路和电压互感器回路的熔断器。

5) 切换保护回路和检查负荷分配。

6) 检验是否确无电压。

(3) 备注栏。在电力线路倒闸操作中出现问题、因故中断操作以及填好的操作票没有执行等情况都应在备注栏中注明。

(4) 操作票的编号。电力线路倒闸操作票的编号由供电公司统一编号，并在印刷时一并排印，使用单位应按编号顺序依次使用，对于电力线路倒闸操作票的编号不能随意改动，不得出现空号、跳号、重号、错号。

(5) 操作票的单位。电力线路倒闸操作票的××单位应填入操作人、监护人所在的单位，单位名称要写全称，不能写简称或代号，例如：××供电所。

(6) 发令与受令

1) 配电网调度值班员（发令人）向供电所值班负责人（受令人）发布正式的操作指令，由供电所值班负责人（受令人）将发令人和受令人的姓名填入电力线路倒闸操作票"发令人栏"和"受令人栏"中。

2) 由供电所值班负责人（受令人）将发令人发布正式的操作指令的时间填入"发令时间栏"内。

(7) 操作时间的填写。操作时间的填写统一按照公历的年、月、日和 24 h 制填写，一个操作任务用多张操作票时，操作开始时间填在首页，操作结束时间填在最后一页。

(8) 操作票签名。电力线路倒闸操作前，操作人和监护人应对电力线路倒闸操作票进行认真审核，并确认操作票无误后，由操作人、监护人分别在操作票上签名，操作人、监护人应对本次电力线路倒闸操作的正确性负全部责任。

(9) 操作票打"√"。监护人在操作人完成此项操作并确认无误后，对该项操作项目打"√"。对于检查项目，监护人唱票后，操作人应认真检查，确认无误后再高声复诵，监护人同时也应进行检查，确认无误并听到操作人复诵后，对该项目打"√"。严禁操作项目与检查项目一并打"√"。严禁操作不打"√"，待操作结束后，在操作票上补打"√"。监护人应使用红色笔在操作项目上打"√"。

(10) 操作票的终止号"└"。电力线路倒闸操作票按照倒闸操作顺序依次填写完毕后，在最后一项操作内容的下一空格中间位置记上终止号"└"。如果电力线路倒闸操作票最后一项操作内容下面没有空格，终止号"└"可记在最后一项操作内容的末尾处。

(11) 操作票盖章

1）电力线路倒闸操作票项目全部结束，操作人在已执行电力线路倒闸操作票的操作任务栏中右侧加盖"已执行"章。

2）合格的操作票全部未执行，在操作任务栏中盖"未执行"章，并在备注栏中注明原因。

3）若监护人、操作人操作中途发现问题，应及时向配电网调度值班员和供电所值班负责人报告，绝对不允许擅自更改操作票，该操作票不得继续使用，并在已操作完项目的最后一项盖"已执行"章，在备注栏注明"本操作票有错误，自××项起不执行"。对多张操作票，应从第二张操作票起每张操作票的操作任务栏中盖上"作废"章，然后重新填写操作票再继续操作。错误的电力线路倒闸操作票，由操作人在操作任务栏中盖"作废"章。

三、停送电操作

1. 倒闸操作步骤

(1) 倒闸操作前准备阶段。倒闸操作前，操作人和监护人应先在模拟图前拿着操作票，按照操作票上操作项目顺序依次进行模拟操作。模拟操作的过程也就是核对操作票的过程。通过与模拟图核对，不仅能加深对操作项目的理解和记忆，而且可能发现票面上的一些问题，或者发现票面与设备不一致的地方，通过模拟图核对及时加以纠正、解决，从而可以避免在实际操作中诱发事故。

(2) 现场操作阶段。操作前、后都应检查核对现场设备名称、编号和断路器（开关）、隔离开关（刀闸）的断、合位置。

操作人和监护人来到现场后，每次按操作票上的操作项目进行一项操作之前都应先检查核对所面对的操作设备的名称和编号是否和操作票所填写的一致，操作设备的断、合位置是否与操作票上所填写的断、合位置一致，如果完全一致，核对检查无误后，即可进行操作。操作完该项操作项目后，还应再次检查核对所操作设备的名称和编号，以及所操作设备的断、合位置，待一切无误后，才可进行下一操作项目的操作。对下一项目的操作同样应先检查核对现场设备名称、编号以及设备的断、合位置，无误后方可操作。操作后再次检查核对，以此类推，不可省略。

在现场检查核对完毕操作票上第1项操作任务，并准备开始实际操作时，应将此时间记入操作票上方的"操作开始时间"栏中。

(3) 操作完毕。操作完毕，受令人应立即报告发令人。

操作完操作票上所列的最后一项操作项目并检查核对完设备名称、编号及断、合位置无误后，应立即向发令人报告：所有操作项目都已操作完毕，该项操作任务顺利完成。同时，将这一时间记入操作票上方的"操作终了时间"栏中。

2. 倒闸操作注意事项

(1) 在倒闸操作前，必须了解系统的运行方式、继电保护及自动装置等情况，并应考虑电源及负荷的合理分布及系统运行方式的调整情况。

(2) 在电气设备送电后,必须收回并检查有关工作票,拆除安全措施。

(3) 在操作前应检查隔离开关和断路器的实际位置,防止误操作事故的发生。

(4) 操作中发生疑问时,不准擅自更改操作票,必须向值班调度员或工区值班员报告,待弄清楚后再进行操作。

(5) 操作柱上安装的油断路器(开关),应有防止断路器(开关)爆炸的措施,以免伤人。

(6) 如发生严重危及人身安全情况时,可不等待命令立刻断开电源,但事后应立即报告领导。

(7) 操作中应同时监视有关电压、电流、功率表等的指示和红、绿灯的变化,断路器操作把手不宜返回太快。

(8) 操作中应使用合格的操作工具、安全用具和设施(包括对号放置接地线的专用装置、专用的接地线装设地点)。一次设备应有可靠的电气防误操作装置。

3. 10 kV 配电变压器室电气设备倒闸操作票实例

电力线路一次系统接线图如图 6—35 所示。在正常运行状态下,110 kV 南郊变电站 10 kV Ⅰ 段母线带 10 kV 罗河线。南郊变电站内 10 kV 罗河线 603 断路器、6031 隔离开关、6032 隔离开关均在合闸位置。110 kV 北郊变电站 10 kV Ⅱ 段母线带 10 kV 赵家线负荷。北郊变电站内 10 kV 赵家线 606 断路器、6061 隔离开关、6062 隔离开关均在合闸位置。10 kV 赵家支线 56-1 隔离开关在合闸位置。10 kV 赵家支线赵家配电室 10 kV 跌开式熔断器在合闸位置。

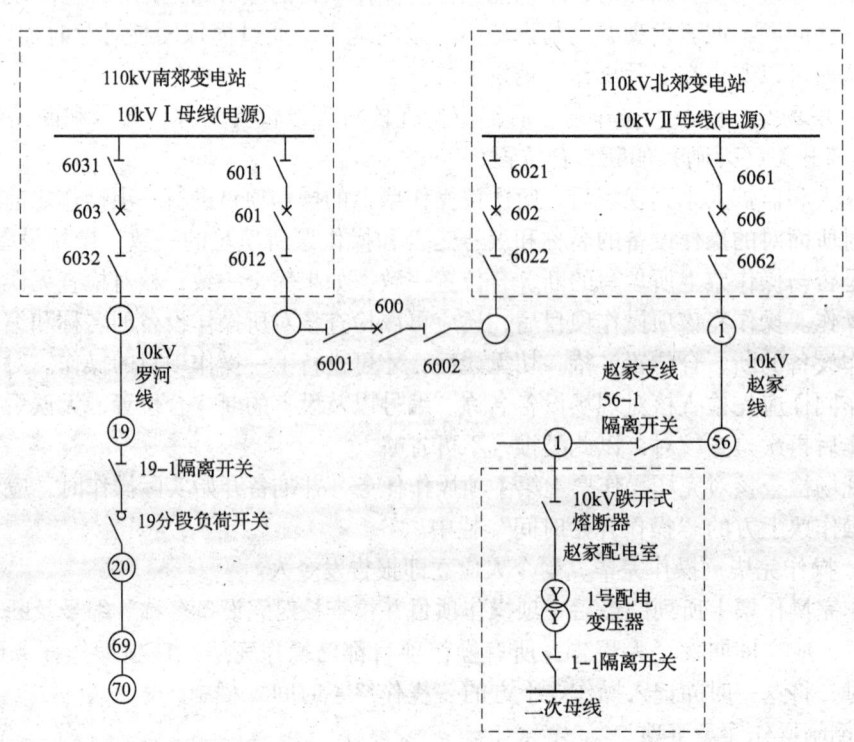

图 6—35 电力线路一次系统接线图(举例)

(1) 10 kV 赵家支线赵家配电变压器室 1 号配电变压器由空载运行转为检修

单位：_____　　编号：___00001___

发令人		受令人		发令时间： 　年　月　日　时　分	
操作开始时间： 　年　月　日　时　分				操作结束时间： 　年　月　日　时　分	
操作任务：10 kV 赵家支线赵家配电变压器室 1 号配电变压器由空载运行转为检修					
顺序	操作项目				√
1	检查 10 kV 赵家支线赵家配电变压器室 1 号配电变压器所处地理位置正确				
2	检查 1 号配电变压器 1-1 隔离开关三相确已断开				
3	断开 1 号配电变压器 10 kV 侧 V 相跌开式熔断器并取下熔管				
4	检查 1 号配电变压器 10 kV 侧 V 相跌开式熔断器熔管确已取下				
5	断开 1 号配电变压器 10 kV 侧 U 相跌开式熔断器并取下熔管				
6	检查 1 号配电变压器 10 kV 侧 U 相跌开式熔断器熔管确已取下				
7	断开 1 号配电变压器 10 kV 侧 W 相跌开式熔断器并取下熔管				
8	检查 1 号配电变压器 10 kV 侧 W 相跌开式熔断器熔管确已取下				
9	在 1 号配电变压器 10 kV 跌开式熔断器与 1 号配电变压器间验电确无电压				
10	在 1 号配电变压器 10 kV 跌开式熔断器与 1 号配电变压器间装设 1 号接地线				
11	在 1 号配电变压器低压侧出线与 1-1 隔离开关之间验电确无电压				
12	在 1 号配电变压器低压侧出线与 1-1 隔离开关之间装设 2 号接地线				
↳					
备注	1. 操作前，必须检查确认赵家配电变压器室位置正确，方可打开配电变压器室门锁进行操作。 　2. 分相断开配电变压器 10 kV 侧跌开式熔断器时，要先断开中相跌式熔断器，再断开边相跌开式熔断器。 　3. 分相断开配电变压器 10 kV 侧开式熔断器前，必须检查配电变压器二次侧确已停电，即检查配电变压器二次侧总隔离开关三相确已断开。 　4. 装设接地线必须先接地端，后接导体端，且必须接触良好，严禁用缠绕方式接地。 　5. 验电要用合格的相应电压等级的专用验电器。验电前应将验电器在有电设备上进行校验，确保验电器合格。 　6. 验电时必须对设备 U、V、W 三相逐一验电，保证确无电压。 　7. 当验明设备确无电压后，对检修设备接地并三相短路。 　8. 操作人在装设接地线时，监护人严禁帮助操作人拉、拽接地线，以免失去操作监护。 　9. 10 kV 赵家支线赵家配电变压器室 1 号配电变压器二次侧没有反送电电源。 　10. 户外有风天气操作跌开式熔断器；在停电时，断开中间相后，应先断背风相，后断迎风相；送电时，应先闭合迎风相，后闭合背风相，最后闭合中间相。				
操作人：郭××		监护人：赵××			

(2) 10 kV 赵家支线赵家配电变压器室 1 号配电变压器由检修转为空载运行

单位_____ 编号_____00002_____

发令人		受令人		发令时间： 年　月　日　时　分	
操作开始时间： 年　月　日　时　分				操作结束时间： 年　月　日　时　分	
操作任务：10 kV 赵家支线赵家配电变压器室 1 号配电变压器由检修转为空载运行					
顺序	操 作 项 目				√
1	检查检修工作票确已收回				
2	检查 10 kV 赵家支线赵家配电变压器室 1 号配电变压器所处地理位置正确				
3	拆除 1 号配电变压器 10 kV 跌开式熔断器与 1 号配电变压器间 1 号接地线				
4	检查 1 号配电变压器 10 kV 跌开式熔断器与 1 号配电变压器间 1 号接地线确已拆除				
5	检查 1 号配电变压器 10 kV 跌开式熔断器与 1 号配电变压器间确无接地短路				
6	拆除 1 号配电变压器低压侧出线与 1-1 隔离开关间 2 号接地线				
7	检查 1 号配电变压器低压侧出线与 1-1 隔离开关间 2 号接地线确已拆除				
8	检查 1 号配电变压器低压侧出线与 1-1 隔离开关间确无接地短路				
9	检查 1 号配电变压器 1-1 隔离开关三相确已断开				
10	闭合 1 号配电变压器 10 kV 侧 W 相跌开式熔断器				
11	检查 1 号配电变压器 10 kV 侧 W 相跌开式熔断器确已接通				
12	闭合 1 号配电变压器 10 kV 侧 U 相跌开式熔断器				
13	检查 1 号配电变压器 10 kV 侧 U 相跌开式熔断器确已接通				
14	闭合 1 号配电变压器 10 kV 侧 V 相跌开式熔断器				
15	检查 1 号配电变压器 10 kV 侧 V 相跌开式熔断器确已接通				
	↵				
备注	1. 拆除接地线必须先拆导体端，后拆接地端。 2. 拆除导体端接地线时必须 U、V、W 三相全部拆除。 3. 检查确无接地短路时必须 U、V、W 三相逐一检查。 4. 拆除接地线时，工作人员应使用绝缘棒，人体不得碰触地体。 5. 拆除接地线后，操作人应将拆除的接地线从导体端至接地端依次盘起并绑扎好。 6. 将绑扎好的接地线按其编号放入固定存放地点，存放点的编号要与接地线编号相对应。 7. 操作前，必须检查确认 ×× 配电变压器室位置正确，方可打开配电变压器室门锁进行操作。 8. 分相闭合配电变压器 10 kV 侧跌开式熔断器时，要先闭合边相跌开式熔断器，最后闭合中相跌开式熔断器。 9. 分相闭合配电变压器 10 kV 侧跌开式熔断器前，必须检查配电变压器二次侧确已停电，即检查配电变压器二次侧总隔离开关三相确已断开。				
操作人：郭××			监护人：赵××		

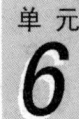

单元 6

(3) 断开 10 kV 罗河线 19 分段负荷开关，罗河线 20 号杆至 69 号杆设备由运行转为检修

单位_____　　　　　　编号___00003___

发令人		受令人		发令时间：年　月　日　时　分	
操作开始时间：年　月　日　时　分				操作结束时间：年　月　日　时　分	
操作任务：断开 10 kV 罗河线 19 分段负荷开关，罗河线 20 号杆至 69 号杆设备由运行转为检修					
顺序	操作项目				√
1	检查 10 kV 罗河线 19 分段负荷开关所处地理位置正确				
2	断开 10 kV 罗河线 19 分段负荷开关				
3	检查 10 kV 罗河线 19 分段负荷开关确已断开				
4	断开 10 kV 罗河线 19－1 隔离开关 V 相				
5	检查 10 kV 罗河线 19－1 隔离开关 V 相确已断开				
6	断开 10 kV 罗河线 19－1 隔离开关 U 相				
7	检查 10 kV 罗河线 19－1 隔离开关 U 相确已断开				
8	断开 10 kV 罗河线 19－1 隔离开关 W 相				
9	检查 10 kV 罗河线 19－1 隔离开关 W 相确已断开				
10	在 10 kV 罗河线 20 号杆电源侧验电确无电压				
11	在 10 kV 罗河线 20 号杆电源侧装设 1 号接地线				
12	在 10 kV 罗河线 69 号杆负荷侧验电确无电压				
13	在 10 kV 罗河线 69 号杆负荷侧装设 2 号接地线				
	↵				
备注	1. 装设接地线必须先接接地端，后接导体端，且必须接触良好，严禁用缠绕方式接地。 2. 验电要用合格的相应的电压等级的专用验电器。验电前应将验电器在有电设备上进行校验，确保验电器合格。 3. 验电时必须对线路 U、V、W 三相逐一验电。 4. 当验明设备确无电压后，对检修设备接地并三相短路。 5. 装设接地线时，工作人员应使用绝缘棒，人体不得碰触接地体。 6. 若杆塔无接地引下线时，可采用临时接地棒，接地棒在地面下深度不得小于 0.6 m。 7. 20 号杆电源侧表示 20 号杆与 19 分段负荷开关之间且靠近 20 号杆侧，69 号杆负荷侧表示 69 号杆与 70 号杆间且靠近 69 号杆侧。 8. 检查 10 kV 罗河线 19 分段负荷开关确已断开，检查 19 分段负荷开关通断指示器确在"断开"位置。 9. 操作人在装设接地线时，监护人严禁帮助操作人拉、拽接地线，以免失去操作监护。 10. 户外有风天气操作三相单极隔离开关，在停电时，断开中间相后，应先断背风相，后断迎风相；送电时，应先闭合迎风相，后闭合背风相，最后闭合中间相。					
操作人：郭××			监护人：赵××		

(4)闭合 10 kV 罗河线 19 分段负荷开关,罗河线 20 号杆至 69 号杆设备由检修转为运行

单位_____		编号_____00004	
发令人	受令人	发令时间: 年 月 日 时 分	
操作开始时间: 年 月 日 时 分		操作结束时间: 年 月 日 时 分	
操作任务:闭合 10 kV 罗河线 19 分段负荷开关,罗河线 20 号杆至 69 号杆设备由检修转为运行			
顺序	操作项目		√
1	检查 10 kV 罗河线 20 号杆所处地理位置正确		
2	拆除 10 kV 罗河线 20 号杆电源侧 1 号接地线		
3	检查 10 kV 罗河线 20 号杆电源侧 1 号接地线确已拆除		
4	检查 10 kV 罗河线 20 号杆电源侧确无接地短路		
5	拆除 10 kV 罗河线 69 号杆负荷侧 2 号接地线		
6	检查 10 kV 罗河线 69 号杆负荷侧 2 号接地线确已拆除		
7	检查 10 kV 罗河线 69 号杆负荷侧确无接地短路		
8	闭合 10 kV 罗河线 19 - 1 隔离开关 U 相		
9	检查 10 kV 罗河线 19 - 1 隔离开关 U 相确已接通		
10	闭合 10 kV 罗河线 19 - 1 隔离开关 W 相		
11	检查 10 kV 罗河线 19 - 1 隔离开关 W 相确已接通		
12	闭合 10 kV 罗河线 19 - 1 隔离开关 V 相		
13	检查 10 kV 罗河线 19 - 1 隔离开关 V 相确已接通		
14	闭合 10 kV 罗河线 19 分段负荷开关		
15	检查 10 kV 罗河线 19 分段负荷开关确已接通		
	↳		
备注	1. 拆除接地线必须先拆导体端,后拆地端。 2. 拆除导体端接地线时必须 U、V、W 三相全部拆除。 3. 检查确无接地短路时必须 U、V、W 三相逐一检查。 4. 拆除接地线时,工作人员应使用绝缘棒,人体不得碰触接地体。 5. 拆除接地线后,操作人应将拆除的接地线从导体端至接地端依次盘起并绑扎好。 6. 将绑扎好的接地线按其编号放入固定存放地点,存放点的编号要与接地线编号相对应。 7. 20 号杆电源侧表示 20 号杆与 19 分段负荷开关之间且靠近 20 号杆侧,69 号杆负荷侧表示 69 号杆与 70 号杆间且靠近 69 号杆侧。 8. 检查 10 kV 罗河线 19 分段负荷开关已闭合,检查 19 分段负荷开关分合指示器确在"接通"位置。		
操作人:郭××		监护人:赵××	

单元测试题

一、**单项选择题**（下列每题的选项中，只有1个是正确的，请将其代号填在横线空白处）

1. 线路档距一般为：使用铝绞线时，集镇和村庄为_____m。
   A. 40~60　　　　B. 40~50　　　　C. 30~60　　　　D. 20~40

2. 瓷横担绝缘子安装，当直立安装时，顶端顺线路歪斜不应大于_____mm。
   A. 10　　　　　B. 20　　　　　C. 25　　　　　D. 30

3. 高压接户线自电杆引下时的最小线间距离不得小于_____mm。
   A. 350　　　　　B. 400　　　　　C. 450　　　　　D. 500

4. 以下关于进户线的说法正确的是_____。
   A. 尽量与附近房屋的进户点不一致
   B. 进户线不能与电话线、闭路电视线同时由一个穿管引入
   C. 可以跨越铁路、公路、大城市主要街道以及高压架空配电线路
   D. 固定进户线时可以利用自身缠绕

5. 装、卸高压熔断器，应穿戴_____，必要时使用绝缘夹钳，并站在绝缘垫或绝缘台上。
   A. 护目眼镜和绝缘手套　　　　　B. 纱手套和安全帽
   C. 工作服和安全帽　　　　　　　D. 绝缘鞋和纱手套

6. 直线杆一般情况下都采用_____绑线。
   A. 顶扎法　　　B. 颈扎法　　　C. 终端扎法　　　D. 缠绕法

7. 在送电或停电时，必须用_____接通或断开负荷电流或短路电流。
   A. 隔离开关　　　　　　　　　　B. 负荷开关
   C. 带熔断器的刀闸　　　　　　　D. 高压断路器

8. 以下关于电力线路倒闸操作时的注意事项，正确的是_____。
   A. 电力线路倒闸操作前，操作人和监护人应对电力线路倒闸操作票进行认真审核，并确认操作票无误后，由操作人在操作票上签名即可
   B. 监护人在操作人完成某一项操作后，即可对该项操作项目打"√"
   C. 对于检查项目，监护人唱票后，操作人应认真检查，确认无误后再高声复诵
   D. 可以待操作结束后，在操作票上补打"√"

二、**判断题**（下列判断正确的打"√"，错误的打"×"）

1. 高压配电线路采用三角形或上字形布线杆，顶相导线绝缘子铁脚接地兼起避雷线作用。（　　）

2. 每张操作票可能填写一个或两个操作任务。（　　）

3. 一个操作任务用多张操作票时，操作开始时间和操作结束时间都填在首页。（　　）

4. 同一建筑物内部相互连通的房屋、多层住宅楼的每个单元、同一围墙内一个单

位的电力和照明用电,可以设置一个或多个进户点。（　　）

5. 用螺栓连接构件时,螺栓穿入方向:顺线路者从电源侧穿入;横线路者面向受电侧由左向右穿入;垂直地面者由下向上穿入。（　　）

6. 若采用架空接户线施工有困难时,或者有碍于重要建筑物的美观时,可以采用电缆线接户装置。（　　）

三、简答题

1. 低压配电线路由哪些部件组成?
2. 说出进户线安装的注意事项。
3. 配电线路横担安装有什么要求?

四、技能题

第1题　10 kV 配电线路导线弧垂调整

1. 操作准备

序号	名称	型号与规格	单位	数量	备注
1	验电器	10 kV	件	1	—
2	接地线	三相	套	1	—
3	登杆工具	—	套	1	—
4	安全带、安全帽	—	套	1	—
5	绝缘手套	—	副	1	—
6	吊物绳	—	根	1	—
7	常用电工工具	—	套	1	—
8	卡线器	—	个	1	—
9	紧线器	—	个	1	—
10	弧垂观测板	—	个	1	—
11	大锤	—	—	—	—
12	铝包带、导线	—	米	若干	—

2. 操作要求

（1）现场为一个培训专用 10 kV 模拟线路耐张段（至少3档）,导线已安装好,单回架设。

（2）导线下方无交叉跨越及低压同杆架设线路,导线型号为 LGJ-50。

（3）该项作业由1人完成,工作监护人1名。

3. 操作时限

30 min。

4. 配分及评分标准

序号	考核项目	考核内容	配分	评分标准
1	工作前准备	选择工器具、材料	3	漏、错检，每项扣1分
		穿戴正确，符合安全要求	3	不按规定穿着，每项扣1分
		危险点分析口述	5	每错、漏一项，扣1分
2	工作过程	登杆前对电杆、拉线和登杆工具进行检查，并做冲击试验	5	每错、漏一项，扣2分
		登杆动作规范、熟练	5	不规范，扣3分；不熟练，扣2分
		验电、挂接地线方法、顺序正确	5	方法、顺序不正确，每项扣3分
		作业位置选择合适，正确使用个人安全工器具	6	位置选择不当，扣3分；安全工器具使用不当，扣3分
		安装位置正确、牢靠	5	安装不正确，每项扣2分
		耐张线夹与导线连接可靠，连接处导线应加缠铝包带	10	安装不正确，每项扣2分；连接不牢靠，每项扣5分；铝包带未缠绕，扣2分；缠绕不正确，扣1分
		弧垂调整	15	每错漏一项，扣5分
		撤除紧线工器具	6	方法或顺序不正确，扣3分
3	工作终结验收	导线弧垂	10	不符合设计要求，误差超过±10%不得分；超过±5%且不超过±10%，扣5分
		导线外观检查	6	每损伤一处，扣3分
		横担、金具、绝缘子及附件检查	8	横担变形，每处扣5分；金具、绝缘子及附件损伤每处或线夹连接松动，每处扣3分
4	安全文明生产	操作过程中无跌落物，工作结束杆上无遗留物，工作完毕清理现场，交还工器具	8	每跌落一件跌落物，扣3分；发现杆上遗留物，每处扣4分；工作完毕未清理现场，扣4分；未整理、交还工器具，扣2分
	合计		100	

第2题　10 kV耐张杆的横担安装

1. 操作准备

序号	名称	型号与规格	单位	数量	备注
1	个人常用电工工具	—	套	1	—
2	双横担、螺栓	—	套	1	—
3	吊物绳	—	根	1	—
4	登杆工具	—	副	1	—
5	安全带、安全帽	—	套	1	—
6	劳保用品	—	套	1	—

2. 操作要求

（1）工作应由两人进行，其中作业人员1人、监护1人。
（2）利用培训场地完成考核。
（3）按照工艺要求单独完成横担的安装。

3. 操作时限

20 min。

4. 配分及评分标准

序号	考核项目	考核内容	配分	评分标准
1	工作前准备	选择合适的安全用具及登杆工具	5	安全用具及登杆工具不符合要求，扣3分
		戴好安全帽（带）	5	未穿工作服、鞋，每项扣3分；未戴安全帽（带），扣5分
		危险点分析	5	每错、漏一项，扣1分
2	工作过程	检查电杆是否有纵向和横向裂纹，杆根、拉线是否牢固	10	未检查，每项扣2分
		检查登杆工具，并做冲击试验	5	未检查，每项扣2分
		登杆过程中动作规范、熟练	10	上下杆过程中动作不规范，扣6分；不熟练，扣4分
		操作位置合适，安全带挂法正确，符合现场要求	10	操作位置不合适，扣5分；安全带挂法不正确，扣5分
		横担按规定位置安装正确、操作规范	15	每违规一处，扣5分；扳手用反，扣3分
3	工作终结验收	横担按规定位置固定；横担歪斜度符合要求；螺栓方向正确；螺栓两头须配用平垫片；正确使用工具	25	绳结不正确，每次扣5分；物件提升不当，扣5分；平垫片缺一处，扣1分；螺栓穿向错，每处扣3分；横担歪斜度超过规定的允许范围，每处扣5分；安装位置过高或过低大于2 cm或横担未紧固，扣5分
4	安全文明生产	操作过程中无跌落物，工作完毕清理现场，交还工器具	10	每跌落一件跌落物，扣5分；工作完毕未清理现场，扣5分；未交还工器具、未整理，扣3分
		合计	100	

第3题 0.4 kV配电线路孤立档距的紧线

1. 操作准备

序号	名称	型号与规格	单位	数量	备注
1	导线	LJ-50	米	200	—
2	蝶式绝缘子	2号棕色	只	6	—
3	蝶式绝缘子	2号白色	只	2	—
4	拉铁板	200 mm	条	16	—
5	螺钉、螺母	12 mm×120 mm	套	16	—
6	吊绳	—	条	2	—
7	紧线器	LJ-50	把	2	—
8	活动扳手	12寸	把	1	—
9	老虎钳	—	把	1	—
10	工具包	—	只	1	—
11	铁锤	1磅	只	1	—
12	卡线器	LJ-50	把	2	—
13	安全带	—	副	3	—
14	安全帽	—	顶	3	—
15	登高工具	—	副	3	—

2. 操作要求

(1) 工作应严格按照《电力安全工作规程》（电力线路部分）进行。

(2) 工作前应做好验电、接地工作。

(3) 工作时应设专人监护。

3. 操作时限

50 min。

4. 配分及评分标准

序号	考核项目	考核内容	配分	评分标准
1	工作前准备	选择合适的安全用具及登杆工具	5	安全用具及登杆工具不符合要求，扣5分
		戴好安全帽（带）	5	未穿工作服、鞋，每项扣3分；未戴安全帽（带），扣5分
		危险点分析	5	每错、漏一项，扣1分

续表

序号	考核项目	考核内容	配分	评分标准
2	工作过程	检查电杆是否有纵向和横向裂纹，杆根、拉线是否牢固	5	未检查，每项扣2分
		检查登杆工具，并做冲击试验	5	未检查，每项扣2分
		登杆过程中动作规范、熟练	5	上下杆过程中动作不规范，扣3分；不熟练，扣2分
		操作位置合适，安全带挂法正确，符合现场要求	10	操作位置不合适，扣5分；安全带挂法不正确，扣5分
		蝶式绝缘子安装方法正确	10	每违规一处，扣5分；扳手用反，扣5分
		紧线顺序应先两边后中间，动作规范、正确	10	紧线顺序错误，每相扣3分
		导线绑扎操作熟练、方法正确	5	方法不正确，每项扣1分
3	工作终结验收	蝶式绝缘子安装	5	型号选择错误，扣3分；瓷体未清洁，扣2分
		同一档距内导线弧垂应一致，满足设计要求，误差不得大于±50 mm	10	紧线弧垂超出误差范围，每相扣3分；四线弧垂不一致大于±50 mm，每增加±50 mm，扣2分
		绑扎匝间紧密；绑扎长度应为150 mm±20 mm	10	绑扎匝间缝隙大于1 mm，每处扣1分；绑扎长度大于或小于150 mm±20 mm，每超1 mm，扣1分
4	安全文明生产	操作过程中无跌落物，工作完毕清理现场，交还工器具	10	每跌落一件跌落物，扣5分；工作完毕未清理现场，扣5分；未交还工器具、未整理，扣3分
	合计		100	

第4题 10 kV开关线路由运行转检修

1. 操作准备

序号	名称	型号与规格	单位	数量	备注
1	操作票	—	张	若干	—
2	安全用具	—	个	1	—
3	电话	—	部	1	—

2. 操作要求

（1）考试人员两人配合操作，一人为操作人、一人为监护人兼值班负责人。

（2）在计算机模拟图上进行处理。

(3) 有计算机防误操作系统。

(4) 变电所 10 kV 双母线运行。

(5) 线路保护两套：电流差动及后备、高频距离及后备、综合重合闸（投单重）。

(6) 母线保护：母线差动保护 2 套。

(7) 设一名调度员。

3．操作时限

20 min。

4．配分及评分标准

序号	考核项目	考核内容	配分	评分标准
1	接令	(1) 互通单位和姓名 (2) 使用设备双重编号 (3) 问清下令时间 (4) 复诵调度命令	10	(1) 没有互通单位和姓名，扣2分 (2) 没有使用设备双重编号，扣3分 (3) 没有问清下令时间，扣2分 (4) 没用复诵调度命令，扣3分
2	操作人填写操作票	(1) 操作票填写 (2) 填写后签名 (3) 填写后盖空白章	30	(1) 不合格票，扣30分 (2) 填写后未签名，扣5分 (3) 填写后没有盖空白章，扣5分
3	监护人兼值班负责人审核操作票	(1) 审核操作票 (2) 填写后签名（监护人和值班负责人）	10	(1) 不合格票没有审出来，扣5分 (2) 填写后未签名（监护人和值班负责人），扣5分
4	操作前准备	(1) 使用安全用具 (2) 安全用具使用前的检查 (3) 带齐有关钥匙	5	(1) 没有使用安全用具，扣5分 (2) 安全用具使用前没有检查，扣5分 (3) 没用带齐有关钥匙，扣5分
5	倒闸操作	(1) 倒闸操作正确 (2) 倒闸操作的步骤完整 (3) 记录操作开始时间 (4) 记录操作结束时间 (5) 操作一项打钩一项	25	(1) 误操作，扣5分 (2) 跳项、漏项，扣5分 (3) 没有记录操作开始时间，扣5分 (4) 没有记录操作结束时间，扣5分 (5) 没有操作一项打钩一项，扣5分
6	操作结束	(1) 对操作过设备进行一次全面检查 (2) 盖已结束章	5	(1) 没有对操作过设备进行一次全面检查，扣5分 (2) 没有盖已结束章，扣5分
7	汇报调度	(1) 互通单位和姓名 (2) 使用设备双重编号 (3) 汇报操作结束时间	10	(1) 没有互通单位和姓名，扣5分 (2) 没有使用设备双重编号，扣5分 (3) 没有汇报操作结束时间，扣5分
8	做好有关记录	(1) 记录运行日志 (2) 记调度电话记录 (3) 接地线记录	5	(1) 没有记录运行日志，扣5分 (2) 没有记调度电话记录，扣5分 (3) 没有记接地线记录，扣5分
		合计	100	

单元测试题答案

一、单项选择题

1. B　2. A　3. C　4. B　5. A　6. A　7. D　8. C

二、判断题

1. √　2. ×　3. ×　4. ×　5. √　6. √

三、简答题

1. 答：低压配电线路由电杆、拉线、基础、导线、绝缘子或瓷横担、横担及铁附件组成。

2. 答：进户线安装应注意以下几点：

（1）进户点位置一般由设计单位初步确定，施工中应核查进户点是否正确，并根据现场情况确定实际位置，且需经供电部门审批。

（2）进户线的进户点对地距离不低于2.7 m，以确保安全。

（3）进户线应采用耐气候型的铜芯和铝芯绝缘导线，不得使用软导线，中间不应有接头。

（4）进户线截面积应根据用电负荷选择，以满足允许载流量的要求。

（5）进户线支持物应使用镀锌铁件，并应安装牢固可靠。

3. 答：配电线路横担安装主要要求：

（1）横担一般要求在地面组装，与电杆整体组立。

（2）如电杆立好后安装，则应从上往下安装横担。

（3）直线杆横担装在负荷侧；转角、分支、终端杆装在受力方向侧。

（4）多层横担装在同一侧。

（5）横担安装应平直，倾斜不超过20 mm。

理论知识考核试卷（一）

一、**单项选择题**（下列每题的选项中，只有1个是正确的，请将其代号填在横线空白处；每题1分，共25分）

1. 在日常生活中，照明电路的接法为_____。
   A. 星形四线制　　　　　　　　B. 星形三线制
   C. 三角形三线制　　　　　　　D. 可以是三线制，也可以是四线制
2. 单相半波整流电路中，二极管承受的最大反向电压等于变压器二次侧电压的_____。
   A. 最大值　　　　B. 有效值　　　　C. 平均值
3. 放大电路的静态工作点是指输入信号_____三极管的工作点。
   A. 为正时　　　　B. 为零时　　　　C. 为负时
4. 变压器油主要起_____作用。
   A. 冷却和绝缘　　B. 消弧　　　　　C. 润滑　　　　　D. 支撑
5. 变压器在运行中，铁损和铜损会_____。
   A. 使变压器绕组和铁心温度升高
   B. 降低变压器出力
   C. 提高变压器安全运行水平
6. 一台配电变压器的型号为 S9—630/10，该变压器的额定容量为_____。
   A. 630 MV·A　　B. 630 kV·A　　C. 630 V·A　　D. 630 kW
7. 变压器正常运行时，油枕油位应在油位计的_____位置。
   A. 1/5　　　　　B. 1/4～1/2　　　C. 1/2　　　　　D. 1/4～3/4
8. 在电动机的规格代号中，S 表示_____机座。
   A. 长　　　　　　B. 中　　　　　　C. 短
9. 通常，异步电动机额定转差率的范围是 $s_N =$ _____。
   A. 0.02～0.06　　B. 0～1　　　　　C. 12　　　　　　D. −1～0
10. 大容量的异步电动机_____直接启动。
    A. 可以无条件地采用
    B. 完全不能采用
    C. 笼型可以直接启动，绕线型不能
    D. 在电动机的额定容量不超过电源变压器额定容量的 20%～30% 的条件下，可以
11. 清洗拆卸下的电动机轴承时，应使用_____。
    A. 甲苯　　　　　B. 绝缘漆　　　　C. 清水　　　　　D. 煤油
12. 关于三相四线电能表直接接入式的接线方式，下列说法正确的是：_____。
    A. 在与互感器配合使用时，接线盒内电压、电流的连片应连好，不能拆开

B. 在接线盒内电压、电流的连片不能拆开
C. 电压、电流的连片无论断开与否都不影响电量的正确计量
D. 不能用三只单相电能表代替接入电路计量

13. 电能计量中电压回路并联后的总负荷应在相应电压互感器等级时额定容量的_____范围内。
    A. 50%~60% B. 40%~100% C. 25%~70% D. 25%~100%

14. 当某线电流是其两相电流的_____倍,则说明有一只 TA 一次侧或二次侧反接。
    A. $\sqrt{3}/2$ B. $\sqrt{3}$ C. $\sqrt{3}/3$ D. 2

15. 在工作时,电能表联合接线盒的短接片必须_____。
    A. 电压回路短接片短接,电流回路短接片一片短接、一片断开
    B. 电压回路短接片断开,电流回路短接片两片全部短接
    C. 电压回路短接片短接,电流回路短接片两片全部短接
    D. 电压回路短接片短接,电流回路短接片两片全部断开

16. 运行中的隔离开关各部分温度不得超过_____℃,尤其是引线接头和刀片触头处,一般用变色漆或示温蜡片监视,也可采用红外线测温仪定期巡测。
    A. 65 B. 70 C. 80 D. 85

17. 由于负荷开关不能开断短路电流,故它与熔断器组合使用时,继电保护应按_____要求整定,然后负荷开关才能正常工作。
    A. 当故障电流大于负荷开关的开断能力时,必须保证熔断器先熔断
    B. 负荷开关的开断能力小于熔断器的整定值
    C. 当故障电流小于或等于负荷开关的开断能力时,必须保证负荷开关先断开
    D. 当负荷电流大于负荷开关的开断能力时,必须保证熔断器先熔断

18. CD10 型电磁操作机构是一种户内悬挂式机构,它是_____的机构。
    A. 利用机械能转化为弹簧能
    B. 半自动化
    C. 手动操动
    D. 用电磁铁将电能直接变成机械能作为合闸动力

19. 线路档距一般为:使用铝绞线时,集镇和村庄为_____m。
    A. 40~60 B. 40~50 C. 30~60 D. 20~40

20. 高压接户线自电杆引下时的最小线间距离不得小于_____mm。
    A. 350 B. 400 C. 450 D. 500

21. 装、卸高压熔断器,应穿戴_____,必要时使用绝缘夹钳,并站在绝缘垫或绝缘台上。
    A. 护目眼镜和绝缘手套 B. 纱手套和安全帽
    C. 工作服和安全帽 D. 绝缘鞋和纱手套

22. 在送电或停电时,必须用_____接通或断开负荷电流或短路电流。
    A. 隔离开关 B. 负荷开关

C. 带熔断器的刀闸　　　　　　　　D. 高压断路器

23. 在正常运行情况下，一般不承受顺线路方向的张力，主要承受垂直荷载以及水平荷载的杆塔为_____。

　　A. 直线杆塔　　　　　　　　　　B. 耐张杆塔
　　C. 转角杆塔　　　　　　　　　　D. 终端杆塔

24. _____属于警告类标示牌。

　　A. 禁止烟火！　　　　　　　　　B. 禁止合闸，有人工作！
　　C. 在此工作！　　　　　　　　　D. 止步，高压危险！

25. 高压断路器的主要作用是_____。

　　A. 接通和断开电路　　　　　　　B. 隔离电压
　　C. 等电位切换电路

二、判断题（下列判断正确的打"√"，错误的打"×"；每题1分，共25分）

1. 线圈的自感电动势总是和电流的方向相反。　　　　　　　　　　（　　）
2. 在三相四线制低压供电网中三相负载越接近对称，其中性线电流就越小。
　　　　　　　　　　　　　　　　　　　　　　　　　　　　　　（　　）
3. 在三相四线制不对称的电路中，一相负荷短路或断开，另两相负荷不能正常工作。　　　　　　　　　　　　　　　　　　　　　　　　　　　（　　）
4. 共发射极放大电路中，输出电压 u_2 的波形与输入电压不仅波形相似而且相位相同。　　　　　　　　　　　　　　　　　　　　　　　　　　　（　　）
5. 变压器只能传递能量，而不能产生能量。　　　　　　　　　　　（　　）
6. 减少变压器二次绕组的匝数，可提高输出电压。　　　　　　　　（　　）
7. 环境温度为44°C，变压器上层油温为99℃，则上层油的温升55℃。（　　）
8. 变压器利用电磁感应原理，能把交流电变为不同频率的交流电压输出。（　　）
9. 负载损耗又称铜损耗。是变压器负载电流流过一、二次绕组时，在绕组电阻上消耗的功率。　　　　　　　　　　　　　　　　　　　　　　　　（　　）
10. 三相异步电动机铭牌上的额定功率是指从电源吸收的电功率。　（　　）
11. 三相异步电动机有三种制动方法：机械制动、反接制动和能耗制动。（　　）
12. 校验结束后拆除标准电能表的电流回路之前，要先用短路片可靠短接TA。
　　　　　　　　　　　　　　　　　　　　　　　　　　　　　　（　　）
13. 工作中若因更换电能表等原因，确实需要带电拆开电流互感器二次连接时，应先通过试验端子排或直接将K1、K2端用短路片连接好，再拆开二次线。
　　　　　　　　　　　　　　　　　　　　　　　　　　　　　　（　　）
14. 互感器颜色分开的目的是：查线时只要看装置各相相应端子导线的颜色，就可知接线是否正确。　　　　　　　　　　　　　　　　　　　　　（　　）
15. 高压真空负荷开关与熔断器配合，可以替代高压断路器。　　　（　　）
16. 高压负荷开关可以切断短路和负荷电流。　　　　　　　　　　（　　）
17. LN-35型断路器中的SF_6气体既是绝缘介质，又是灭弧介质。（　　）
18. 断路器分闸后，能自动恢复到准备合闸状态。　　　　　　　　（　　）

19. 一般情况下开关柜不会出现故障，如发现绝缘材料受潮，可用100°的无水酒精进行擦洗，并进行干燥处理。　　　　　　　　　　　　　　（　　）

20. 高压配电线路采用三角形或上字形布线杆，顶相导线绝缘子铁脚接地兼起避雷线作用。　　　　　　　　　　　　　　　　　　　　　　（　　）

21. 一个操作任务用多张操作票时，操作开始时间和操作结束时间都填在首页。
　　　　　　　　　　　　　　　　　　　　　　　　　　　　　　（　　）

22. 用螺栓连接构件时，螺栓穿入方向：顺线路者从电源侧穿入；横线路者面向受电侧由左向右穿入；垂直地面者由下向上穿入。　　　　　　　（　　）

23. 变压器二次绕组开路，一次绕组施加电压使其电流达到额定值时，此时所施加的电压称为阻抗电压。　　　　　　　　　　　　　　　　　　（　　）

24. 电流互感器工作时，其二次侧不允许开路。　　　　　　　　　（　　）

25. 负荷开关灭弧能力弱，可以接通和断开正常负荷电流，但不能断开短路电流。
　　　　　　　　　　　　　　　　　　　　　　　　　　　　　　（　　）

三、计算题（每题5分，共10分）

1. 有一三相对称负载，每相的电阻 $R = 8\ \Omega$，感抗 $X_L = 6\ \Omega$，如果负载接成星形，接到 $U_L = 380\ V$ 的三相电源上，求负载的相电流和线电流。

2. 某单相电力变压器一次侧绕组的匝数为400匝，二次侧绕组的匝数为50匝，当加200 V交流电压时，问二次侧的电压为多少？当负载为纯电阻 $R = 5\ \Omega$ 时，一次侧电流的有效值为多少？

四、画图题（每题5分，共10分）

1. 判断图卷1—1中感应电动势的方向。

　　　　　a)　　　　　　　　　　　　b)

图卷1—1　判断感应电动势的方向

2. 画出电子式电能表工作原理框图。

五、简答题（每题6分，共30分）

1. 配电变压器的主要结构有哪些？各部件的作用是什么？
2. 三相异步电动机由哪几部分构成？
3. 说明三相四线电能表的安装位置。
4. 简述高压隔离开关的作用。
5. 低压配电线路由哪些部件组成？

理论知识考核试卷（一）答案

一、单项选择题
1. A 2. A 3. B 4. A 5. A 6. B 7. D 8. C 9. A 10. D
11. D 12. B 13. D 14. B 15. A 16. B 17. A 18. D 19. B 20. C
21. A 22. D 23. A 24. D 25. A

二、判断题
1. × 2. √ 3. × 4. × 5. √ 6. × 7. √ 8. × 9. √ 10. ×
11. √ 12. √ 13. √ 14. √ 15. √ 16. × 17. √ 18. √ 19. √ 20. √
21. × 22. √ 23. × 24. √ 25. √

三、计算题
1. $I_\mathrm{L} = I_\mathrm{P} = 22\ \mathrm{A}$

2. 解：$K = \dfrac{N_1}{N_2} = \dfrac{400}{50} = 8$

$$U_2 = \dfrac{U_1}{K} = \dfrac{200}{8} = 25\ \mathrm{V}$$

$$I_2 = \dfrac{U_2}{R} = \dfrac{25}{5} = 5\ \mathrm{A}$$

$$I_1 = \dfrac{I_2}{K} = \dfrac{5}{8} = 0.625\ \mathrm{A}$$

答：二次侧的电压为 25 V，一次侧的电流为 0.625 A。

四、画图题
1. a：感应电动势朝内流入纸面。b：感应电动势朝外流出纸面。
2. 电子式电能表工作原理框图如图卷1—2所示。

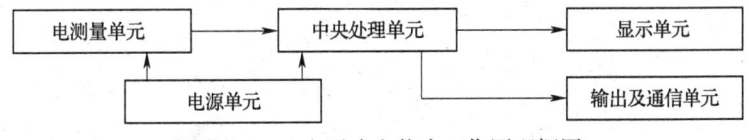

图卷1—2　电子式电能表工作原理框图

五、简答题
1. 答：铁心：构成变压器的磁路，同时又起着器身的骨架作用。

绕组：构成变压器的电路，它是变压器输入和输出电能的电气回路。

分接开关：变压器为了调压而在高压绕组引出分接头，分接开关用以切换分接头，从而实现变压器调压。

油箱和冷却装置：油箱容纳器身，盛变压器油，兼有散热冷却作用。

绝缘套管：变压器绕组引线需借助于绝缘套管与外电路连接，使带电的绕组引线与接地的油箱绝缘。

2. 答：三相异步电动机主要由定子和转子两个基本部分组成，定子和转子之间留有很小的空气间隙。其中定子由机座、定子铁心、定子绕组三部分组成；转子由转轴、转子铁心、转子绕组三部分组成。

3. 答：(1) 低压三相供电的计量装置表位应在屋内进门后 3 m 范围内。

(2) 凡城市规划指定的主要道路两侧，表计应装设在屋内。

(3) 基建工地和临时用电户电能计量装置的表位应设计在屋外，装设在固定的建筑物上或变压器台架上。

4. 答：隔离开关是一种没有专门灭弧装置的开关设备，在分闸状态有明显可见的断口，在合闸状态能可靠地通过正常的负荷电流和故障短路电流。其主要作用有：

(1) 隔离电源，形成明显断开点，使检修或分段的电路与带电部分可靠隔离。隔离开关有时还附有接地装置，供检修时接地，以保证安全。

(2) 倒换母线操作。在断口两端接近等电位的条件下，可进行转移负荷电流的闭合、断开，以变换双母线或并联短线路的接线方式。

(3) 闭合、断开无电流或小电流电路。

5. 答：低压配电线路由电杆、拉线、基础、导线、绝缘子或瓷横担、横担及铁附件组成。

理论知识考核试卷（二）

一、单项选择题（下列每题的选项中，只有1个是正确的，请将其代号填在横线空白处；每题1分，共25分）

1. 对称Y接三相电路的相电压为 U，相电流为 I，阻抗角为 φ，则电路的总功率为_____。

　　A. $P = \sqrt{3}UI\cos\varphi$　　　　　　　　B. $P = \sqrt{3}UI\sin\varphi$

　　C. $P = 3UI\cos\varphi$　　　　　　　　　D. $P = 3UI\sin\varphi$

2. 单相桥式整流电路中，流过每个二极管的电流平均值等于负载电流平均值的_____。

　　A. 1/4　　　　B. 1/2　　　　C. 1倍　　　　D. 2倍

3. 放大电路的静态工作点是指输入信号_____三极管的工作点。

　　A. 为正时　　　B. 为零时　　　C. 为负时

4. 变压器温度升高，绝缘电阻值_____。

　　A. 升高　　　　B. 降低　　　　C. 不变　　　　D. 成比例增大

5. 变压器运行时，油温最高的部位是_____。

　　A. 铁心　　　　B. 绕组　　　　C. 上层绝缘油　　　D. 下层绝缘油

6. 变压器一次电流随二次电流的增加而_____。

　　A. 减少　　　　B. 增加　　　　C. 不变　　　　D. 不能确定

7. 变压器一次绕组的1匝导线比二次绕组的1匝导线所感应的电势_____。

　　A. 相等　　　　B. 不相等　　　　C. 大　　　　D. 小

8. 异步电动机的型号为Y355M2—4，数字4代表_____。

　　A. 中机座　　　B. 4号铁心长度　　　C. 4极　　　D. 设计序号

9. 三相异步电动机转子的转速_____磁场转速。

　　A. 低于　　　　B. 高于　　　　C. 等于

10. 电动机铭牌上的接法标注为380/220 V，Y/△，当电源电压为380 V时，电动机就接成_____。

　　A. Y　　　　B. △　　　　C. Y/△　　　　D. △/Y

11. 启动时可在绕线转子异步电动机转子回路中串入电阻是_____。

　　A. 为了调整电动机的速度　　　　B. 为了减少运行电流

　　C. 为了增大启动电流　　　　　　D. 为了减小启动电流和启动转矩

12. 三相四线电能表有三个组件，如果我们人为断开其中一个组件的电流进线或表尾短接，使它失去作用，观察电能表的转速，将是原来的_____。

　　A. 1/2　　　　B. 2/5　　　　C. 2/3　　　　D. 1/3

13. 三相四线电能表表尾端子接入中性线，以下哪一个说法是正确的_____。

A. 应该是标号为9的端子接在零在线

B. 不能将零线掐断，要"T"形连接

C. 接或不接中性线均可以

D. 零线是用绿白相间的线表示

14. 电能表的安装高度对于计量箱，应使电能表水平中心线在距地面_____ m 的范围。

  A. 1.5～2.2   B. 1.6～2.3

  C. 1.8～2.0   D. 1.4～2.0

15. 对于跨相90°三组件感应式无功电能表，以下说法正确的是：_____

  A. 某组件流过哪相电流，电压就取的是另外两相，即所谓"跨相"之意。并且电压中的超前相接电压线圈的首端

  B. 某组件流过哪相电流，电压就取的是另外两相，即所谓"跨相"之意。并且电压中的滞后相接电压线圈的首端

  C. 某组件电压取的是哪两相，电流就取第三相，即所谓"跨相"之意。并且电压中的超前相接电压线圈的首端

  D. 某组件电压取的是哪两相，电流就取第三相，即所谓"跨相"之意。并且电压中的滞后相接电压线圈的首端

16. 断路器运行中所能承受的_____，它决定了断路器的绝缘水平。

  A. 额定电流   B. 工作相电压

  C. 正常工作线电压   D. 最大冲击电流

17. 高压真空负荷开关的维修检修周期：运行时间达到_____年的应进行维护；达到_____年的应进行检修。

  A. 3　20   B. 2　10   C. 3　10   D. 2　20

18. CD10型电磁操作机构是一种户内悬挂式机构，它是_____的机构。

  A. 利用机械能转化为弹簧能

  B. 半自动化

  C. 手动操动

  D. 用电磁铁将电能直接变成机械能作为合闸动力

19. 瓷横担绝缘子安装，当直立安装时，顶端顺线路歪斜不应大于_____mm。

  A. 10   B. 20   C. 25   D. 30

20. 以下关于进户线的说法正确的是_____。

  A. 尽量与附近房屋的进户点不一致

  B. 进户线不能与电话线、闭路电视线同时由一个穿管引入

  C. 可以跨越铁路、公路、大城市主要街道以及高压架空配电线路

  D. 固定进户线时可以利用自身缠绕

21. 直线杆一般情况下都采用_____绑线。

  A. 顶扎法   B. 颈扎法   C. 终端扎法   D. 缠绕法

22. 以下关于电力线路倒闸操作时的注意事项，正确的是_____。

A. 电力线路倒闸操作前，操作人和监护人应对电力线路倒闸操作票进行认真审核，并确认操作票无误后，由操作人在操作票上签名即可

B. 监护人在操作人完成某一项操作后，即可对该项操作项目打"√"

C. 对于检查项目，监护人唱票后，操作人应认真检查，确认无误后再高声复诵

D. 可以待操作结束后，在操作票上补打"√"

23. 变压器的变比等于一、二次绕组的_____之比。
   A. 功率　　　　B. 电流　　　　C. 匝数　　　　D. 频率

24. 在绑扎铝导线时，应在导线与绝缘子接触处缠绕_____。
   A. 铝包带　　　B. 黑胶布　　　C. 绝缘胶布　　D. 黄蜡带

25. 无论三相电路是Y接或△接，当三相电路对称时，其总有功功率为_____。
   A. $P = 3UI\cos\varphi$　　　　　　　B. $P = \sqrt{3}\,P_U + P_V + P_W$
   C. $P = \sqrt{3}UI\cos\varphi$　　　　D. $P = \sqrt{2}UI\cos\varphi$

二、判断题（下列判断正确的打"√"，错误的打"×"；每题1分，共25分）

1. 穿过线圈的磁通量越大，其感应电动势就越大。　　　　　　　　　　（　　）
2. 在负载对称的三相电路中，无论是星形联结，还是三角形联结，电路的平均功率为 $P = \sqrt{3}\,U_L I_L \cos\varphi$。　　　　　　　　　　　　　　　　　　　　（　　）
3. 三相负载作星形联结时，不论负载对称与否，线电流必定等于相电流。（　　）
4. 硅稳压管使用时，它的正极必须接电源的正极，它的负极接电源的负极。
　　　　　　　　　　　　　　　　　　　　　　　　　　　　　　（　　）
5. 配电变压器一、二次绕组的功率基本相等。　　　　　　　　　　　（　　）
6. 变压器既可以变交流也可以变直流。　　　　　　　　　　　　　　（　　）
7. 为了防止配电变压器绝缘老化，一般上层油温不要经常超过85℃。（　　）
8. 变压器空载损耗仅是在变压器空载运行时产生的。　　　　　　　　（　　）
9. 三相配电变压器的额定电流一般是指线电流。　　　　　　　　　　（　　）
10. 三角形联结的三相异步电动机若误接成星形，当负荷转矩不变时，则电动机转速将会比三角形联结时稍有增加或基本不变。　　　　　　　　　　（　　）
11. 额定功率相同的三相异步电动机，转速低的转矩大，转速高的转矩小。
　　　　　　　　　　　　　　　　　　　　　　　　　　　　　　（　　）
12. 校验结束后拆除标准电能表的电流回路之前，要先用短路片可靠短接TA。
　　　　　　　　　　　　　　　　　　　　　　　　　　　　　　（　　）
13. 工作中若因更换电能表等原因，确实需要带电拆开电流互感器二次连接时，应先通过试验端子排或直接将K1、K2端用短路片连接好，再拆开二次线。（　　）
14. 互感器颜色分开的目的是：查线时只要看装置各相相应端子导线的颜色，就可知接线是否正确。　　　　　　　　　　　　　　　　　　　　　　（　　）
15. RW3跌开式熔断器在灭弧时会喷出大量游离气体，故一般只用于户外。
　　　　　　　　　　　　　　　　　　　　　　　　　　　　　　（　　）

16. 少油断路器中的油主要用于绝缘和润滑。（ ）
17. 真空灭弧室是真空断路器的绝缘和灭弧的关键部件。（ ）
18. 熔断器在熔体熔断 5 次以上后，才检查熔体管，如果烧坏，应更换新的。（ ）
19. 一般情况下开关柜不会出现故障，如发现绝缘材料受潮，可用 100° 的无水酒精进行擦洗，并进行干燥处理。（ ）
20. 每张操作票可以填写一个或两个操作任务。（ ）
21. 同一建筑物内部相互连通的房屋、多层住宅楼的每个单元、同一围墙内一个单位的电力和照明用电，可以设置一个或多个进户点。（ ）
22. 若采用架空接户线施工有困难时，或者有碍于重要建筑物的美观时，可以采用电缆线接户装置。（ ）
23. 三相异步电动机铭牌上的额定功率是指从电源吸收的电功率。（ ）
24. 自耦减压启动器又称启动补偿器，利用它减压后启动电动机，可以达到限制启动电流的目的。（ ）
25. 高压隔离开关是一种没有专门灭弧装置的开关设备，所以不允许切断负荷电流或短路电流。（ ）

三、计算题（每题 5 分，共 10 分）

1. 有三相电阻均为 40 Ω，先接成星形，后接成三角形，分别接到线电压为 380 V 的电源上，问外线上流过的电流各是多少？

2. 一台型号为 S—160/10 的配电变压器，低压侧额定电压为 380 V，求一、二次侧线电压的额定值。

四、画图题（每题 5 分，共 10 分）

1. 判断图卷 2—1 中的磁场方向和电源的正负极性。

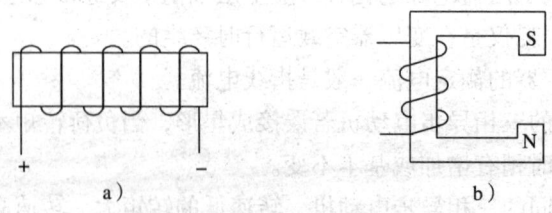

图卷 2—1　判断磁场方向和电源的正负极性

2. 在图卷 2—2 中，已分别标明了电流 I、磁感应强度 B 和电磁力 F 三个物理量中的两个物理量，试标出第三个物理量的方向。

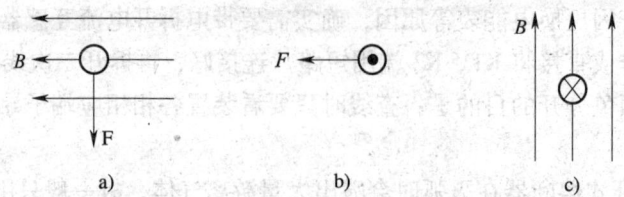

图卷 2—2　标出第三个物理量的方向

五、简答题（每题6分，共30分）

1. 配电变压器安装地点的选择原则是什么？
2. 简单说明三相异步电动机的工作原理。
3. 说明电流互感器极性检查的方法。
4. 简述高压熔断器的优、缺点。
5. 说出进户线安装的注意事项。

理论知识考核试卷（二）答案

一、单项选择题
1. C 2. B 3. B 4. B 5. A 6. B 7. A 8. C 9. A 10. A
11. D 12. C 13. B 14. C 15. A 16. C 17. D 18. D 19. A 20. B
21. A 22. C 23. C 24. A 25. C

二、判断题
1. √ 2. √ 3. √ 4. × 5. √ 6. × 7. √ 8. × 9. √ 10. ×
11. √ 12. √ 13. √ 14. √ 15. √ 16. × 17. √ 18. × 19. √ 20. ×
21. × 22. √ 23. × 24. √ 25. √

三、计算题
1. 星形时：$I_L = 5.5$ A，三角形时：$I_L = 16.5$ A。

2. 解：由 $S_N = \sqrt{3} U_N I_N$ 得：

$$I_{1N} = \frac{S_N}{\sqrt{3} U_{1N}} = \frac{160 \times 10^3}{\sqrt{3} \times 10 \times 10^3} = 9.24 \text{ A}$$

$$I_{2N} = \frac{S_N}{\sqrt{3} U_{2N}} = \frac{160 \times 10^3}{\sqrt{3} \times 380} = 243.1 \text{ A}$$

答：一、二次侧线电流的额定值分别为 9.24 A 和 243.1 A。

四、画图题
1. a：左边是 N 极。b：电源正极在上。
2. a：电流方向朝外流出纸面。b：磁场方向从下到上。c：电磁力方向向右。

五、简答题
1. 答：配电变压器安装地点的选择原则为：
（1）尽量靠近最大负荷点。
（2）便于高压进线和低压出线、方便运行和维护。
（3）避开低洼、污秽地区和人、畜集中地带。
（4）交通运输方便，尽量靠近公路。
（5）安装位置必须安全、可靠，并符合发展规划要求。

2. 答：三相异步电动机的定子绕组通入三相交流电，就会产生一个旋转磁场，旋转磁场的磁力线通过定子铁心、气隙和转子铁心构成回路。异步电动机转子绕组导体由于相对于旋转磁场运动，所以会因切割磁力线而感应出电动势，因而转子绕组就会流过电流。载流的转子绕组导体在旋转磁场中会受到电磁力的作用。在电磁力形成的电磁转矩作用下，电动机转子就会沿着旋转磁场的方向转动起来。

3. 答：平衡负载下，用钳形电流表进行电流值测量，正确接线下合并每两根电流进线的测量指示值应等于单相的电流值；合并三根电流进线的测量指示值应接近于零

(即 $\dot{I}_U + \dot{I}_V + \dot{I}_W = 0$)。若有一个 TA 二次线圈（如 U 相）接反，合并三根电流测量值会等于单相测量值的 2 倍；若两相同时接反，则合并三根电流测量值也会是单相测量值的 2 倍；但三相同时接反，这种检测方法测不出结果。

4. 答：高压熔断器是一种最简单的保护电器。它串联接在电路中，当过负荷或短路电流流过时，利用电流的发热作用使熔体熔化，并借助灭弧介质的作用使电路断开，从而保护电气设备免受损害。由于它体积小，结构简单，维护方便，价格便宜，在 3~35 kV 的高压电网中，广泛用来保护电压互感器、容量不大的配电线路和电气设备（如配电变压器等）。如与负荷开关配合使用，还可以在短路容量较小的网络中代替复杂昂贵的高压断路器。它的主要缺点是，熔体熔断后必须停电更换，保护特性和可靠性略差。

5. 答：进户线安装应注意以下几点：

（1）进户点位置一般由设计单位初步确定，施工中应核查进户点是否正确，并根据现场情况确定实际位置，且需经供电部门审批。

（2）进户线的进户点对地距离不低于 2.7 m，以确保安全。

（3）进户线应采用耐气候型的铜芯和铝芯绝缘导线，不得使用软导线，中间不应有接头。

（4）进户线截面积应根据用电负荷选择，以满足允许载流量的要求。

（5）进户线支持物应使用镀锌铁件，并应牢固可靠安装。

操作技能考核试卷（一）

第1题 三相异步电动机的正反转控制（40分）

1. 操作准备

序号	名称	型号与规格	单位	数量	备注
1	小型三相异步电动机	—	台	1	—
2	配电板	—	个	1	—
3	电源开关	—	个	1	—
4	复合按钮	—	个	1	—
5	熔断器	—	个	1	—
6	交流接触器	—	个	1	—
7	热继电器	—	个	1	—
8	兆欧表	—	块	1	—
9	万用表	—	块	1	—
10	电工常用工具	—	套	1	—
11	导线	—	米	适量	—

2. 操作要求

（1）电气元件的选用符合要求、元件布置合理，安装牢固、美观。

（2）导线敷设整齐、接线端压接牢固规范；线号标注准确清晰。

（3）正确使用仪表和工具、安全文明操作。

（4）用明（线槽）配线方式根据图卷3—1连接控制电路，要求用不同颜色的导线区分主电路和控制电路。

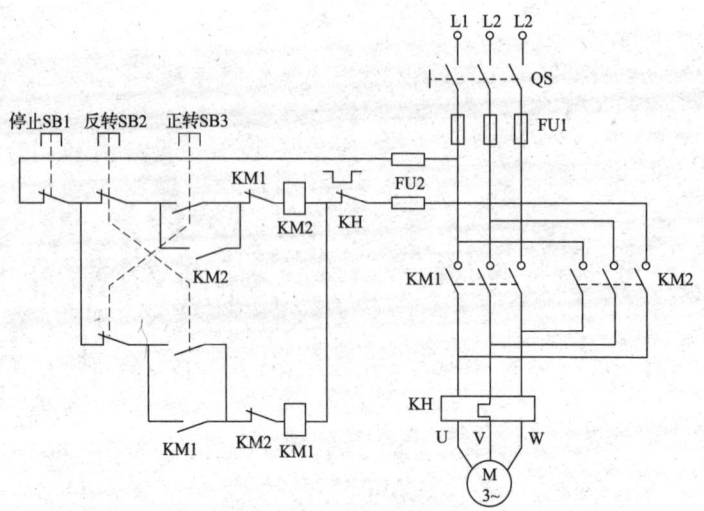

图卷3—1 笼型异步电动机正反转的控制线路原理图

(5) 调试明（线槽）配线控制电路。用万用表对电器元件和线路进行测量，观察静态时电路中关键点的通断关系是否正确；主电路不连接电动机，闭合电源总开关。按动正转按钮、观察正转接触器是否吸合，动作是否灵活，有无机械卡阻，有无过大噪声，线圈有无过热现象。按动反转按钮、观察正转接触器是否复位，反转接触器是否吸合，动作是否灵活，有无机械卡阻，有无过大噪声，线圈有无过热现象。按动停止按钮，观察接触器的复位情况。

(6) 空载试验。

(7) 互锁作用的测试。断开总电源，将 SB2、SB3 的常闭触点短接，注意不可错将常开触点短接。按动 SB2、SB3、SB1，观察电路的控制功能有何不同。

3. 操作时限

120 min。

4. 配分及评分标准

序号	考核项目	考核内容	配分	评分标准	扣分	得分
1	操作准备	工具、材料及各元器件的准备	10	准备不齐全，扣3分		
2	元器件位置的选择与安装	安装位置合理、牢固	20	主、控回路导线选错，扣5分；元件选错一个，扣2分；元件布置不合理、不整齐或安装松动，扣3分		
3	电路的连接	根据原理图正确接线且符合接线工艺要求	20	与原理图接线都不符，每处扣8分；导线压接松动、线芯裸露过长、压绝缘层、损伤线芯，有毛刺，每处扣2分		
4	电路的布线工艺	电路的布线工艺	20	导线走向不合理，每处扣2分；主控回路导线不分开、跨越不当或交叉，扣3分；线路敷设工艺差、布线整体不美观，扣5分		
5	通电试验	按操作要求进行各项测试	20	每处故障扣3分		
6	安全文明生产		10	工位不清理，工具、材料摆放不整齐，扣5~10分		
		合计	100			

第2题　三相四线制有功电能表的接线检查（30分）

1. 操作准备

序号	名称	型号与规格	单位	数量	备注
1	相序表	500 V	只	1	—
2	钳形相位伏安表	—	只	1	
3	旋具	—	把	1	—

序号	名称	型号与规格	单位	数量	备注
4	验电笔	低压	只	1	—
5	第二种工作票	—	张	若干	
6	手套		副	1	
7	安全帽		个	1	
8	工作服	—	套	1	

2. 操作要求

（1）在电能计量柜上带电检查计量错误。

（2）个人单独完成。

3. 操作时限

40 min。

4. 配分及评分标准

序号	考核项目	考核内容	配分	评分标准	扣分	得分
1	准备工作	（1）根据工作任务和现场实际情况正确填写第二种工作票 （2）穿着规范 （3）工作前，应先对计量装置柜体进行验电，验电步骤正确	5	（1）工作任务、地点、人员、时间等填写错误或缺漏，扣1分/项；安全措施填写不规范，扣1分，不正确，扣2.5分 （2）着装及穿戴不规范（帽、衣服、裤子、鞋子），扣1分/处 （3）工作前，未对计量装置柜体进行验电，扣2分；验电步骤不正确，扣1分		
2	检查步骤	（1）检查电压、电流接线	10	（1）仪表文件位或量程选择错误，扣2.5分/次；测量方法错，扣2.5分/次；测量不准确或小数位保留不够，扣1分/类；单位符号错误或缺漏，扣1分/类 （2）记录表填写错误或缺漏，扣2分/处		
		（2）使用相序表正确测定相序	5	相序测定错误或记录表填写错误，扣2分		
		（3）测定电压、电流的相位角	10	（1）未正确检查，扣1分/项 （2）仪表文件位选择错误，扣2分/次；测量接线错误，扣2分/次；测量不准确，扣2分/类；单位符号错误或缺漏，扣1分 （3）记录表填写错误或缺漏，扣2分/处		

续表

序号	考核项目	考核内容	配分	评分标准	扣分	得分
2	检查步骤	(4) 根据测定的电压、电流相位角，正确画出相量图	15	(1) 电压、电流相量缺，扣3分/处 (2) 相量、相位角及其下标标注错误或缺漏，扣2分/类 (3) 相量符号不规范，扣1分/项 (4) 相量角度偏差超过5°，扣1分/处		
		(5) 根据相量图分析判断，写出错误接线的接线方式、判断结论	10	(1) 错误接线的接线方式、判断结论描述错误或缺漏，扣2分/类 (2) 符号标注不正确或不完整，扣1分/项		
		(6) 根据错误接线判断结论，画出电能表，电压、电流互感器及一、二次接线等错误接线图	15	(1) 未画出错误接线图，扣12分 (2) 电能表及电压互感器、电流互感器等画图错误或缺漏，扣3分/处 (3) 一、二次接线图连接错误或缺漏，扣3分/处 (4) 相别、极性、电源电流方向、高压熔断管、接地标志等漏标注或标注错误，扣2分/类		
		(7) 根据相量图和错误接线判断结论，正确写出错误接线功率表达式，并化简	10	(1) 表达式未写或错误，扣10分 (2) 公式推导过程错误，扣3分 (3) 公式未化简，扣2分 (4) 符号标注不正确或不完整，扣1分/处		
		(8) 正确列出更正系数计算公式，正确化简计算公式，准确计算更正系数	10	(1) 未写公式，扣2分 (2) 无分组件错误功率表达式，扣5分；功率表达式错误，扣10分 (3) 无公式化简过程，扣2分；化简错误，扣2分 (4) 计算结果错误，扣2分；计算结果保留有效位数不正确，扣1分 (5) 符号标注不正确或不完整，扣1分/类		

续表

序号	考核项目	考核内容	配分	评分标准	扣分	得分
3	安全文明生产	(1) 不能出现可能损坏仪器、工具的操作 (2) 电流互感器二次回路严禁开路，电压互感器二次回路不得短路 (3) 不得出现严重危及人身安全的操作 (4) 工作完毕，应清理现场	10	(1) 出现可能损坏仪器的操作，扣2.5分/次；工具掉落地面，扣1分/次 (2) 电流互感器二次回路开路或电压互感器二次回路短路，扣10分 (3) 出现严重危及人身安全的操作，扣10分 (4) 工作完毕，未清理现场，扣2.5分 (5) 若步骤2中(5)、(7)、(8)其中一步结果错误，则检查步骤的其余项目均不得分		
	合计		100			

第3题　10 kV耐张杆的横担安装（30分）

1. 操作准备

序号	名称	型号与规格	单位	数量	备注
1	个人常用电工工具	—	套	1	—
2	双横担、螺栓	—	套	1	—
3	吊物绳	—	根	1	—
4	登杆工具	—	副	1	—
5	安全带、安全帽	—	套	1	—
6	劳保用品	—	套	1	—

2. 操作要求

(1) 工作应由两人进行，其中作业人员1人、监护1人。
(2) 利用培训场地完成考核。
(3) 按照工艺要求单独完成横担的安装。

3. 操作时限

20 min。

4. 配分及评分标准

序号	考核项目	考核内容	配分	评分标准	扣分	得分
1	工作前准备	选择合适的安全用具及登杆工具	5	安全用具及登杆工具不符合要求，扣3分		
		戴好安全帽（带）	5	未穿工作服、鞋，每项扣3分；未戴安全帽（带），扣5分		
		危险点分析	5	每错漏一项扣1分		

操作技能考核试卷（一）

续表

序号	考核项目	考核内容	配分	评分标准	扣分	得分
2	工作过程	检查电杆是否有纵向和横向裂纹，杆根、拉线是否牢固	10	未检查，每项扣2分		
		检查登杆工具，并做冲击试验	5	未检查，每项扣2分		
		登杆过程中动作规范、熟练	10	上下杆过程中动作不规范，扣6分，不熟练，扣4分		
		操作位置合适，安全带挂法正确，符合现场要求	10	操作位置不合适，扣5分；安全带挂法不正确，扣5分		
		横担按规定位置安装正确、操作规范	15	每违规一处，扣5分；扳手用反，扣3分		
3	工作终结验收	横担按规定位置固定；横担歪斜度符合要求；螺栓方向正确；螺栓两头须配用平垫片；正确使用工具	25	绳结不正确，每次扣5分；物件提升不当，扣5分；平垫片缺一处，扣1分；螺栓穿向错，每处扣3分；横担歪斜度超过规定的允许范围，每处扣5分；安装位置过高或过低大于2 cm或横担未紧牢固，扣5分		
4	安全文明生产	操作过程中无跌落物，工作完毕清理现场，交还工器具	10	每跌落一件跌落物，扣5分；工作完毕未清理现场，扣5分；未交还工器具、未整理，扣3分		
	合计		100			

操作技能考核试卷（二）

第1题　变压器同名端的判别（30分）

1. 操作准备

序号	名称	型号与规格	单位	数量	备注
1	单相小功率变压器	—	台	1	—
2	交流电压表	—	台	1	—
3	单相开启式负荷开关	—	个	1	—
4	电工常用工具	—	套	1	—

2. 操作要求

（1）采用交流法判别一次绕组与二次绕组的同名端，电路原理图如图2—31所示。

（2）电源应接一次绕组上。

（3）电源电压可以选择380 V或220 V，但电压表量程要在对应位置上。

（4）通电时注意安全。

3. 操作时限

30 min。

4. 配分及评分标准

步骤	考核内容	考核项目	配分	测量数值及结论	评分标准	扣分	得分
1	电路连接	根据原理图正确接线且符合接线工艺要求	40		接线不符合要求，每处扣8分；导线压接松动、线芯裸露过长、压绝缘层、损伤线芯、有毛刺，每处扣2分		
2	测试U_1、U_2电压值	连接无误后接通电源，用电压表分别测量U_1、U_2电压值	20	$U_1 =$ _____ $U_2 =$ _____	测试方法及数值不正确，每处扣10分		
3	判定绕组的同名端	根据读数判定一次侧、二次侧绕组的同名端	30		结论错误，扣30分		
4	安全文明生产	遵守安全文明生产情况	10		工位不清理，操作不安全、工具、材料摆放不整齐，扣1～5分		
		合计	100				

第2题 三相四线制电能计量装置的安装接线（40分）

1. 操作准备

序号	名称	型号与规格	单位	数量	备注
1	万用表	500 V	只	1	—
2	十字形旋具	—	把	1	—
3	一字形旋具	—	把	1	—
4	活动扳手	—	把	1	—
5	尖嘴钳	—	把	1	—
6	老虎钳	—	把	1	—
7	剥线钳	—	把	1	—
8	安全帽	—	个	1	—
9	工作服	—	套	1	—

2. 操作要求

（1）在电能计量安装模拟盘柜上操作。

（2）不带电作业。

3. 操作时限

40 min。

4. 配分及评分标准

序号	考核项目	考核内容	配分	评分标准	扣分	得分
1	准备	材料准备齐全	10	（1）材料准备错、漏一项，每处扣1分 （2）工作服、安全帽、绝缘鞋不符合要求，每处扣2分		
2	安装计量装置	组件布置合理、整齐、牢固、匀称、安装符合规定	20	（1）电能表、互感器安装不牢固，每处扣2分 （2）电能表、互感器布置不合理，每处扣2分 （3）电能表、互感器布置不整齐，每处扣2分		
3	布线、接线工艺要求	选料正确、下料适当	5	（1）U、V、W、N 相色线选择错，每处扣2分 （2）下料长度超5 cm，每处扣0.5分		
		线头弯圈、转向合理	20	（1）弯圈直径比螺栓直径大0.5~1.0 mm，每处扣1分 （2）剥绝缘，伤金属线，每处扣1分 （3）弯圈有开口、碰到绝缘、转向错误，每处扣1分		

续表

序号	考核项目	考核内容	配分	评分标准	扣分	得分
3	布线、接线工艺要求	接线正确、走线合理	20	(1) 接线错误或漏接,每处扣2分 (2) 导线转弯不符合规范,每处扣0.5分 (3) 布线、走线不合理,每处扣2分		
		扎线工艺	10	(1) 漏扎扎带,每处扣0.5分 (2) 扎带间距(50~100 mm)及与转弯处距离不符合规定,每处扣0.5分		
		布线整体对称美观	10	不美观扣1分		
	安全文明生产	正确选择、使用工器具。完工后工器具、材料、场地收拾干净	5	(1) 未正确选择、使用工器具,每处扣0.5分 (2) 组件损坏或破坏,每处扣2分 (3) 工器具、材料未整理,场地未收拾干净,每处扣2分		
		合计	100			

第3题 安装一组跌开式熔断器(30分)

1. 操作准备

序号	名称	型号与规格	单位	数量	备注
1	10 kV 跌开式熔断器	规格与被控制变压器匹配	组	1	—
2	熔丝	规格与跌开式熔断器匹配	根	3	—
3	常用个人工具	—	套	1	—
4	吊物绳	—	个	1	—
5	安全带	—	个	1	—
6	安全帽	—	个	1	—
7	登杆工具	—	副	1	—

2. 操作要求

(1) 设置安全遮拦。

(2) 在培训模拟变压器台架上操作。

(3) 工作应由两人进行,其中作业人员1人、监护1人。

3. 操作时限

20 min。

4. 配分及评分标准

序号	考核项目	考核内容	配分	评分标准	扣分	得分
1	工作前准备工作	着装、工具、材料、备品、备件齐备	5	每缺少一件工具，扣2分；着装不符合要求，扣1分		
		熔断器、熔丝的选择合适	6	选用不合适，每项扣3分		
		危险点分析	5	每错、漏一项，扣1分		
2	工作过程	登杆前电杆检查。应检查电杆是否有纵向和横向裂纹，杆根是否牢固	6	未检查，每项扣2分		
		登杆工具、安全帽（带）检查	6	未检查，每项扣2分		
		登杆动作规范、熟练	4	上下杆过程中动作不正确，每项扣2分		
		操作位置合适，安全带使用正确，符合现场要求	9	操作位置不合适，扣2分；安全带使用不正确扣5分		
		跌开式熔断器、熔丝的安装	15	操作不熟练、不正确，扣3分；不会安装，扣10分；工具使用方法错误，每项扣5分		
3	工作终结验收	熔断器装设安装应符合规程要求，夹角在15°~30°之间，水平间距不小于500 mm，熔丝松紧合适	15	夹角超出范围，每相扣5分；水平间距小于500 mm，每处扣5分；熔丝松紧不合适，每项扣3分		
		熔管插、拔操作	9	未试验不得分；熔管插、拔不畅、方向不准确，每项扣3分		
4	安全文明生产	操作过程中无跌落物，工作完毕清理现场，交还工器具	10	每跌落一件跌落物，扣3分；发现一处杆上遗留物，扣4分；工作完毕未清理现场，扣4分；未整理、交还工器具，扣2分		
5	时间	20 min内完成所有工作	10	20 min内完成得10分。每超过30 s，扣1分，最多扣10分。超时5 min停止作业，只得相应分数		
		合计	100			

参 考 文 献

1. 宋美清主编. 电工技能训练. 北京：中国电力出版社，2006
2. 宋美清主编. 电机原理与维修. 北京：中国电力出版社，2007
3. 王金笙编. 农网配电营业工. 长春：吉林科学出版社，2004
4. 关城，陈光华主编. 配电线路. 北京：中国电力出版社，2004
5. 张盖楚，陈振明主编. 电工基本操作技能. 北京：金盾出版社，2000
6. 程红杰主编. 电工工艺实习. 北京：中国电力出版社，2001
7. 曾昭桂主编. 电工工艺实习. 北京：中国水利水电出版社，1996
8. 王晴编. 供电所配电设备操作技术. 北京：中国电力出版社，2007
9. 谈潇天主编. 进网作业电工培训教材. 北京：中国水利水电出版社，2005
10. 诸林裕编. 电子技术基础. 第3版. 北京：中国劳动社会保障出版社，2001
11. 《电业安全工作规程》考核培训教材编写组编. 《电业安全工作规程》考核培训教材：电力线路部分. 北京：中国电力出版社，2006
12. 戴仁发主编. 高级电工技能训练. 北京：中国劳动社会保障出版社，2004
13. 梁如福主编. 电工基础. 北京：中国劳动社会保障出版社，2001
14. 叶水春主编. 电工电子实训教程. 北京：清华大学出版社，2004
15. 上海久隆电力科技有限公司编. 装表接电. 北京：中国电力出版社，2004
16. 吴安岚主编. 电能计量基础及新技术. 北京：中国电力出版社，2004
17. 狄富清编著. 城乡电网配电装置. 北京：中国电力出版社，2000
18. 《进网作业电工培训教材》编委会编. 最新统一编写进网作业电工培训教材上册. 北京：中国水利水电出版社，2005
19. 张永飞主编. 电工技能实训教程. 西安：西安电子科技出版社，2005
20. 武继茂主编. 农村电工实用技能培训教材. 北京：兵器工业出版社，1997
21. 熊幸明主编. 电工电子技能训练. 北京：电子工业出版社，2004
22. 国家电力监管委员会电力业务资质管理中心编写组编. 电工进网作业许可考试

参考教材：高压类理论部分．北京：中国财政经济出版社，2006

23．杨其富主编．供配电系统运行管理与维护．北京：中国电力出版社，2003
24．陈向群主编．电能计量技能考核培训教材．北京：中国电力出版社，2002
25．重庆电力技工学校主编．电气设备．北京：水利电力出版社，1982